Die Mauren

Burchard Brentjes

DIE MAUREN

Der Islam in Nordafrika und Spanien (642–1800)

HEROLD

CIP – Titelaufnahme der Deutschen Bibliothek

Brentjes, Burchard:
Die Mauren : Der Islam in Nordafrika und Spanien (642–1800) /
Burchard Brentjes. [Zeichn.: Hans-Ulrich Herold]. – Wien :
Herold, 1989
ISBN 3-7008-0381-8

Lizenzausgabe für den Herold Verlag, Wien 1989

Printed in the German Democratic Republic
Zeichnungen: Hans-Ulrich Herold
Gesamtgestaltung: Joachim Kölbel

ISBN 3-7008-0381-8

«Du siehst die Berge
und meinst,
sie seien fest,
und doch gehen sie vorüber
wie die Wolken.»

Koran, Sure XXVII, 90

Inhalt

Romanzen und Elegien 9
Gegensätze und Konflikte 14

16 I Das westliche Mittelmeer in vorislamischer Zeit
1. Aus der Urzeit 16
2. Karthager, Iberer und Libyer 19
3. Im Römischen Imperium 23
4. Unter Germanen und Byzantinern 54

58 II Die Expansion des Islams bis zum Atlantik (642–800)
1. Die «Ergebung» in den Willen Allahs 58
2. Die Eroberung des Maghrib 60
3. Der frühislamische Maghrib 63
4. Die Eroberung Spaniens – das Emirat der Umaiyaden 66

70 III Frühislamische Reiche am westlichen Mittelmeer (800–1050)
1. Der Maghrib unter den Aghlabiden 70
2. Charidschiten und Aliden 109
3. Das Fatimidenreich in Nordafrika 111
4. Das Kalifat der Umaiyaden in Spanien 120

135 IV Berberreiche in Nordafrika und Spanien (1050–1200)
1. Al-Murabitun – die «Leute vom Kloster» 135
2. Al-Muwahhidun – die «Einheitsbekenner» 175
3. Al-Andalus als Zentrum der Weltkultur 179

193 V Die Christen als Schüler der Muslime
1. Muslime und Normannen auf Sizilien und in Süditalien 194
2. Das Werk der Übersetzer 198
3. Der Orient in Europa 200

227 VI Der Islam des Westens auf dem Rückzug (1200–1500)
1. Die Herren der Alhambra 229
2. Die Meriniden als Herren des al-Maghrib al-Aqsa, des «äußersten Westens» 232
3. Das Sultanat von Tlemcen 240
4. Glanz und Untergang der Hafsiden 242

245 VII Stämme, Scherifen, Osmanen und Korsaren (1500–1800)
1. Berber und Araber unter den Scherifen Marokkos 246
2. Algerien und Tunesien unter Türken und Korsaren 275
3. Tripolis bis zur italienischen Invasion 280

Erbe und Ausblick 282

285 Anhang
Zeittafel 285
Erklärung ausgewählter Begriffe 291
Literaturauswahl 292
Verzeichnis der Abbildungen auf Textseiten 297
Verzeichnis der Tafeln 299
Register 306
Personen 306
Islamische Dynastien 313
Stämme und Völker 314
Völker, geordnet nach Sprachen 316
Landschaften und Staaten 316
Orte und Fundstellen 317

Romanzen und Elegien

Romantik und Geschichte · Gotenkönige und Berberkrieger · Die Araber in Europa · Maghrib und al-Andalus · Steppen und Berge · Wüsten und Regenstürme · Kamelnomaden und Schafhirten · «Wild wie Raubtiere» · Der moralische Verfall der Städter · Abd al-Qadir als Dichter der Beduinenideale

Romanzen und Elegien klingen durch die Geschichte Spaniens. Sie wurzeln tief in der islamischen Epoche der iberischen Halbinsel, deren Erbe noch heute das Land und seine Kultur prägt.

Schon am Anfang der islamischen Zeit steht nach den Traditionen der arabischen Historiker eine von Haß und Liebe, Rache und Tod bestimmte Geschichte. Roderich, der letzte König der Westgoten, habe sich schändlich an Florinda, der Witwe seines Vorgängers Witiza, vergangen. Florindas Vater, Jùlian von Ceuta, habe daraufhin aus Rache den aus dem Osten kommenden Muslimen Schiffe zur Überfahrt zur Verfügung gestellt.

Ein erster Vorstoß des Tarif ibn Malik Nachi mit vierhundert Fußsoldaten und hundert Reitern sei so erfolgreich gewesen, daß der islamische Gouverneur Tangers, Tariq ibn Ziyad ibn Abdallah al-Laithi, mit vier Transportschiffen Julians über siebentausend Mann am Dschebel al-Tariq (Gibraltar) abgesetzt habe, dessen Lage ihn zur Befestigung des Felsens geradezu einlud. Die Gotenarmee unter Roderich sei dann im Wadi Lakko (dem heutigen Rio Barbato) bei Arcos de la Frontera zur Entscheidungsschlacht aufmarschiert, in der die Söhne Witizas und sein Bruder, der Bischof Oppas, mit ihren Aufgeboten zum Feind übergegangen seien. Roderich sei gefallen oder auf der Flucht ertrunken.

In den wenigen Monaten des Jahres 711 sei dann fast die Hälfte der Halbinsel den Muslimen in die Hände gefallen, nahezu widerstandslos. Zwei Jahre später standen die Araber bereits in Avignon und Narbonne. Europa schien dem Islam anheimzufallen, und der Gouverneur Spaniens, Musa ibn Nusair, soll dem Kalifen al-Walid bereits Pläne für die Eroberung Südeuropas vorgelegt haben, doch lehnte sie der Fürst aller Gläubigen in Damaskus ab, da ihn andere Sorgen drückten. Der

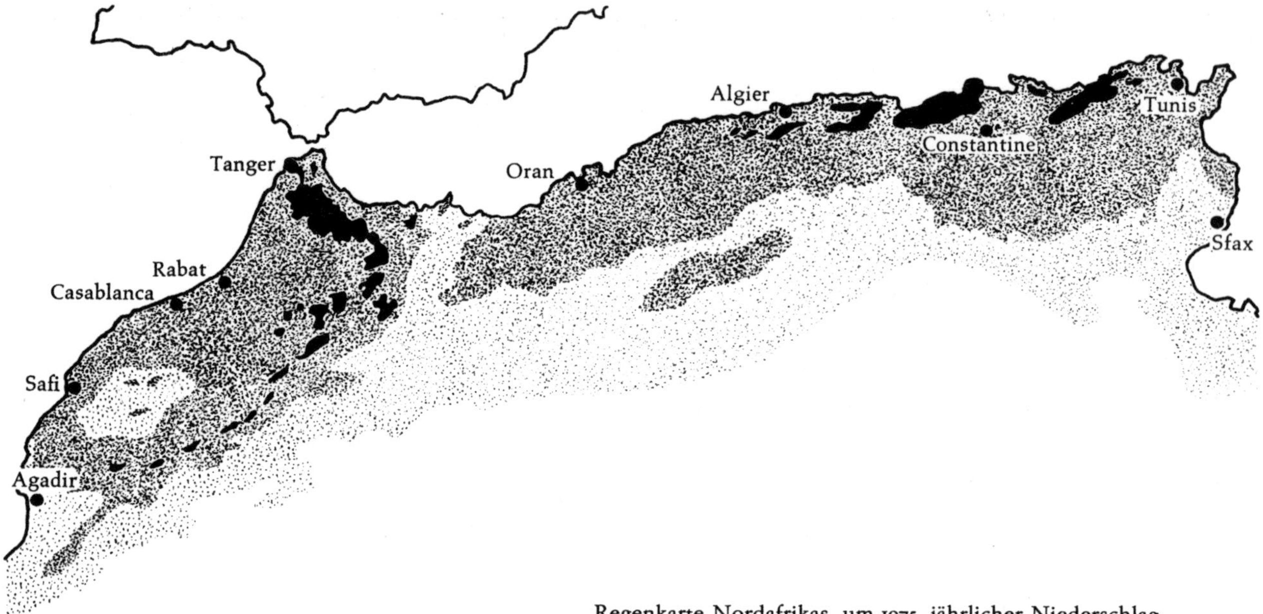

Regenkarte Nordafrikas, um 1975, jährlicher Niederschlag

über 1000 mm — 1000–400 mm — 400–100 mm — unter 100 mm

Kampf um die Macht im Islam war entbrannt, und jeder Mann wurde in den Kernlanden des Kalifats gebraucht. Was sollte da der ferne Nordwesten mit seinen feuchten und kalten Wäldern?

Die Geschichte des islamischen Westens, des Maghrib (heute Marokko, Algerien, Tunesien und Teile Libyens) und Andalusiens, al-Andalus, wie die Araber Spanien nannten, verlief in Gegensätzen. Sie wurzelt einerseits tief in der Vergangenheit des westlichen Mittelmeerraums, wie sie andererseits durch die islamische Eroberung mit Vorderasien verbunden wurde.

Schon die natürlichen Voraussetzungen des Maghrib und von al-Andalus sind von tiefen Widersprüchen gekennzeichnet. Der Maghrib ist von drei «Meeren» eingeschlossen: dem Sandmeer der Sahara im Süden, dem Atlantik im Westen und dem Mittelmeer im Norden. Eine ähnliche insulare Lage weist die iberische Halbinsel auf, jedoch fehlt ihr die drohende Macht des Südens, die zur Wüste werdende Steppe Nordafrikas, an die nur Teile des zentralen Hochlandes, der Extremadura, erinnern.

Trotz der 3400 Kilometer Küste sind zwei Drittel der Halbinsel der zumeist ariden Meseta, der Hochebene (etwa 600 Meter über NN), zuzurechnen. Hier herrscht mit strengen Wintern und heißen Sommern ein ausgeprägtes Kontinentalklima. Nur die West- und Südküste sowie das Ebrotal sind mediterran und daher wesentlich freundlicher, und der äußerste Norden ist atlantisch. Selten finden sich größere Strecken flachen Küstenlandes. Die alpinen Faltungen der Bergketten trennen die Landschaften scharf voneinander. Die Meseta ist von Natur her Steppe und eignet sich zur Viehzucht und zum Gerstenanbau. Der Nordwesten, Galicien, ist ein Mittelgebirgsland.

Die Hochländer des Maghrib und die Berge

Südspaniens empfangen ausreichend Regen, der einen regelmäßigen Ackerbau oder wenigstens eine Nomadenviehzucht zuläßt. Damit sind sie durch die Jahrtausende ein Magnet gewesen, der die von ständiger Trockenheit bedrohten Steppenvölker mit ihren Herden anzog.

Der Maghrib erhält in der Regel nicht weniger als 200 Millimeter Regen im Jahr, regional sogar bis zu 800 Millimeter. Im Tellatlas, im Rifgebirge und im Nordatlas fallen bis zu 1000 Millimeter und mehr Niederschlag im Jahr. Westlich von Collo sind sogar 1773 Millimeter gemessen worden. (In Osteuropa fallen im Jahresdurchschnitt 300 bis 350 Millimeter Niederschlag im Jahr). Wesentlich schlechter versorgt werden die Hochebenen Ostmarokkos und Algeriens. Hier schwanken die unregelmäßig fallenden Niederschläge zwischen 150 und 350 Millimetern, einer Menge, die bei der starken Verdunstung zu gering ist, um zuverlässig Getreideanbau zu ermöglichen. Der Sommer ist völlig trocken, da die Hauptniederschläge im Herbst fallen. In der Regel rechnet man, daß bei einer Niederschlagsmenge von mehr als 400 Millimetern jährlich eine sichere Ernte bei Wintergetreide sowie der Anbau von Wein, Oliven und Feigen möglich sind. Aber selbst in diesen Regionen bedürfen Sommerkulturen einer drei- bis fünfmonatigen Bewässerung. Bei nur 300 Millimeter Niederschlag ist kein Ackerbau ohne künstliche Bewässerung möglich, und unterhalb 200 Millimeter beginnt die Wüste.

Die mittlere Höhe Algeriens liegt bei 900 Metern und die Marokkos bei 800 Metern. Die Kabylei und der Aurès erreichen 2500 Meter und der Hohe Atlas in seinen Gipfeln 4000 Meter Höhe. Die Faltung der Berge teilt den Maghrib in drei Zonen von Norden nach Süden:

1. den Küstensaum mit dem Küstenatlas, dem Rif und den Tellketten, eine zerklüftete Bergregion von 70 bis 150 Kilometer Breite;
2. die wechselnd breiten Hochplateaus;
3. den Hohen Atlas und den Saharaatlas, die die Wasserscheide bilden.

Bei einem Niederschlag von über 400 Millimetern entwickelt sich in ungestörter Lage eine Vegetation, die in den Bergen Eichen, Kiefern, Thuja (deutsch auch «Lebensbaum»), Zedern, Wacholder, Akazien, Pistazien und Oliven wachsen läßt. In den Ebenen gedeihen Eschen, Pappeln, Ulmen, Weiden und Steineichen. Jedoch haben die Landwirtschaft und der Bevölkerungszuwachs in den letzten Jahrzehnten drei Viertel des Waldes verschwinden lassen, wobei häufig nur der nackte Fels der Berge zurückgeblieben ist.

Schwankungen der Niederschlagsmengen haben in den letzten Jahrtausenden den anbaufähigen Gürtel zeitweise eingeschränkt, zeitweise wieder ausgedehnt. In Warmzeiten drangen wiederholt tropische Regenwolken nordwärts in die Sahara vor, während in Kaltzeiten die in der Gegenwart über Europa ostwärts ziehenden Westwinde mit ihren atlantischen Niederschlagsfeldern zumindest in ihren südlichen Bereichen Nordafrika reicher mit Regen versorgten, als es heute der Fall ist. Daher bedeuten für die südlich angrenzenden Regionen Warmzeiten erhöhten Niederschlag und eine Besiedlungsfähigkeit der heutigen öden Berggebiete und Ebenen, während der nördliche Maghrib von Kaltzeiten mehr Regen zu erwarten hat.

Die schwankenden Niederschlagsmengen machen sich besonders im Übergangsfeld zwischen Ackerbauzone und Steppengebiet bemerkbar. Das Ausbleiben oder auch nur die Abnahme des Niederschlags kann in wenigen Monaten ganze Regionen von Hunderttausenden Quadratkilometern aus einem Weidegebiet in öde Wüsten verwandeln, die von ihrer bisherigen Hirtenbevölkerung verlassen werden müssen. Hingegen kann eine relativ geringe Zunahme des Niederschlags weite Zonen öder Gebiete der Nomadenviehzucht erschließen. Hierbei lassen sich zwei Hauptgruppen von Nomaden unterscheiden; die Kamelnomaden des ariden Südens zur Sahara hin und die Schaf- und Rinderhirten der Hochebenen, die mehr Wasser benötigen als ihre südlichen Nachbarn.

Der Umstand, daß auf diese Weise die Voraussetzungen des Hirtendaseins in den Steppen schwanden, hat mehrfach in die Geschichte des Maghrib eingegriffen. Deren wechselvolles Auf und Ab von Nomadenstürmen und städtischen Blütezeiten hat bereits im 14. Jahrhundert der Tunesier Abd al-Rahman ibn Chaldun in der «Einleitung» (Muqaddima) zu seiner Weltgeschichte als das Grundgesetz seiner Heimat formuliert: «Jene Beduinen, die ihr Leben durch die Zucht von Kamelen fristen, wandern noch tiefer in die Wüste hinein, da die bergigen Weidegründe mit ihren Gräsern und Büschen den Kamelen nicht die richtige Nahrung bieten. Denn diese Tiere müssen sich von den Sträuchern der Wüste nähren, ihr salziges Wasser trinken und im Winter Zuflucht in der warmen Luft der Wüste finden. Im Sand der Wüste gibt es auch die geschützten Stellen, wo sie ihre Jungen werfen können. Kein Tier hat mehr Mühe zu gebären als das Kamel und bedarf dann so sehr der Wärme. Deshalb müssen die Kamelzüchter im Innern der Wüste leben. Oft werden sie auch durch die Miliz von den Bergen in die Wüste getrieben und weichen dahin aus, um den Strafen und der Vergeltung für ihre Überfälle zu entgehen. Daher kommt es, daß sie die wildeste Art von Menschen sind. Verglichen mit den seßhaften Völkern sind sie wie Raubtiere. Im Westen (das heißt im Westen der islamischen Welt, im Maghrib) gehören gewisse Berberstämme zu dieser Art und im Osten die Kurden, die Turkmenen und die Türken. Die nomadischen Araber jedoch dringen noch weiter in die Wüste ein; sie sind mit ihr noch enger verbunden, denn sie leben ausschließlich von Kamelzucht, während andere Völkergruppen neben den Kamelen auch Schafe und Rinder halten. Folglich stellen die nomadischen Araber eine Gruppe von Menschen dar, die durch die Natur bedingt ist und notwendigerweise zur menschlichen Gesellschaft gehört ...» (Muqaddima II, 2; zitiert nach Burckhardt, 1960, S. 14)

Die arabischen Beduinen, die während des Mittelalters nach Marokko einwanderten, brachten gleichsam die Wüste mit sich. Es ist auffallend, schreibt Ibn Chaldun, «daß die Kultur an all den Orten, die von den arabischen Beduinen erobert wurden, zerfiel; die Siedlungen wurden entvölkert und sogar die Erde verdorben. Der Jemen, wo die arabischen Beduinen leben, ist außer ein paar Städten verwüstet. Ebenso ist die persische Kultur im arabischen Irak völlig zerstört. Dasselbe gilt für Syrien. Als die Banu Hilâl und die Banu Solaim zu Beginn des fünften (elften) Jahrhunderts nach Ifriqiya (Tunesien) und dem Maghrib eindrangen und daselbst während etwa dreihundertfünfzig Jahren Krieg führten, setzten sie sich im flachen Lande fest, mit dem Erfolg, daß die Ebenen des Maghrib völlig verwüstet wurden. Früher war das ganze Gebiet zwischen dem Sudan und dem Mittelmeer besiedelt gewesen, wie das die Überreste von Denkmälern, Bildwerken und die Ruinen von Dörfern und Weilern beweisen ...

Die arabischen Beduinen sind ein wildes Volk ... Ihre Wildheit ist ihnen lieb, denn sie bedeutet für sie Freiheit und Unabhängigkeit von jeglicher Obrigkeit ... All die üblichen Tätigkeiten der arabischen Beduinen sind mit Reise und Bewegung verbunden. Das ist aber der reine Gegensatz zum seßhaften Dasein, welches allein Kultur hervorbringt. Wenn diese Beduinen zum Beispiel Steine brauchen, um ihre Kochtöpfe daraufzustellen, so tragen sie irgendein verlassenes Gebäude ab, um Steine zu gewinnen. Brauchen sie Holz für Zeltstangen, so reißen sie ein Dach herunter ...

Es ist ihre Art, alles zu rauben, was andere Leute besitzen. Ihr Unterhalt ist überall dort, wo der Schatten ihrer Lanzen hinfällt ...» (Muqaddima II, 25; nach Burckhardt, 1960, S. 14)

Den Beduinen stellt Ibn Chaldun die vom Wohlleben demoralisierten Städter gegenüber: «Seßhafte Menschen aber sind mit allerlei Genüssen beschäftigt. Sie sind an Luxus und Erfolg gewöhnt und daran, ihren weltlichen Wünschen nachzugeben. Deshalb sind ihre Seelen von jeder Art verwerflicher und schlechter Eigenschaft gefärbt. Je mehr sie besitzen, um so ferner liegen ihnen die Wege und Weisen der Güte. Manchmal verlieren sie jegliche Selbstzucht. Viele von ihnen lieben es, in ihren Versammlungen, in der Gegenwart der Ältesten und in Gesellschaft von Frauen unziemliche Reden zu führen. Sie haben keinen Sinn für Zurückhaltung, weil die schlechte Sitte, öffentlich in Worten und Taten zuchtlos zu sein, sie beherrscht ...» (Muqaddima II, 4–9; nach Burckhardt, 1960, S. 20)

Ibn Chaldun kannte die Nomaden zu gut, um sie als «edle Wilde» darzustellen. Er leugnete nicht, daß die Ansässigen auf Genuß aus seien, allerdings könnten «die Beduinen ebenso weltlich eingestellt sein. Nur bezieht sich ihre Weltlichkeit auf die baren Notwendigkeiten des Lebens und nicht auf den Luxus noch auf irgend etwas, das künstliche Wünsche hervorruft und Lüste erzeugt. Deshalb sind die Sitten, die sie in ihren gegenseitigen Beziehungen beachten, gut; verglichen mit den Seßhaften sind ihre schlechten Gewohnheiten und Eigenschaften viel geringer ... Sie können also eher rechtgeleitet werden als seßhafte Menschen ...

Die seßhaften Völker sind an Feigheit und Weichheit gewöhnt. Sie sind im Wohlleben und im Luxus versunken. Die Verteidigung ihres Lebens und Besitzes überlassen sie dem Herrscher, der sie regiert, und den Berufssoldaten, die sie beschützen sollen. Sie fühlen sich innerhalb ihrer Mauern und Festungen sicher. Kein Lärm schreckt sie auf, und keine Jagd hält sie in Atem. Sie sind sorglos und haben sich abgewöhnt, Waffen zu tragen. Geschlecht um Geschlecht ist in dieser Lebensweise aufgewachsen. So wurden sie wie Weiber und Kinder, die vom Hausherrn abhängen. Schließlich wird das zu einem Wesenszug, der die natürliche Anlage des Menschen ersetzt.

Die Beduinen jedoch leben von der Gesellschaft abgesondert. Sie leben allein im offenen Land und ohne den Schutz von Berufssoldaten. Sie haben weder Mauern noch Tore. Darum verteidigen sie sich selbst und verlassen sich nicht auf den Schutz anderer, tragen immer Waffen bei sich, achten wachsam auf alle Seiten des Weges und geben sich nur kurzem Schlummer hin, wenn viele von ihnen beisammen sind, oder schlafen im Sattel; sie lauschen jedem leisen Bellen, jedem Geräusch. Allein dringen sie in die Wüste ein, sich auf ihre eigene Kraft verlassend. Männlichkeit ist zu einem Zug ihres Wesens und Mut zu ihrer Natur geworden ...

Gesetze sind zwar nötig, doch wenn die Gesetze durch Strafen aufrechterhalten werden, vernichten sie allmählich die Männlichkeit; denn wenn man jemanden, der sich nicht verteidigen kann, straft, demütigt man ihn und bricht seine Kraft ... Staatliche und erzieherische Gesetze zerstören die Männlichkeit, weil ihr Zwang von außen kommt. Anders verhält es sich mit den Gesetzen des Glaubens, deren Herrschaft eine innerliche ist. Also beeinflussen Staat und Schule die seßhaften Völker dahin, daß ihre Seele schwach und widerstandslos wird ...» (Muqaddima II, 11; nach Burckhardt, 1960, S. 20).

Ibn Chaldun war ein Städter, der in der Zersetzung der traditionellen Moral und Kultur die Erklärung für den Wechsel der Dynastien sah, der die Geschichte des Maghrib so unübersichtlich macht.

Der Historiker Titus Burckhardt hat in seinem zum Nachdenken anregenden Band über Fès dieser nüchternen Beschreibung den Stolz des Beduinen gegenübergestellt, wie er in den Gedichten des algerischen Freiheitshelden Abd al-Qadir zum Ausdruck kommt:

«O, der du das dumpfe Leben der Stadt
Vorziehst der weiten freien Einsamkeit:
Schmähst du die Zelte, weil sie so leicht,
So schwer nicht sind wie die Häuser von Lehm und Stein?
Ach, daß du der Wüste Geheimnis verstündest!
Doch Unwissen ist aller Übel Grund.
O wachtest du auf in der morgendlichen Sahara
Und gingest auf diesem Teppich von Perlen dahin,
Wo Blumen von vielerlei Farben,
Entzückende, köstlich duftende blühen,
Diese Luft atmend, die das Leben verlängert,
Weil sie nie über den Unrat der Städte strich!
Wenn du im Frühlicht, nach dem Tau der Nacht,
Von einer Höhe ringsum in die Weite schautest,
Sähst du am unermeßlichen Horizont
Fahle Tiere auf duftenden Weiden äsen.
Zu dieser Stunde floh jeder Kummer von dir,
Und Ruhe erfüllte das unruhige Herz.
Am Tage des Aufbruchs sind die Sänften der Kamele
Gleich Anemonen, die ein Regenschauer gebeugt.
Jungfrauen bergen sie; sie schauen durch Luken;
O die Luke, die das Auge der Huri* füllt!
Hinterher singen die Treiber mit hoher Stimme,
Ergreifender ist ihr Gesang als Flötenspiel und Zimbeln.
Wir aber, auf edlen Pferden, deren Decken
Brust und Kruppe zieren, wiegen uns im Galopp.
Raubtiere jagen wir und Gazellen,
Und keine entrinnt unseren raschen Rennern.
Nachts kehren wir zurück zum Stamm,
Der schon an unbeflecktem Ort haltgemacht hat.

* Paradiesjungfrau islamischer Jenseitsvorstellungen

Die Erde ist rein wie Moschus; noch reiner ist sie;
Freigebig auch, am Morgen und Abend vom Regen benetzt.
Dort schlagen wir unsere Zelte auf, in Zeilen.
Die Erde ist davon bedeckt wie der Himmel von Sternen.
Die, welche dahingingen, haben wahrhaftig gesagt
– Und die Wahrheit verändert sich nicht – :
Schönheit liegt in zwei Dingen,
In einem Vers und einem Zelt aus Haar.
Wenn unsere Kamele nachts weiden,
Dröhnt ihr Brüllen gleich dem Donner der Frühe.
Sie sind die Schiffe der Wüste; wer auf ihnen fährt,
Ist gerettet; wie gefährdet sind doch die Schiffe des Meers!
Unsere Mehari* sind sie, rasch wie Antilopen,
Durch sie und unsere Pferde erlangen wir Ruhm.
Unsere Pferde bleiben stets zum Kampf gesattelt;
Wer unsere Hilfe erfleht, für den sind wir bereit.
Wir haben unsere Bürgerschaft verkauft, für immer,
Für den Ruhm, denn Ruhm gewinnt man nicht in der Stadt!
Könige sind wir! Niemand möge sich uns vergleichen!
Lebt denn wirklich, wer in der Schande lebt? ...»

(nach Burckhardt, 1960, S. 15–16)

* Reitkamele

Gegensätze und Konflikte

Kreislauf der Geschichte · Widerstand und Unterwerfung · Stamm und Staat · Wechselnde Namen · Nur eine Auswahl ·

Wiederbenutzte Namen · Fremde Namen und ihr Gebrauch · Hilfsmittel · Verzeichnisse und Register

Die Geschichte der Länder zwischen dem Kamm der Pyrenäen und den Weiten der Sahara war von den Gegensätzen der Natur beherrscht und weist zahllose Konflikte auf. Der schmale Streifen anbaufähigen Landes südlich des Mittelmeeres und die Agrarzonen Spaniens zogen immer neue Völkerscharen an, und diese schufen auf den Trümmern der vorhergehenden Zivilisationen neue Dörfer und Städte oder übernahmen die Siedlungen der Unterworfenen. Sehr unterschiedlich reagierten die Angegriffenen. Nahezu unüberwindlich waren die Bergstämme, die zum Beispiel dem im 7. Jahrhundert herandringenden Islam nahezu hundert Jahre widerstanden, während die Städter und Bauern der staatlich organisierten Zonen fast widerstandslos kapitulierten, da die Unterdrükkung durch die Herrschenden oft schwerer auf ihnen lastete als die Plünderungen durch neue Eroberer, vor allem, wenn sie Freiheit und Gerechtigkeit versprachen. Waren jedoch die Stämme erst einmal im Namen einer Ideologie oder durch die Macht eines nicht selten gottähnlich verehrten Führers geeint, so konnten sie zu einer fanatisch kämpfenden Flut von Eroberern werden, denen die kulturell höherstehenden Städter wenig entgegenzusetzen hatten, falls nicht gut organisierte Armeen großer Imperien die Kulturlandschaften verteidigten. Brachen jedoch diese Dämme in sozialen Krisen der Staaten, so überschwemmten Wanderscharen die Länder und bildeten ihrerseits neue Reiche.

So wechseln im folgenden Text vielfach die Namen der auftretenden Stämme und Staaten. Aber auch ihre Vielzahl ist nur eine Auswahl, die der Verfasser zum Verständnis der Vorgänge für erforderlich hält. Ein weiteres Problem ist die Wiederaufnahme historischer Namen in der Gegenwart zur Bezeichnung heutiger Staaten, die oft in anderen Gebieten begründet wurden als in jenen, in denen die antiken Staaten gleichen Namens bestanden. So trägt das heutige Mauretanien eine Staatsbezeichnung, die in römischer Zeit für Westalgerien und Marokko galt. Ein weiteres Problem ergibt sich aus der Tatsache, daß sich die Mehrzahl nordafrikanischer Städtenamen im deutschen Schrifttum zumeist in ihrer in der Kolonialzeit entstandenen französisierten Form eingebürgert – und selbst in Nordafrika trotz aller Arabisierungsversuche zumeist gehalten hat. Puristischen Bestrebungen, die Namen nur in der jeweiligen Nationalsprache zu verwenden, vermochte sich der Verfasser nicht anzuschließen, da sich dann die Schwierigkeiten der Lokalisierung von Orten und Ereignissen noch vergrößern würden. Es wurden Kompromisse gesucht, und so werden auch zur näheren Beschreibung der Lage antiker oder mittelalterlicher Städte, Staaten oder Regionen häufig die modernen Staats- und Ortsnamen benutzt. Der Leser wird gebeten, Bezeichnungen wie Tunesien, Algerien oder Marokko, die an sich für moderne Staaten der Gegenwart verwendet werden, als Hilfsmittel zum Verständnis früherer Verhältnisse zu nutzen, soweit sie hier im Text Gebrauch finden.

Dem Verständnis der komplizierten ethnischen Verhältnisse mögen die Kartenskizzen im Text des jeweiligen Kapitels dienen. Ein Register der Völker und Stämme im Anhang gliedert sie nach dem Alphabet und nach ihren Sprachen, so daß eine Bestimmung aller genannten Gruppen möglich sein sollte.

Die Namen sind in der Regel in der eingebürgerten Form gegeben beziehungsweise in eine phonetisch-reproduzierbare Form gebracht worden.

I Das westliche Mittelmeer in vorislamischer Zeit

«Wem erzähle ich dies?
Nicht Dir, mein Gott.
Aber vor Deinem Angesicht
erzähle ich es meinem
Geschlecht, dem Menschengeschlecht,
mögen es auch wenige nur sein,
zu denen dieses mein Buch
den Weg einst findet.»

Aurelius Augustinus

1. Aus der Urzeit

Der Atlanthropus mauretanicus · Die Wisente von Altamira · Muschelhaufen an der Küste · Jäger der Wüste · Elefanten in der Sahara · Rinderhirten auf dem Weg zum Niger · Glockenbecher und Großsteingräber · Al-Argar · Iberer und Tartessier

Die iberische Halbinsel und Nordafrika sind seit vielen Jahrhunderttausenden besiedelt. Am Ain Haneh bei Setif fanden sich Geräte, die etwa eine Million Jahre alt sind. Bei Ternifin entdeckte man Reste eines Homo erectus, des Atlanthropus mauretanicus, und in mittelpaläolithischer Zeit war Nordafrika Lebensbereich schweifender Jäger, die Geräte vom Typ des Levalloisien vielerorts zurückließen. Reich vertreten ist auch bis tief in die heutige Wüste das Moustérien, die Kultur des Neandertalers, während die jungpaläolithische Kultur des Atérien auf den Nordrand begrenzt blieb. Wahrscheinlich war die Sahara zur Eiszeit zu trokken, um Jägern eine Lebensbasis zu geben. Hingegen gehörte Nordspanien zu dem westeuropäischen Kernland jungpaläolithischer Höhlenkunst. Berühmt ist Altamira mit seinen Wisentbildern aus der Zeit vor über 15000 Jahren.

Im Ostmittelmeerraum blieb die paläolithische Kunst ohne Erben. Anscheinend zogen ihre Verfertiger nach Norden ab, als es wärmer wurde und die Großtiere der Kältesteppen aus Spanien verschwanden.

Die in Nordafrika und Spanien verbleibenden Völker mußten sich der Kleintierjagd zuwenden. So lassen sich nach 13000 v. Chr. an den Küsten des westlichen Mittelmeeres Muschel- und Schneckenhaufen nachweisen, die die Schalenreste von Millionen verspeister Tiere enthalten. Mehrfach fanden sich in ihnen auch die Gräber jener Küstenfischer, die die Tiere gesammelt hatten. Bis tief in das Inland, bis an die Schotts und nach Tebessa ziehen sich die Lagerplätze jener Zeit, unter Felsüberhängen, an Flüssen oder den Küsten der See. Einzelne Schneckenhaufen des 6. bis 4. Jahrtausends v. Chr. enthalten bis zu tausend Kubikmeter Asche von ehemaligen Lagerfeuern.

Von Süden her, aus den Savannen der heutigen

Sahelzone, drangen mit der sich ausbildenden Warmzeit vor 9000 Jahren schwarzafrikanische Völker nach Norden vor, in die Berge des Tassili und in Libyen bis fast an die Küsten des Mittelmeeres. Sie brachten aus dem Hirsegürtel des Südens Frühformen des Ackerbaus, entwickelten eine in der Sahara weithin verbreitete Keramik und jagten Elefanten, Giraffen und Antilopen. Ihre Felsbilder zeigen die Fauna Westafrikas und auch afrikanische Tanzmasken, wie die unterschiedlichen Typen schwarzafrikanischer Völker. Im Saharaatlas, in Marokko und im Antiatlas wurden in jener Zeit Tausende Felsbilder geschaffen. Eine vergleichbare Kunstprovinz läßt sich in Ostspanien nachweisen, eine Felskunst von Jägern und Sammlern höchst expressiver Form. Ihr verwandt sind Felsbilder auf verschiedenen Inseln des westlichen Mittelmeeres.

Tafel 1

Im 6. Jahrtausend v. Chr. drangen von Osten her an den Mittelmeerküsten entlang zwei Kulturströme vor, die die Anfänge von Ackerbau und Viehzucht nach Spanien und Nordafrika trugen. Über die Pyrenäen kam von Italien herüber eine Bauernbevölkerung, deren Keramik mit den Eindrücken von Cardiummuscheln verziert wurde. Vielleicht lebt ihre Sprache im Idiom der Basken nach. Die Träger dieser Kultur überquerten offenbar schon im 6. Jahrtausend v. Chr. die Straße von Gibraltar. Im Gebiet von Oran und bei Ceuta ist ihre charakteristische Tonware gefunden worden.

Der südlichen Mittelmeerküste folgte ein zweiter Kulturstrom mit Schaf- und Ziegenzucht, einer spitzbodigen Keramik, zu der als Gefäße häufig Straußeneischalen kamen. In der Weite der heute versandeten Saharaebenen wanderten damals Nomadenvölker, deren Künstler Zehntausende prachtvoller Felsbilder hinterlassen haben. Ganze Züge von Rinderhirten, ihre Lager und immer wieder ihre Herden sind an Felswänden wiedergegeben. Diese Völker könnten die Vorfahren der heutigen Berber gewesen sein, während auf der iberischen Halbinsel die Völker der Iberer vorherrschten. Die Iberer kamen bereits früh (4.–3. Jahrtausend v. Chr.) mit den Staaten Vorderasiens in Verbindung und scheinen Lieferanten von Kupfer gewesen zu sein. Befestigte Dörfer und Siedlungen jener Zeit künden von einer bedeutenden Entwicklung der Metallkunst in Spa-

Tafel 2, 3 auch *Abb. S.* 18

Rindernomaden auf der Wanderung,
Ausschnitt aus einem großen Felsgemälde aus Itinen, Tassili, Algerien, frühes 3. Jahrtausend v. Chr.

nien. Beziehungen bestanden zu Zypern und Kleinasien, vielleicht auch zu Syrien. Importe aus jenen Regionen prägen die Kultur von Los Millares in Südostspanien und Portugal.

Aus diesem alteuropäischen Zentrum gingen kulturelle Strömungen wie die Ausbreitung der Großsteingrabsitte und möglicherweise Völkerbewegungen hervor, die die Atlantikküste nach Norden und im 2. Jahrtausend v. Chr. als «Glockenbecher»kultur bis nach England und an die Elbe sowie nach Marokko vordrangen. Dort fanden sich «Glockenbecher» in Dar al-Soltan, Gar Cabal und Caf That al-Gar.

Die Sitte, Großsteingräber zu errichten, scheint aus Spanien nach Nordafrika gekommen zu sein. Sie verbreitete sich über ganz Nordafrika bis zum Niger. Es haben sich eigenartige Typen afrikanischer Megalithen ausgebildet, die sich durch flügelartige Zusatzmauern auszeichnen. Sie sind bis in frühislamische Zeit errichtet worden. Die bronzezeitliche Kultur von al-Argar (1700–1200 v. Chr.) weist wiederum vorderasiatische Elemente auf,

Zwei libysche Krieger,
Ausschnitt aus einem Wandbild aus Iheren, Tassili, Algerien, frühes 3. Jahrtausend v. Chr.

Zwei Männer trinken im Lager aus einem Gefäß,
Ausschnitt aus einem großen Felsgemälde aus Iheren, Tassili, Algerien, frühes 3. Jahrtausend v. Chr.

die für Metallexporte (Kupfer und eventuell Silber) aus Spanien nach Vorderasien sprechen.

Eigenartige Kulturen blühten im 2. und 1. Jahrtausend v. Chr. auf den Inseln des westlichen Mittelmeeres. Berühmt sind die «Thalayot» genannten Packsteinbauten Sardiniens und die nicht weniger eigenartigen Tempel auf Malta, deren Erbauer vielleicht zu den Verwandten der Iberer zu rechnen sind.

Spanien und das westliche Nordafrika traten erst an der Wende zum 1. Jahrtausend v. Chr. in das Licht der geschriebenen Geschichte. Die im 1. Jahrtausend v. Chr. von den Griechen, Karthagern und Römern angetroffenen Volksgruppen dürften bereits in den vorhergehenden Perioden im Lande gewesen sein. In Nordafrika dominierten die Stämme der Berber, die der hamitischen Sprachfamilie zugerechnet wurden. Sie traten im

Laufe der Jahrhunderte unter verschiedenen Namen auf.

In Spanien lebten im Osten die Iberer, und in den Norden drangen im Laufe des 1. Jahrtausends v. Chr. Kelten ein, die in den Kontaktzonen mit den Iberern verschmolzen. Zumindest kulturell lassen sich später die in Südspanien ansässigen Tartessier von den Iberern trennen. Zu ihnen kamen von den Küsten des östlichen Mittelmeeres die Phönizier und die Griechen herüber und kämpften um die Vorherrschaft in diesem Raum, wobei sich die Phönizier schließlich durchsetzen konnten.

2. *Karthager, Iberer und Libyer*

Die Phönizier an der Küste · Kart Hadascht · Punier und Karthager · Sufeten und Generale · Tanit und Baal Hammon · Knabenopfer · Kelten und Iberer · Die «Dame von Elche» · Nasamonen und Garamanten · Das «Libyen der wilden Tiere» · Der «stille Tauschhandel»

Zu Ende des 2. Jahrtausends v. Chr. drangen in die Küstenregionen Nordwestafrikas und Südspaniens vorderasiatische Handelskolonisten, die Phönizier, ein. Sie gründeten auf den der Küste vorgelagerten Inseln und auf geeigneten Halbinseln Städte und Handelsplätze. Der Tradition nach soll auf der Insel Cádiz in der Mündung des Guadalete um 1100 v. Chr. der erste Stützpunkt im fernen Westen errichtet worden sein. Etwa gleich alt sollen Utica in Tunesien und Lixos an der marokkanischen Atlantikküste sein. Karthago ist der Tradition nach 814/13 v. Chr. angelegt worden. Es war die «Kart Hadascht» (Neustadt) der Königsstadt Tyros in Phönizien. Es stieg in der Folgezeit zur Führungsmacht der phönizischen Siedlungen westlich der Syrte auf, als die Assyrer Phönizien

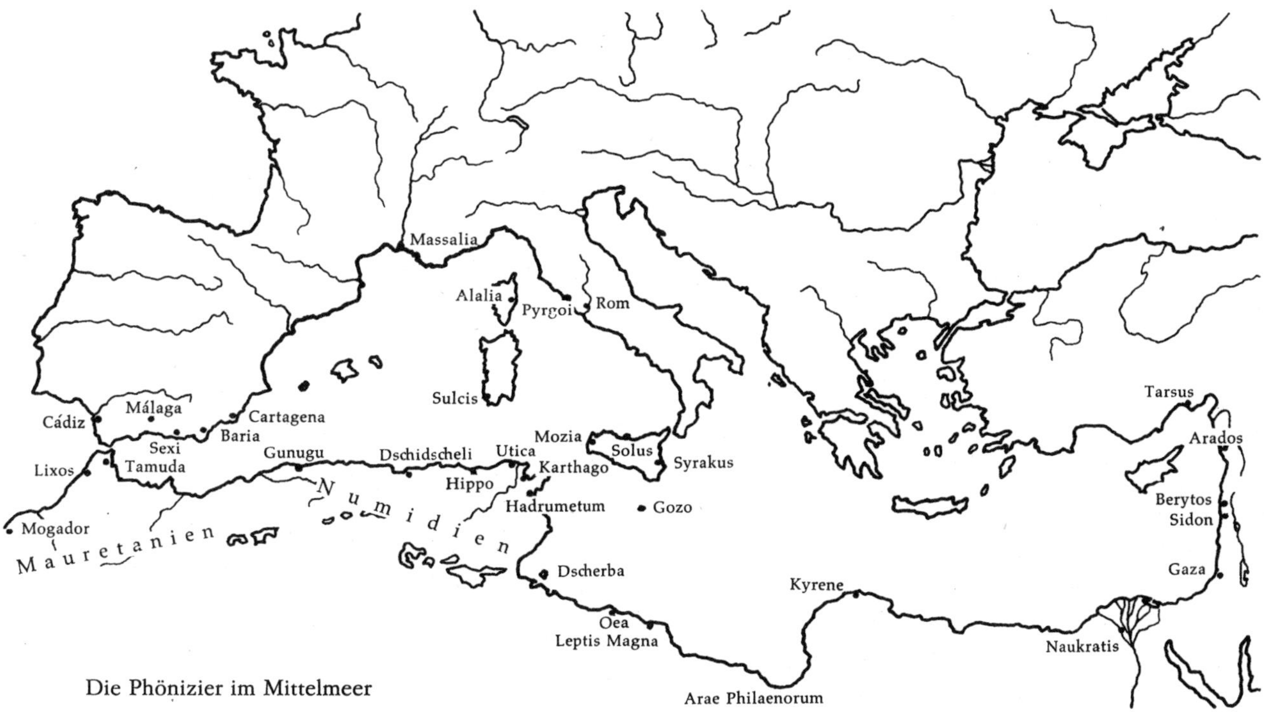

Die Phönizier im Mittelmeer

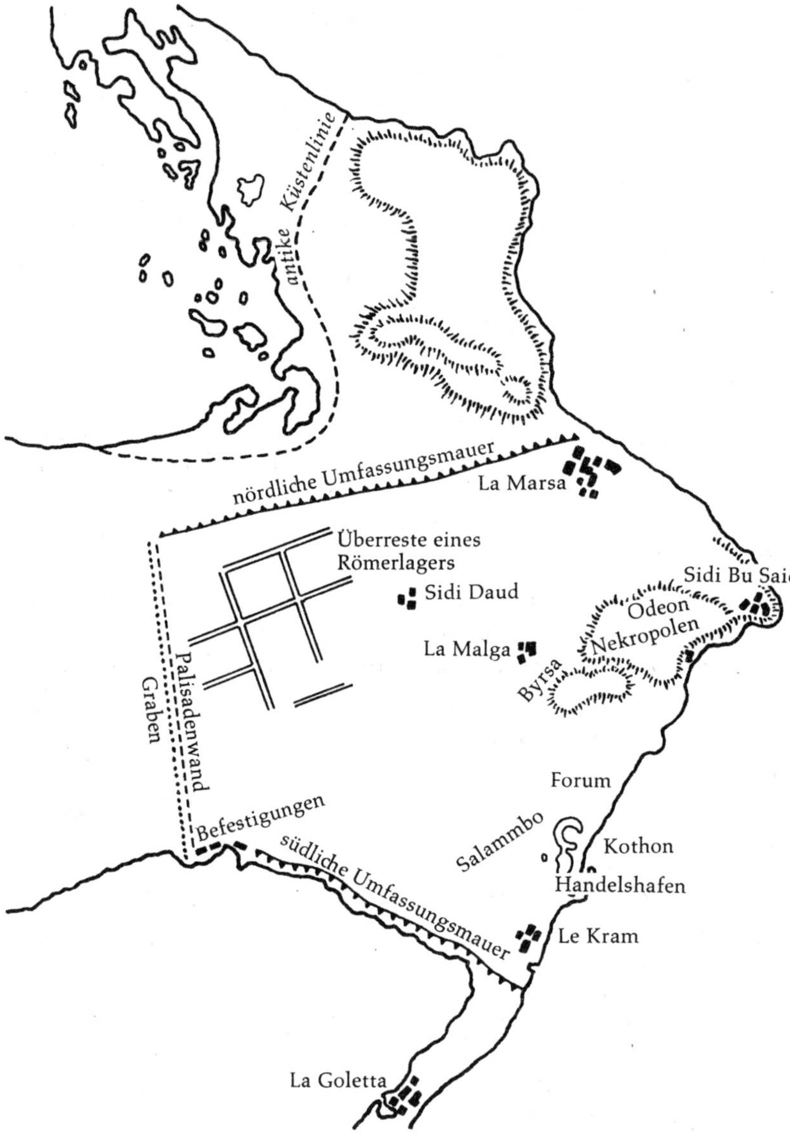

Die Ruinen von Karthago

unterwarfen. Für die westlichen Phönizier des karthagischen Machtbereichs benutzten die Römer den Namen «Punier». Die Punier beherrschten um die Mitte des 1. Jahrtausends v. Chr. das westliche Mittelmeer, nachdem sie 540 v. Chr. die Griechen mit etruskischer Hilfe in der Seeschlacht von Alalia geschlagen hatten. Sie besetzten die Inseln des westlichen Mittelmeeres sowie die Westhälfte Siziliens.

Die Kultur der Karthager und ihrer Bundesgenossen ist nur bruchstückhaft bekannt, da Karthago und viele Städte seines Handelsreiches im 2. Jahrhundert v. Chr. systematisch zerstört wurden. Nur zumeist kurze Inschriften in punischem

Alphabet und Berichte griechischer und später römischer Autoren geben Zeugnis von der vergangenen Pracht eines Jahrhunderte überdauernden Staates. Es scheint ein lockerer Bund der punischen Städte gewesen zu sein, den nur die Macht der Soldtruppen Karthagos zusammenhielt. Die Verfassung Karthagos und wohl auch die der anderen punischen Niederlassungen glich der der Phönizier. Als Herr der Stadt galt der Stadtgott. Die reale Regierungsspitze bildeten zwei Sufeten (punisch *sofetim*), die von der Volksversammlung gewählt wurden. Die Sufeten gaben dem Jahr den offiziellen Namen und leiteten den Senat und die Volksversammlung, von der auch die Heerführer gewählt wurden.

Hochentwickelt war die punische Landwirtschaft, eine Plantagenwirtschaft mit Oliven- und Weizenanbau. In den Städten herrschte das stark gegliederte Handwerk vor. Neben der Metallbearbeitung und der Produktion von Keramik und Schmuck blühte besonders das Textilgewerbe. Die führende Schicht waren die Schiffsherren und Großkaufleute.

Die bildende Kunst beschränkt sich in ihren erhaltenen Resten zumeist auf Grabdenkmäler. Es gibt kaum Darstellungen der Götter Karthagos. Wahrscheinlich wirkte die phönizische Tradition nach, die Gottheiten lieber durch Symbole (Bätylen) anzudeuten, als sie in Menschengestalt wiederzugeben. So zeigen die Denkmäler die «Himmlische», die Göttin Tanit, in abstrakter Stilisierung. Selten sind Darstellungen des obersten Gottes Baal Hammon, der offenbar die Verschmelzung eines phönizischen Baal («Herr») mit dem libyschen Ammon darstellte. Die Karthager als Polytheisten übernahmen auch oft fremde Götter wie die Demeter und Kore der Griechen.

Ein phönizischer Gott aus der vorderasiatischen Heimat war der auf der Zitadelle von Karthago verehrte Aschmun, ein Heil- und Schutzgott. Melkart, der Gott von Tyros, wurde als Vegetationsgott angebetet. Ein ihm geweihter Tempel bildete das Hauptheiligtum von Cádiz. In Notzeiten opferten die Karthager Knaben. Im Totenkult kam es ebenfalls zu Menschenopfern.

Zu den Kleinfunden aus punischen Gräbern gehören Masken aus Terrakotta, die einerseits einer alten Tradition Vorderasiens folgen und andererseits ägyptische oder griechische Vorbilder nachahmen beziehungsweise wie Kopien westafrikanischer Tanzmasken anmuten. Letztere weisen auf die Handelsbeziehungen der Karthager zu den Goldländern Westafrikas hin. Die karthagischen Handelsherren hielten die griechische Konkurrenz von ihren Handelsgebieten fern, übernahmen aber gern griechische Handwerksprodukte und vertrieben sie in Nordafrika und Spanien.

Die iberische Halbinsel hatten die Griechen auf ihren Fahrten entlang der nördlichen Mittelmeerküste erreicht, und sie hatten nur teilweise der karthagischen Übermacht weichen müssen. Sie stellten sich schließlich unter römischen Schutz. Die Griechen verwandten als erste den Namen Iberer für die Einheimischen Ostspaniens und Südfrankreichs. Im Hochland trafen die Griechen bereits auf Kelten. Die Iberer lebten vom Ackerbau und Fischfang und errichteten für ihre Dörfer Fluchtburgen auf den Höhen. Städte gab es im Gebiet der Tartessier, in Süd- und Südostspanien, die jahrhundertelang mit den Puniern im Austausch standen.

Die Iberer erfanden nach punischen und griechischen Vorbildern eine eigene Schrift, die in erhaltenen kurzen Inschriften überliefert ist. Danach läßt sich das Iberische als nichtindoeuropäische Sprache identifizieren, die dem Baskischen nahegestanden haben dürfte.

In Tempeln außerhalb der Siedlungen wurden Bronzefiguren von Menschen und Tieren gefunden, vermutlich Opfergaben. Die Iberer bevorzugten die Brandbestattung in bemalten Urnen oder Steinkisten. Die bemalte Tonware aus den Gebie-

Die Dame von Elche,
iberische Plastik,
um 450 v. Chr.

ten um Elche und Archena gehört mit ihren phantasievollen Figuren zu den reizvollsten Keramiken des späten 1. Jahrtausends v. Chr. In der Plastik herrschten Tierfiguren vor, aber alle Bildwerke Altspaniens übertrifft die «Dame von Elche», die Büste einer reichgeschmückten Ibererin aus Kalkstein. Ihr Schmuck erinnert an die prunkvollen, schweren Goldarbeiten, die zumeist den Tartessiern zugewiesen werden. Ein Neufund läßt sich an ihre Seite stellen, die lebensgroße Figur einer thronenden Frau aus einem Kriegergrab bei Baza. Unter ihrem Thron befindet sich eine «Urne», die aus dem Gestein der Plastik herausgearbeitet worden war und die Asche des Bestatteten aufnahm. Diese im 5./4. Jahrhundert v. Chr. entstandene Plastik schließt an etruskische Sarkophage an und stellt vermutlich die iberische Totengöttin dar. Die Kelten im Hochland hinterließen Gräberfelder und Siedlungsreste mit charakteristischen Waffen und Schmuckstücken, die an ihre Heimat im heutigen Frankreich erinnern.

Weniger wissen wir bisher von den Ureinwohnern Nordwestafrikas, den Stämmen der Berber oder Libyer, da die karthagischen Archive nicht überliefert sind. An ihre Stelle tritt der Bericht Herodots über Libyen, der aus karthagischen Quellen schöpfte. Er kennt an der Syrte bis zur Oase Audschila die Nasamonen und im Fezzan die Garamanten. Im heutigen Tripolitanien lokalisiert er die Maker, «die sich einen Schopf scheren, indem sie das Haar mitten auf dem Kopf wachsen lassen, an beiden Seiten aber bis auf die Haut abschneiden» (Herodot IV, 175). Römerzeitliche Grabstelen bestätigen diesen Bericht, wie auch römische Autoren sowohl die Nasamonen wie die Garamanten erwähnen.

Westlich der Maker nennt Herodot die Gindaner, die Lotophagen und die Machlyer, die bis in das Gebiet der Salzseen, der Schotts, siedelten. An sie grenzten die Auseer. «Das sind die libyschen Hirtenvölker an der Küste. Südlich von ihnen im Binnenland beginnt das Libyen der wilden Tiere und dahinter eine hügelige Sandwüste» (Herodot IV, 181), die Sahara, in der er die Hauptoasen erwähnt, vor allem die der Garamanten, die «auf die in Höhlen lebenden Äthiopier» mit Vierergespannen Jagd machten. Für das Gebiet der nordwestafrikanischen Bergbewohner nennt Herodot nur noch die Maxyer, weiß, daß sie Ackerbau treiben und feste Wohnsitze haben, dann aber kommt er ins Phantasieren. «Da gibt es Riesenschlangen, Löwen, Elefanten, Bären, giftige Nattern und gehörnte Esel, Leute mit Hundeköpfen und, wie wenigstens die Libyer versichern, Menschen, welche keinen Kopf, aber Augen auf der Brust haben, wilde Männer und wilde Weiber und noch mancherlei Fabelwesen» (Herodot IV, 191). Er zweifelt selbst an diesen Erzählungen, hinter denen Mythen stehen mögen, da auf libyschen Felsbildern gelegentlich Menschen mit Hundeköpfen (Masken) dargestellt sind.

Tafel 4

Karthagische Händler erzählten dem Griechen auch vom «stillen Tauschhandel», den sie an der Atlantikküste trieben. Den realen Umfang karthagischen Vordringens nach Afrika hinein können wir bisher kaum angeben. Zu gering ist die Frühzeitarchäologie in jenen Zonen entwickelt, wissen wir doch selbst von der einstigen Großstadt viel zuwenig, um ihre Bedeutung voll erfassen zu können.

3. Im Römischen Imperium

Die Punischen Kriege · Ailymas, «König der Libyer» · Die Imazighen · Gaia, der Massylier · Syphax, der Massasylier · Numiderstädte · Medracen · Grabtürme der Könige · Jugurtha und Bocchus · Juba II., der Gelehrte der Mauren · Ptolemaios und der kaiserliche Mörder · Micipsal/Mikiwsan · Legionen am Limes · Agrarwirtschaft in Africa und Mauretanien · Die III. Legio Augusta · Tempel und Städte · Weizen und Olivenöl · Der Weinerlaß des Domitian · «Afrikaner» im Senat · «Der goldene Esel» · Der Kirchenvater Augustinus · Die Dromedare der Steppenvölker · Tin Hinan von Abalessa · Christen und Märtyrer · Donatus und die Circumcellionen

Auf der Höhe seiner Macht stieß Karthago mit dem aufsteigenden Rom zusammen. Die Niederlage im 1. Punischen Krieg (264–241 v. Chr.) und den Verlust Sardiniens (237 v. Chr.) glichen die Karthager durch die Eroberung Südspaniens aus. Der 2. Punische Krieg (218–201 v. Chr.) führte zur Beschränkung Puniens auf Tunesien und der 3. Punische Krieg (149–146 v. Chr.) zu seinem Untergang. Jedoch blieben die Punier in der Küstenzone Nordafrikas die vorherrschende Bevölkerung, die noch bis in die Spätantike weithin ihre Städte bestimmte.

Den Endkampf der großen Stadt schilderte der römische Historiker Appian nach älteren Berichten (nach Strelocke, 1978, S. 51): Im Frühjahr 146 v. Chr. stürmten die Römer nach langer Belagerung die Hafenregion und stießen zum Marktplatz vor. Von dort kämpften sie sich in sechs Tagen zur Anhöhe der Byrsa, der Tempelstadt, empor.

«Alle Straßen, die vom Forum zur Byrsa führten, waren von sechsstöckigen Häusern bestanden, aus denen die Verteidiger die Römer mit Geschoßhageln überschütteten. Wenn die Angreifer in die Häuser eindrangen, kämpfte man auf den Dächern und auf den Balken weiter, die man über die Hauslücken gelegt hatte. Dabei wurden viele zur Erde hinabgeschleudert oder auf die Waffen und Kämpfer unten in den Straßen. Da befahl Scipio, auch dieses gesamte Viertel in Brand zu stekken und die Trümmer wegzuschaffen, damit seine Truppen besser durchziehen könnten. Als das geschehen war, stürzten mit den Mauern die Leichen vieler Menschen herab, die sich in den obersten Stockwerken versteckt hatten und dann dort verbrannt waren, und zugleich mit ihnen andere, die noch lebten oder die verwundet waren oder schwere Brandwunden hatten. Dauernd hielt Scipio Legionäre bereit, um die Straßen für die andringenden Römer zu räumen. Dabei wurden Tote wie Lebende gemeinsam in Gräber geworfen, und oftmals passierte es, daß die, die noch nicht tot waren, von anrückenden Pferden der Kavallerie zertrampelt wurden ...» Am Morgen des siebenten Tages baten Parlamentäre des Kommandanten Hasdrubal um freien Abzug von 50000 Überlebenden. «Nur einige Getreue und fast 1000 römische Deserteure blieben zurück. Im Endkampf wurden sie auf dem Dach des Eschmun-Tempels zusammengedrängt. Nun bat Hasdrubal um Gnade und bot Frieden. Die Deserteure, die von den Römern nur die Kreuzigung zu erwarten hatten, steckten den Tempel in Brand, verfluchten Hasdrubal und die Römer und stürzten sich in die Flammen. Auch die Frau Hasdrubals beschimpfte Hasdrubal als Verräter und warf sich mit ihren beiden Kindern in das Feuer.

Die Stadt wurde völlig zerstört und der Pflug über die Trümmer geführt. In die Furchen wurde symbolisch Salz gestreut, auf daß die verfluchte Stelle für immer unfruchtbar sei.»

In die Kämpfe zwischen Karthagern und Römern griffen wiederholt einheimische Stämme ein, deren Fürsten in der Geschichte Roms erwähnt werden. Bereits in den griechisch-karthagischen Kämpfen zwischen 310 und 306 v. Chr. spielte ein «König der Libyer» namens Ailymas eine wechselvolle Rolle. Er scheint ein Stammesfürst der Massylier gewesen zu sein.

In Nordmarokko werden im 4. Jahrhundert v. Chr. zum ersten Mal die «Mauren» erwähnt. Ihre südlichen Nachbarn waren die Getuler. Östlich von ihnen siedelten die Massasylier und die Massylier, die die Römer als «Numider» bezeichneten, vermutlich nach dem griechischen Namen «Nomadoi» für die Libyer. Die Römer nannten die einheimischen Stämme «Barbaren», woraus die Bezeichnung «Berber» geworden ist. Sie selbst nennen sich stolz Imazighen, die «Freien» (sing. Amazigh). Ihre Stammesnamen wechselten im Laufe der Jahrhunderte. Der erste bekannte Führer der Massasylier war der Häuptling Syphax, den die Römer im 2. Punischen Krieg als Verbündeten gegen Karthago gewannen (214 v. Chr.).

Die Karthager stützten sich auf Gaia, den Führer der ostnumidischen Massylier, und schlugen gemeinsam Syphax, dessen Residenz bei Siga, nahe der Mündung des Tafna, gelegen hatte. Später wechselte Syphax im Auf und Ab der Kämpfe mehrmals die Fronten, was unter anderem dazu führte, daß sich der Sohn des Gaia, Massinissa, auf die Seite Roms stellte und dafür die Herrschaft über Ostnumidien erhielt. Massinissa war in Karthago aufgewachsen und in einer punisch-hellenistischen Tradition erzogen worden, die auch die Königsstädte der Numider prägte: Tubgag – das antike Thugga –, Kirtat – das römische Cirta –, Schigat – das Siga der Antike –, und Iol – das römische Caesarea.

Den ältesten Beleg für die Massylier stellt die punische und numidische Grabinschrift am Mau-

1
Maskentänzer,
Felsmalerei in Aouanrhat, 6.–5. Jahrtausend v. Chr.

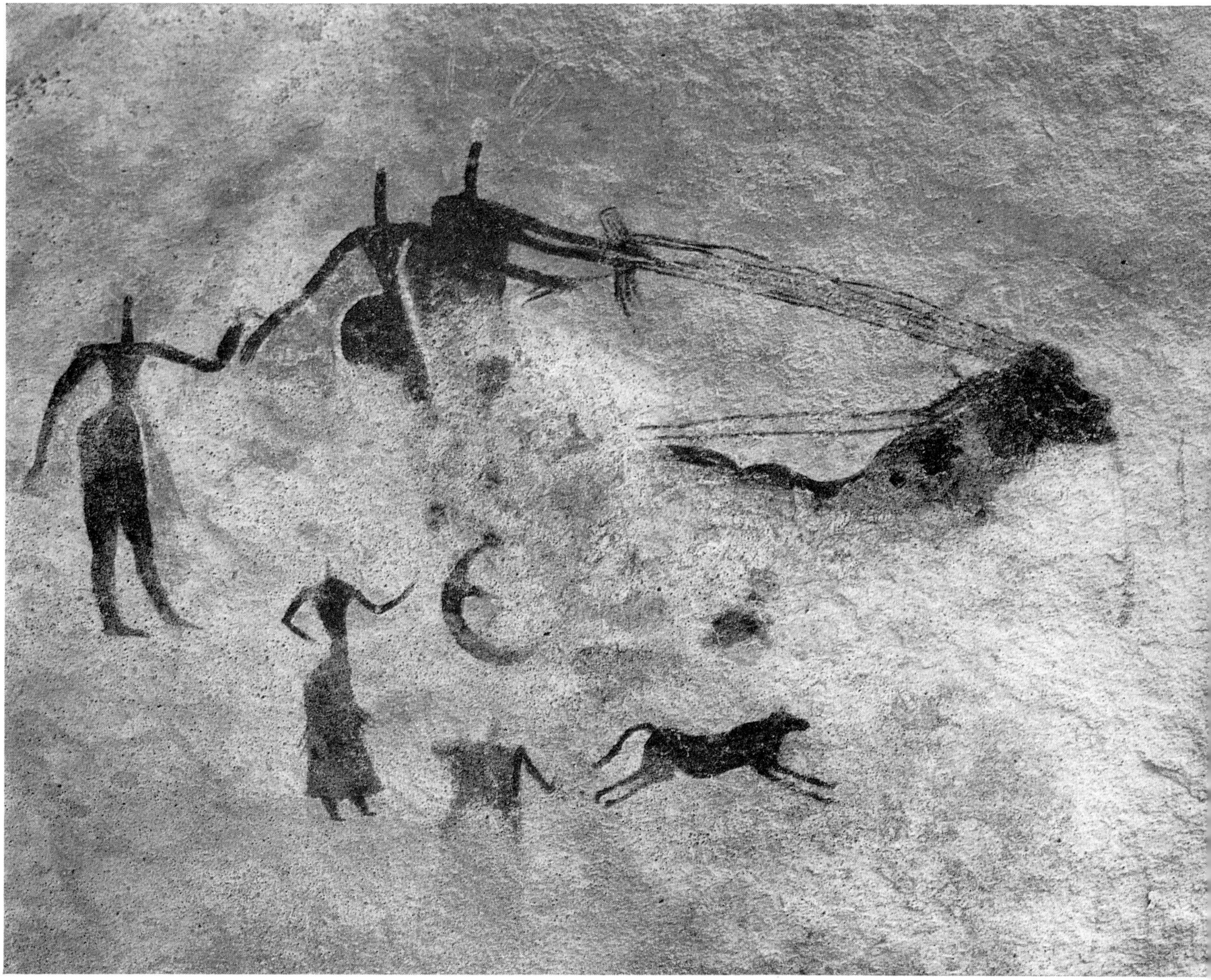

2
Rinderhirten im Lager, Felsmalerei in Sefar, 5. Jahrtausend v. Chr.
3
Rind und Maskenträger, Felsritzung aus dem Fezzan,
Wadi In Habeter III e, 4.–3. Jahrtausend v. Chr.

4
Rennwagen in der Sahara,
Felsmalerei
von Tin Aboteka,
2. Jahrtausend v. Chr.

5, 6
Grabturm des
Atban von Dougga,
3.–2. Jahrhundert v. Chr.

7
Sbeitla (Sufetula), Kapitol, Tempel für Jupiter, Juno und Minerva, um 140 n. Chr.

8
Dougga, das Kapitol
mit einem Tempel
für Marc Aurel
und Lucius Verus,
2. Jahrhundert n. Chr.

9
Dougga,
öffentliche Toilette,
2.–3. Jahrhundert n. Chr.

10
Sabratha,
Ruinen des Theaters
der Severerzeit,
3. Jahrhundert n. Chr.

11
Djem (Thysdrus),
Theater,
3. Jahrhundert n. Chr.

12
Tripolis, Triumphbogen des Marc Aurel und des Lucius Verus in Oea, 2. Jahrhundert n. Chr.

13
Leptis Magna, Nike, Reliefteil vom Severerbogen, 3. Jahrhundert n. Chr.

14
Thabraca, Mosaik:
Farm mit Lager und Scheune
sowie zwei Pavillons,
4. Jahrhundert n. Chr.
15
Leptis Magna,
Mosaik aus der «Nil-Villa»,
2.–3. Jahrhundert n. Chr.

16, 17
Ghirza,
römische Provinzialgräber,
3.–4. Jahrhundert n. Chr.

18
Sousse,
das Smirat-Magerius-Mosaik:
Szenen im Amphitheater,
2. Jahrhundert n. Chr.

19
Lambaesis,
Groma (Mittelpunkt eines Legionslagers) und Forum des Lagers der Legio III Augusta

20
Thamugadi, christliche donatistische Basilika des Bischofs Optatus, 4. Jahrhundert

21
Sousse,
Bild aus den Katakomben:
Schafträger,
Symbol der Philanthropia,
2.–3. Jahrhundert

22
Thabraca, Mosaik: christliche Kirche, 4. Jahrhundert

23
Tunis, christlicher Mosaik-Epitaph für Crescentia, 4.–5. Jahrhundert

24
Sousse, christliches Mosaik mit der Palme als Symbol Jesu, 6. Jahrhundert

25
Tipasa, mauretanisches Fürstengrab, vielleicht Grab Jubas II. und der Cleopatra Selene

26
Leptis Magna,
Relief
vom Severerforum,
Ausschnitt,
2. Jahrhundert n. Chr.

27
Tipasa,
Ruinen
des Kolosseums,
2. Jahrhundert n. Chr.

28
Sousse, Tunesien, römisches Mosaik: die Rennpferde Amor und Dominator, 2.–3. Jahrhundert n. Chr.

29
Sousse, Tunesien, römisches Mosaik: Yin und Yang, das chinesische Symbol der Weltkräfte, 3. Jahrhundert n. Chr.

30
Sousse, Tunesien, christlich-römisches Grabmosaik, 6. Jahrhundert

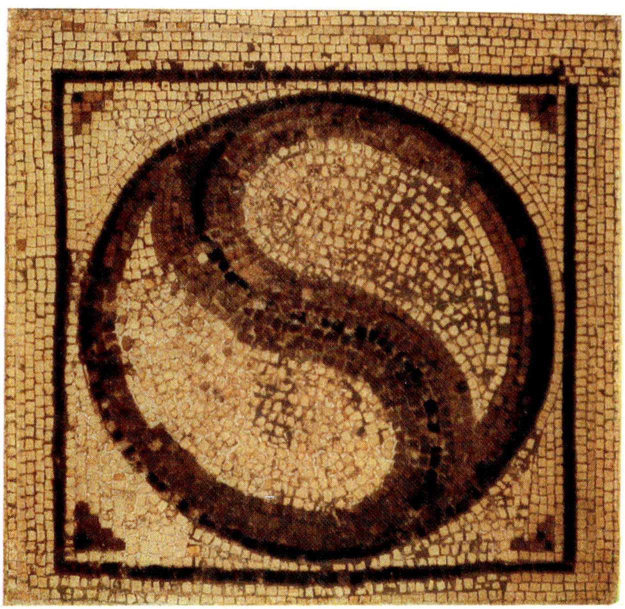

31
Sufetula, Tunesien, Ruine der Jucundus-Kirche mit Fußbodenmosaik, 6.–7. Jahrhundert

soleum für einen massylischen Fürsten dar. Eine Inschrift nennt als Bauherrn Atban, vielleicht den Architekten. Das in Dougga (Thugga) erhaltene, Tafel 5, 6 21 Meter hohe Bauwerk könnte ein Gedenkbau für Massinissa gewesen sein. Massinissa nahm den von Rom in Schach gehaltenen Karthagern nach und nach Südtunesien ab und schließlich auch die Städte Tripolitaniens. Er lieferte durch den entstehenden Konflikt Rom den Vorwand zur Entfesselung des 3. Punischen Krieges, in dem Karthago zugrunde ging. Nach dem Tode des Numiderkönigs (148 v. Chr.) regelten die Römer die Herrschaft über Numidien. Sein ältester Sohn Micipsal wurde König, sein Bruder Gulussa Heerführer und der jüngste Sohn Mastanabal oberster Richter. Micipsal ist durch ein zwölf Meilen von der Stadt Abb. S. 47 Bulla Regia entferntes Höhenheiligtum bekannt geworden. Es war ein massiver Marmorbau von 12,10 mal 5,64 Meter Fläche und 10 Meter Höhe, geschmückt mit Sphingenkapitellen, Lotusblüten und Beutewaffen im Relief. Ein ähnliches Triumphaldenkmal stand bei Zama.

Am Nordrand des Aurès erhebt sich ein Grabhügel der Numiderzeit, der Medracen, kreisrund, mit sechzig Halbsäulen und einem Durchmesser von fast 59 Metern. In seinem Zentrum befand sich eine (ausgeplünderte) Grabkammer. Vielleicht war hier einst der König Gaia beigesetzt.

Aus dem Staat des Syphax ist die Ruine eines Grabturms bei Siga erhalten, den einst Statuen und Büsten schmückten. Etwa 40 Meter lang sind die den Sockel umgebenden Grabanlagen, in denen vielleicht die Leiche des Sohnes von Syphax, Vermina, bestattet war. Drei andere Grabtürme sind vermutlich ebenfalls den Massyliern zuzuweisen. Es handelt sich dabei um einen 24 Meter Abb. S. 46 hohen Grabturm in Sabratha, eine Ruine auf der Insel Dscherba und den Turm «al-Soumaa» bei al-Khroub.

Nach Micipsals Tod brachen Kämpfe um die Nachfolge aus. Sein Adoptivsohn Jugurtha, der Schwiegersohn des in Mauretanien regierenden Königs Bocchus, eroberte die Macht. Er scheiterte nach großen Erfolgen, indem Rom eingriff und ihn ermorden ließ (105 v. Chr.), als er nach Mauretanien geflohen war.

Die Römer teilten Numidien. Den Westen erhielt ein Verwandter Jugurthas namens Gauda, der sich auf die Seite der Römer geschlagen hatte, und den Osten Bocchus für die Auslieferung seines Schwiegersohnes. Dann trugen die Römer im 1. Jahrhundert v. Chr. ihre Bürgerkriege auch in Nordafrika aus, setzten Fürsten ein und ab, bis Cäsar und nach ihm Oktavian eine relativ stabile Ordnung schufen. Die Gebiete des heutigen Tunesiens und Westalgeriens wurden römische Kolonien. Karte S. 49 Das Gebiet um Cirta erhielt ein Offizier Cäsars, und in Mauretanien regierte ein König Juba II., ein von Rom abhängiger Fürst, der mehr Ruhm durch seine wissenschaftlichen Werke Tafel 25 denn als Staatenlenker erwarb (25 v. Chr. bis 23 n. Chr.). Seine Gemahlin war Cleopatra Selene, eine Ptolemäerin.

Das Königspaar hielt in Iol (Caesarea) prunkvoll Hof im Stil ägyptisch-hellenistischer Herrscher. Ptolemäische Tradition bestimmte die Münzprägung. Importierte ägyptische Statuen stellten Thutmosis I. und einen Priester des Ptah dar. Andere Bildwerke stammten aus Griechenland, so Plastiken des Apollon, des Dionysos, der Aphrodite sowie des Augustus. Berühmt war Jubas leider völlig verlorengegangene Bibliothek.

Nach dem Tode Jubas regierte noch siebzehn Jahre sein Sohn Ptolemaios, den der römische Kaiser Claudius verräterisch nach Rom lockte und ermorden ließ. Damit endete die formale Unabhängigkeit Nordafrikas. Frei blieben nur die Stämme südlich der Grenzbefestigungen, des Limes, der im 1. Jahrhundert n. Chr. nördlich der Nementschaberge, des Aurès und des Hodna verlief.

Wenige Inschriften in punischer oder numidischer Schrift und Sprache sind erhalten geblieben,

Sabratha, Turmmausoleum, 2. Jahrhundert v. Chr., Rekonstruktion

so die Grabinschrift für Micipsal (numidisch Mikiwsan) auf punisch. Im Tempel von al-Hofra bei Constantine, der dem Baal Hammon und der Tanit gewidmet war, fanden sich etwa 830 Stelen, 278 davon mit kurzen Weihinschriften.

Die Schrift der Numider war eine lineare Konsonantenschrift, die im Ti-Finagh der Tuareg nachlebt. Sie scheint fast nur auf Grabstelen benutzt worden zu sein, während die Münzen stets mit punischen Inschriften versehen wurden. Erst unter den Römern verdrängte das Latein die alten Sprachen.

In Spanien hatte die römische Eroberung schon im 3. Jahrhundert v. Chr. an der Ostküste begonnen. Sie wurde erst in den Jahren zwischen 26 und 19 v. Chr. mit der Niederwerfung der Kantabrer und Asturier beendet. Die Romanisierung begann in den Karthago entrissenen Südprovinzen und erfaßte hauptsächlich die Städte. Später erst wurde sie auf die Hochländer ausgedehnt, deren antike Geschichte noch sehr wenig bekannt ist.

Spaniens Rolle im Römischen Imperium läßt sich mit der Bedeutung Nordafrikas nicht vergleichen. Es lieferte in erster Linie Erze, Kupfer und

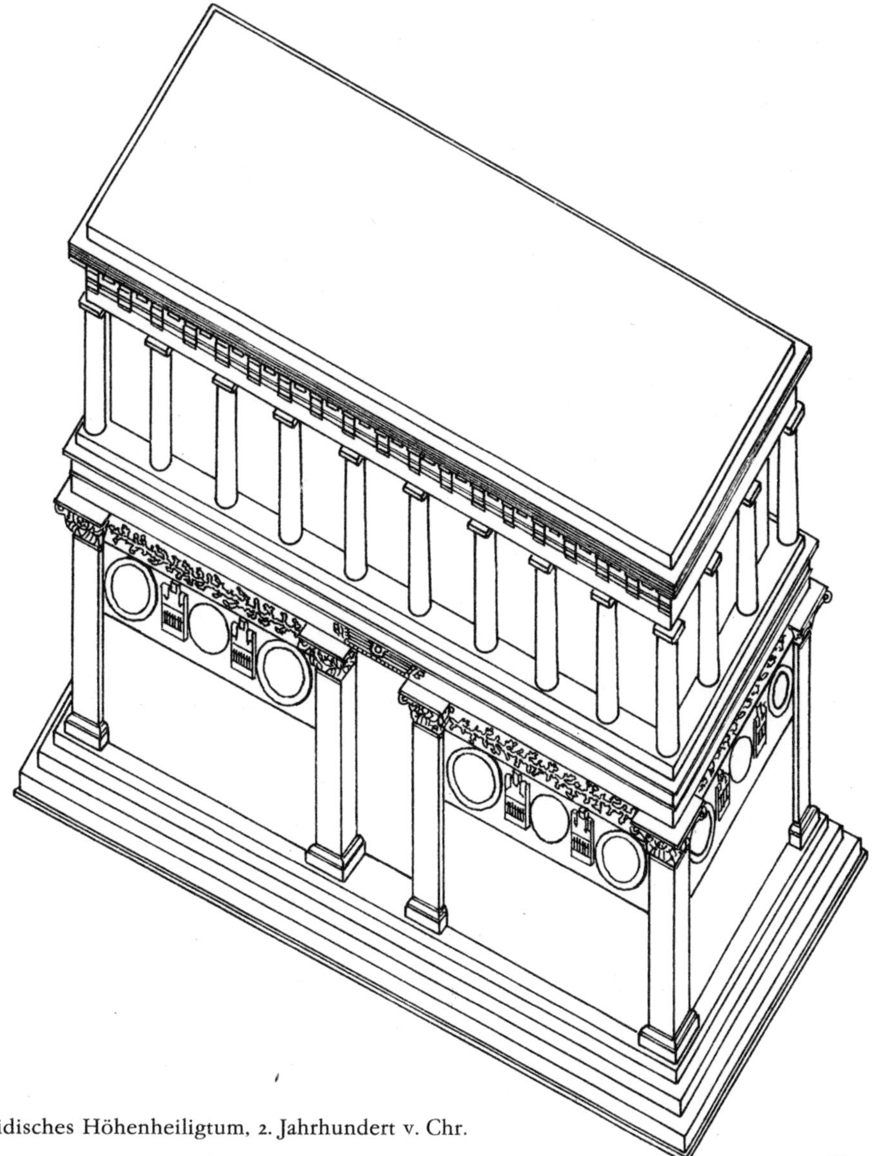

Simitthus, Chemtou, numidisches Höhenheiligtum, 2. Jahrhundert v. Chr.

Silber und konnte sich darin mit den großen Getreidelieferungen aus «Africa» nicht messen. Seine Städte waren ärmer. Aus Spanien sind viel weniger antike Kunstwerke der römischen Zeit als aus Nordafrika erhalten.

Rom unterwarf seiner Herrschaft die gesamte Ackerbauzone Nordafrikas, die sich bis in das 3. Jahrhundert n. Chr. tiefer als in der Gegenwart nach Süden erstreckte. Damals herrschte ein kühleres Klima vor, in dem von Norden her reichere Niederschläge Nordafrika erreichten. Auf dem Höhepunkt der römischen Macht unter den Kaisern aus dem punischen Haus der Severer geboten die Legionen über etwa 350000 Quadratkilometer Land. Ausgespart waren die nur der Nomadenwirtschaft erschließbaren Hochebenen von Algier und Oran, der Saharaatlas und die Ebenen des marokkanischen Südens. Unruhezentren blieben der Rif, der Dschebel Dschurdschura, der Atlas von Mitijita und die Berge von Hodna. Mauretanien – das heutige Algerien und Marokko – sah sich stets von den Stämmen der Berge und des Südens bedroht. Der beständige Abwehrkampf diente nicht selten gleichzeitig der Sklavenjagd, deren Opfer uns mehrfach auf Mosaiken Nordafrikas begegnen oder als Plastiken öffentliche Gebäude schmückten. Mosaiken aus Zliten zeigen gefangene Nasamonen, die in der Arena von Raubtieren zerrissen werden. Schließlich gelang es, selbst die Garamanten zu unterwerfen und im Fezzan römische Stationen anzulegen.

In den von Rom okkupierten Ostteilen Nordwestafrikas entstand eine leistungsfähige Landwirtschaft, deren Grund und Boden in der Hand weniger Großgrundbesitzer lag. So gehörte zur Zeit Neros fast die Hälfte des Landes sechs Senatoren. Nero ließ sie ermorden und beschlagnahmte ihren Besitz. Schließlich verfügten die kaiserlichen Landgüter über ein Sechstel des anbaufähigen Bodens.

Das Land wurde vermessen, markiert und soweit als möglich erschlossen. Selbst der Aurès war von Bauernsiedlungen überzogen. Der Großgrundbesitz war in der Regel an Kleinbauern verpachtet. Sie hatten ein Drittel der Ernte abzuliefern und zusätzlich für den Grundherrn Arbeitstage abzuleisten. Von den Feldvermessern nicht erfaßter Boden konnte frei erschlossen werden und hatte nur geringe Steuern zu bringen. Mit Hilfe eines erstaunlich vielseitigen Systems der Bewässerung legten daraufhin Tausende Bauern Felder an heute völlig verödeten Stellen an.

Eine relativ kleine Armee schützte die Provinzen. In Tripolitanien, Tunesien und dem Gebiet von Cirta stand lediglich eine Legion, die III. Augusta, die mit ihren Hilfstruppen etwa *Tafel* 19
13000 Mann umfaßte. Mauretanien verfügte über eine etwa gleich starke Truppe aus Söldnern. Als Polizei dienten 1600 Mann.

«Africa», die östlichste der sechs Provinzen, unterstand dem Senat, während die mauretanischen Gebiete der kaiserlichen Verwaltung untergeordnet waren. Der Reichtum der Provinz Africa verführte manchen Beamten zur Korruption, wie aus römischen Gerichtsakten bekannt ist. Selbst heute noch lassen die Ruinen römerzeitlicher Städte in Nordafrika, von denen es ungefähr fünfhundert gegeben hat, ihren früheren Reichtum erkennen. Ursprünglich waren es zumeist Ansiedlungen römischer (oder italischer) Kolonisten und ausgedienter Soldaten, aber bald setzten sich die einheimischen Punier und Numider ebenfalls in den Städten fest, wobei sie häufig ihre Sprache aufgaben und sich an die römische Reichskultur assimilierten. Es entstanden Dutzende prachtvoller Tempel, reich ausgestattete Amts- und Privatge- *Tafel* 17–18, 26–29
bäude, große Foren und an den Grenzen mächtige Militäranlagen. Die Stadtverfassung glich der der Städte Italiens. Die Gesamtbevölkerung des römischen Nordafrikas mag in seiner Blütezeit über sechs Millionen betragen haben. Hauptstadt war das wiedererstandene Karthago mit 200000 bis

300000 Bewohnern. Zehn oder elf weitere Städte mögen jeweils über 20000 Einwohner und die kleineren zwischen 5000 und 6000 gezählt haben.

Meisterwerke der Technik waren die Zisternen Karthagos, die über Aquädukte je Sekunde 370 Liter Wasser erhielten, 32 Millionen Liter am Tag. 24 Behälter von 95 Meter Länge enthielten stets 235000 Kubikmeter Wasser, die über Stein- und Bleirohre in die öffentlichen Bäder und in die Haushalte Karthagos geleitet wurden.

Das Land diente vorwiegend als Kornkammer. Der Olivenanbau war weitgehend den Kämpfen des 2. und 1. Jahrhunderts v. Chr. zum Opfer gefallen, und Roms Grundherren verhinderten vorerst seinen Neuaufbau. Allein Westtunesien soll acht Millionen Zentner Getreide geliefert haben, so daß zwei Drittel aller Getreidelieferungen für Rom aus Nordafrika kamen. Noch bis in das 4. Jahrhundert wurden im Hafen Roms, in Ostia, jährlich 1,5 Millionen Zentner Getreide aus Afrika gelöscht.

Mosaiken aus Zliten und Udna stellen Bauernhöfe und die Landarbeit in romantisierender Weise dar. Die Lage der Bauern muß jedoch bei einer so systematischen Ausbeutung, wie sie betrieben wurde, außerordentlich schwer gewesen sein. Wiederholt wird von Hungersnöten berichtet. Der Raubbau am Boden zwang im Verein mit dem Nachlassen der Niederschläge im 3. Jahrhundert n. Chr., den Olivenanbau zu erweitern. Dies geschah nicht ohne harte politische Auseinandersetzungen. Italiens Grundherren hatten sich den lohnenderen Anbau von Wein und Oliven vorbehalten und zwangen die Provinzen, billig oder umsonst Getreide zu liefern. Jedoch bereits im 1. Jahrhundert n. Chr. griff die Krise nach Rom. Der Kaiser Domitian suchte durch den Befehl, in den Provinzen die Hälfte aller Weinstöcke zu vernichten, die Konkurrenz auszuschalten, allerdings vergebens. Der Aufstand des Jahres 96 brachte mit Trajan einen Spanier an die Macht; mit ihm stiegen die Grundherren Spaniens und Nordafrikas in die Führung des Imperiums auf, und so ging «Africa» wieder zum gewinnbringenden Olivenanbau über. Der Kaiser Commodus umgab sich mit «Afrikanern», und afrikanische Reeder und Händler beherrschten Ostia. Etwa einhundert «Afrikaner» saßen im Senat, und rund zehntausend Familien zählten zur herrschenden Schicht in den afrikanischen Provinzen. Schließlich bestieg mit

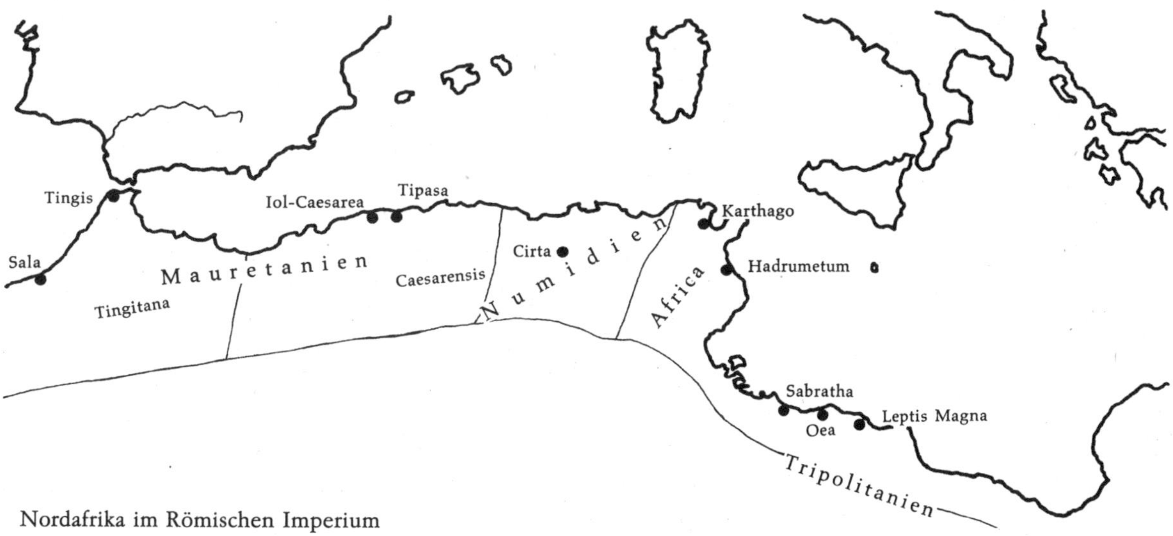

Nordafrika im Römischen Imperium

Septimius Severus ein Punier aus Leptis Magna im heutigen Libyen den Kaiserthron und gewährte seinen Standesgenossen aus den Provinzen außerhalb Italiens volle Freiheiten. Als später der Kaiser Maximinus Thrax die von den Severern gewährten Steuerfreiheiten für den Olivenanbau in Afrika wieder aufheben wollte, wurde er gestürzt und ermordet.

Dem Handel und der Armee diente ein Straßennetz von ungefähr 20000 Kilometer Länge, das es ermöglichte, jeden Ort rasch zu erreichen. Weniger unterrichtet sind wir über den Transsaharahandel der Römer, der Gold, schwarze Sklaven, Raubtiere für die Arena und Edelsteine, in erster Linie Smaragde, lieferte.

Griechische und lateinische Bildung verbreitete sich im Lande, und auch viele Punier wurden zu Repräsentanten antiker Kultur. So schrieb der Punier Apuleius aus Madaura den in vielen Passagen sozialkritischen Roman «Der goldene Esel». Als Jurist erlangte Salvius Julianus aus Hadrumetum Berühmtheit. Zu den Schriftstellern des aufkommenden Christentums gehörten M. Cornelius Fronto aus Cirta und der Kirchenvater Augustinus, der punischer Herkunft war.

Unter Diokletian war Spanien als Diözese der Präfektur Gallien unterstellt und in fünf Provinzen gegliedert, denen auch Mauretania Tingitana (Westmarokko) angeschlossen wurde.

Etwa 150 Jahre blühte Nordafrika unter römischer Herrschaft, bis nach 250 n. Chr. die Bautätigkeit fast völlig zum Erliegen kam und die Nachrichten über Aufstände und Barbarenangriffe zunahmen. Die Sklaven und ebenso die freien, aber besitzlosen Landarbeiter wurden zu einer Gefahr für die Römer, besonders, wenn sie sich mit den Nomaden der Steppe zusammenschlossen.

Unter den Stämmen des Südens hatte sich ein ökonomischer Wandel vollzogen. Bei den Kämpfen mit ihnen oder auf ihren Handelsfahrten trafen die Römer immer häufiger auf die Dromedare der Nomaden, die sich seit der Zeit Cäsars nachweisen lassen. Das Dromedar dürfte den Nomaden die Erschließung der Trockensteppen und die Passage der in jener Zeit rasch austrocknenden Wüste erleichtert haben. Ihre Fürsten errichteten anscheinend schon damals jenes Regime der nomadischen Stammesherrschaft über die von Sklaven bearbeiteten Oasen, das noch im 19. Jahrhundert die Tuaregs ausübten. Das Grabmal einer ihrer Herrscherinnen, die die Tradition Tin Hinan nennt, fand sich bei Abalessa im westlichen Hoggar. Eine große Siedlung jener Zeit wies eine gesondert liegende Burg auf, die im 4. Jahrhundert zum Mausoleum der später als Stammutter des Kamelnomadenadels verehrten Frau umgewandelt wurde. Es enthielt römische Produkte der Mittelmeerstädte als Grabbeigaben.

4,8 Kilometer nordwestlich des heutigen Leuchtturms von Mahdiya entdeckten Schwammtaucher 1907 in 39 Meter Tiefe ein antikes Schiff von ungefähr 40 Meter Länge und 10 Meter Breite. Es war mit seiner gesamten Ladung untergegangen. 65 Säulen und Dutzende Kunst- und Gebrauchsgegenstände, Handelsgut aus der Zeit um 100 v. Chr., wurden geborgen und gehören heute zum Besitz des Bardo-Museums in Tunis.

Die sich verschärfende Krise spiegelte sich auf religiösem Gebiet im Aufkommen des Manichäismus und des Christentums wider. Jüdische Gemeinden entstanden, sie gingen auf Deportationen der Römer aus Vorderasien zurück. Bereits im 2. Jahrhundert gab es nach dem Zeugnis des Tertullian (197) viele Christen in Nordafrika. Im 3. Jahrhundert wurden Bischöfe und Märtyrer in der Literatur erwähnt, so Cyprian von Karthago. Er wurde der erste afrikanische Märtyrerbischof, der die Römer grenzenlos gehaßt haben muß. Er schrieb: «Wenn man an ihren Ursprung zurückdenkt, ist er denn nicht schamlos? Sie sind eine Bande von Schurken und Dieben ... Ihr König Romulus kommt durch einen Brudermord auf den

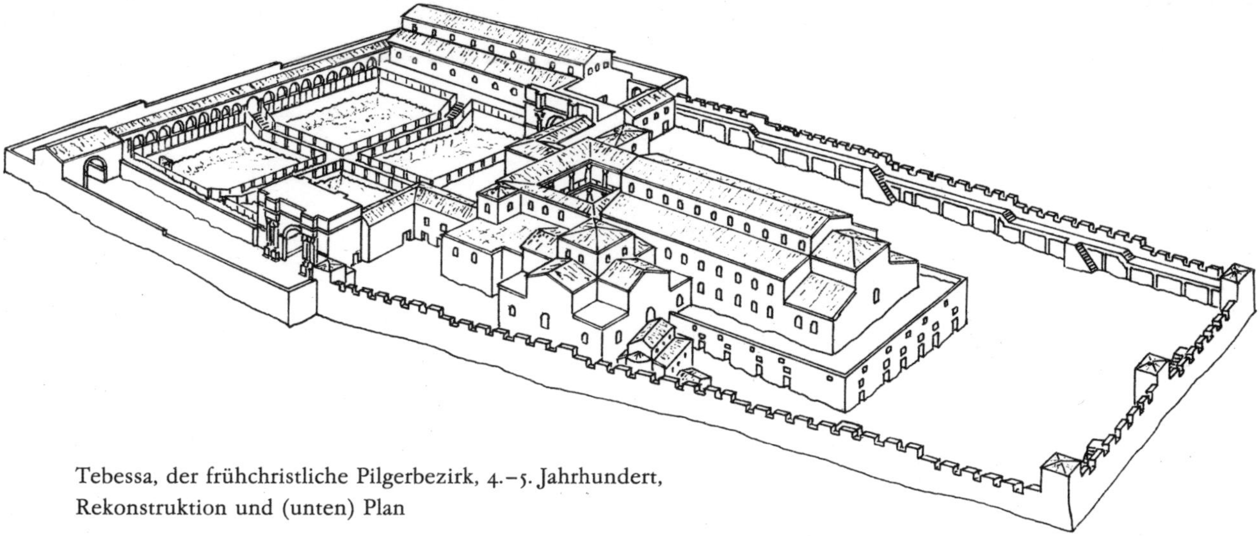

Tebessa, der frühchristliche Pilgerbezirk, 4.–5. Jahrhundert, Rekonstruktion und (unten) Plan

Thron, und dann plündern, brandschatzen und betrügen sie, ja, um ihre Stadt zu bevölkern, rauben sie Mädchen, vergewaltigen die Rechte der Gastfreundschaft und ziehen in den Krieg gegen ihre Schwiegerväter ...» (nach Strelocke, 1978, S. 54). Im Kolosseum zu Karthago mußten Tausende Christen für ihren Glauben leiden und sterben, von Rindern zerstampft, von Leoparden oder Löwen zerrissen oder in Metzeleien erschlagen. Im Theater fand aber auch Unterricht statt. So lehrte hier Augustinus, der sich darüber beklagt, daß die Studenten nur noch in die Vorlesungen kämen, um Lärm zu machen, und mehr ihren Vergnügungen als den Studien nachgingen.

Die Verfolgungen der Christen unter Diokletian trieben viele Gemeinden in tiefe Gegensätze zur Staatsmacht in Rom und Karthago. Sie führten schließlich zur Kirchenspaltung (305). Als nach

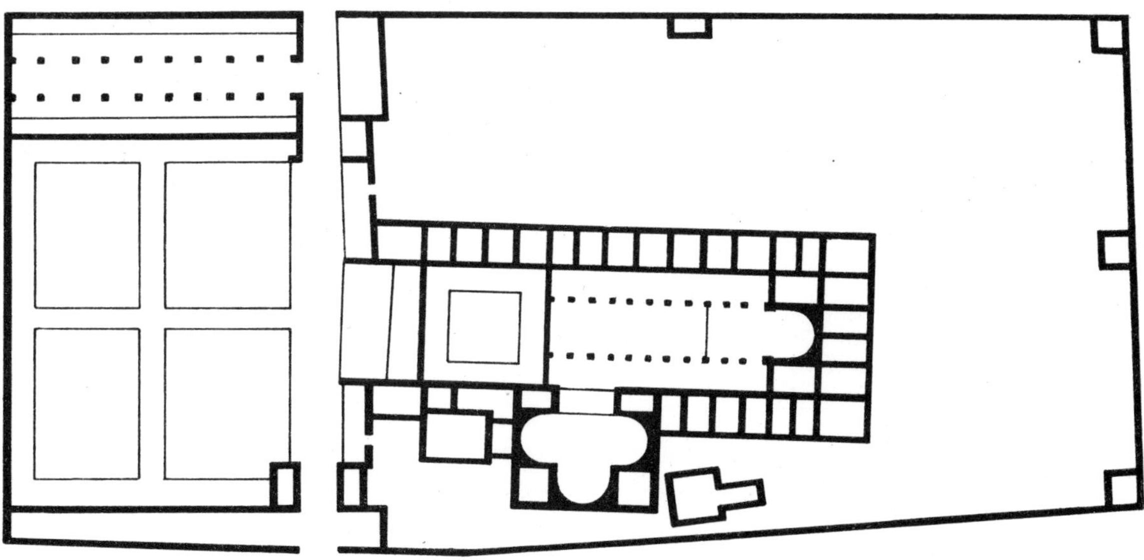

Mosaik aus der Basilika von Skira,
Allegorie der Gläubigen, die ihren Durst an den Flüssen des Paradieses stillen, 5.–6. Jahrhundert

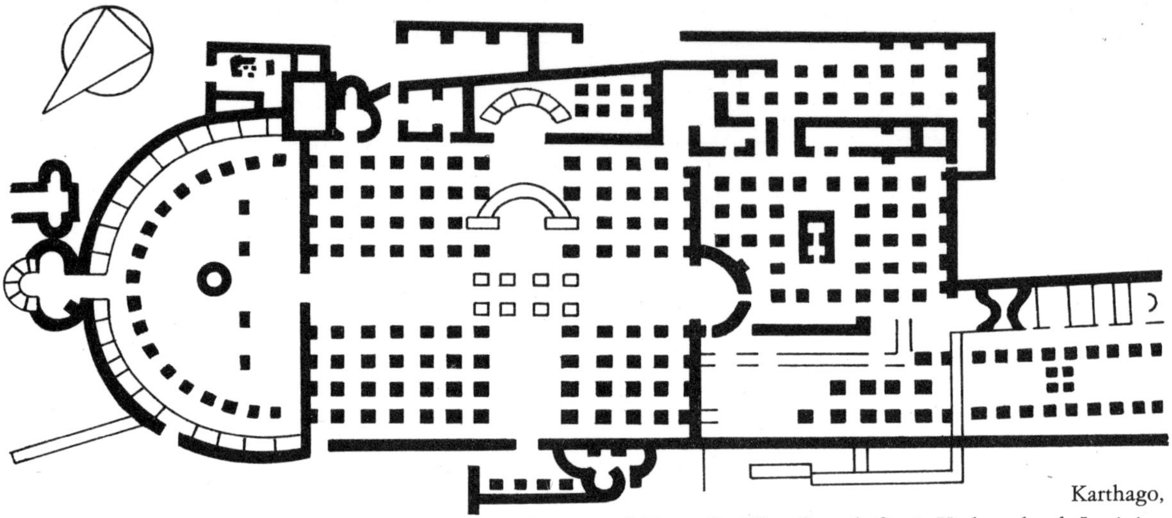

Karthago,
Damous-al-Karita-Basilika, Grundriß mit Umbau durch Justinian

der Übernahme des Christentums durch den römischen Kaiser Konstantin der Staat gleichfalls im Namen des Christentums auftrat, verwarfen die
Tafel 20–24 Anhänger des Bischofs von Karthago, Donatus, die Verbindung von Staat und Kirche und wurden daraufhin von Staats wegen verfolgt. Bis in die ersten Jahre der islamischen Eroberung, das heißt
Tafel 30, 31 für drei Jahrhunderte, war die Kirche Nordafrikas in die kaiserliche Amtskirche und die Richtung der Donatisten gespalten, die zur Repräsentantin
Abb. S. 51 der Unterdrückten geworden war. Die christlichen Gemeinden errichteten in den Städten große Ka-
Abb. S. 52, 53 thedralen mit reichem Mosaikschmuck. Die Bischofssitze wurden zu geistigen Zentren des Landes. Viele Grabbilder zeugen vom wachsenden Reichtum der Christen Nordafrikas.

Da die Oberschicht immer mehr zur Staatskirche Kaiser Konstantins übertrat, verlor die alte Kirche ihre Anziehungskraft auf die Armen und Verzweifelten, an die sich Wanderprediger mit revolutionären Lehren wandten. Ihre Idee der Gewaltlosigkeit drang selbst in die Armee ein. Die Prediger verdammten die Reichen und forderten die Befreiung der Sklaven. Da sie «circum cellas» (rund um die Räume) im Lande umherzogen, wurden sie bald Circumcellionen genannt. Wegen ihrer radikalen Auffassungen wurden sie selbst von den Donatisten verflucht; erst die brutale Unterdrückung aller Unruhen unter Kaiser Constans (337–350) führte sie wieder zusammen. Zwei Konzilien (405 und 411) von Karthago verdammten die Donatisten als Häretiker, und so lag das Land im frühen 5. Jahrhundert tief in soziale und religiöse Konflikte verstrickt, als von Norden her fremde Heere hereinbrachen.

4. Unter Germanen und Byzantinern

Hunnensturm und Germanenzüge · Vandalen und Alanen · Die Meerfahrt des Geiserich · Vandalen vor Rom · Westgoten und Franken · Alarich II. und Reccared I. · Das dritte Konzil von Toledo · Die Kronen der Goten · Magnatenmacht und Bischofsrat · Roderich und Julian · Byzantiner in Spanien · Berberkönige der Berge · Der Aufstand des Herakleios · Kaiser Gregorios

Im 5. Jahrhundert zogen Scharen germanischer Völker durch Spanien und Nordafrika. Große Stammesverbände hatten nach 375 auf der Flucht vor den aus Asien heranziehenden Hunnen in der «Völkerwanderung» Ost- und Mitteleuropa verlassen und die römischen Sperrfestungen am Rhein und an der Donau überrannt. Als erste erreichten die Vandalen (409) und mit ihnen Gruppen der sarmatischen Alanen Spanien. Ihnen folgten die Sueben, die im Kampf um Spanien von den Vandalen geschlagen und im Nordwesten Spaniens ansässig wurden. Die Vandalen überfielen die Balearen und setzten 429 nach Nordafrika über.

Sie kamen in ein vom Bürgerkrieg zerrissenes Land. Die byzantinischen Herren verfolgten im Namen der Staatskirche die donatistische Separatkirche Nordafrikas. Der offene Aufstand der Bauern und Hirten erleichterte den Angriff der von König Geiserich (oder Genserich) vereinigten Scharen, die etwa 50000 Kämpfer gezählt haben mögen. Nur wenige Jahre konnten Hippo Regius, Karthago und Cirta gehalten werden, schwere Jahre, in denen unter anderem der Kirchenvater Augustinus im belagerten Hippo starb (28. August 430). Als am 9. Oktober 439 Karthago fiel, wurde Nordafrika für ein Jahrhundert vandalisch. Mauretanien, Numidien, die Zengitana und die Byzakene mußten vom oströmischen Kaiser als Herrschaftsgebiet der Vandalen anerkannt werden. Bald sollten die neuen Herren den Anwohnern des Mittelmeeres als Piraten zum Schrecken werden. Selbst Rom wurde ausgeplündert (15.–29. Juni 455). Den Vandalen stand ein zerfallendes weströmisches Reich gegenüber, dem auch die Hilfe Ostroms nicht zum Sieg über die Germanen verhalf. Aber die Berbervölker beugten sich trotz grausamer Repressalien nicht, und zu Ende des Jahrhunderts geboten die Fremden nur noch über die Küstenstädte. Unter den Vandalenfürsten brachen Thronfolgekämpfe aus, in die sich 533 der Kaiser von Byzanz, Justinian, einmischte. Seiner Armee und Flotte erlagen die Vandalen, und Nordafrika wurde byzantinische Provinz (534).

Karte S. 56

Länger konnten die Westgoten ihre Unabhängigkeit behaupten. Sie waren aus dem ausgeplünderten Italien im Jahre 418 abgezogen und hatten Land an der Garonne und Loire, in Aquitanien, erhalten. Unter Alarich II. (485–507) unterwarfen sie Spanien bis nach Gibraltar. Als sie von den Franken im Jahre 507 bei Poitiers geschlagen wurden, zogen große Teile des Volkes über die Pyrenäen südwärts, so daß bald ein Zehntel der Bewohner der Pyrenäenhalbinsel zu den Goten zählte. Die ländliche und städtische Mehrheit sprach Latein und folgte dem katholischen Ritus, während die Goten Arianer blieben. Sie hingen den Lehren des Presbyters Arius (frühes 4. Jahrhundert) an, dessen Interpretation des Wesens Christi von der Staatskirche in Byzanz abgelehnt wurde. Arius fand unter den Germanen weithin Anhänger.

Die Westgoten standen von Norden her unter dem Druck der Franken und Burgunder, den nur für wenige Jahrzehnte ein Bündnis mit den Italien beherrschenden Ostgoten lockerte. Nach der Vernichtung des Vandalenstaates landeten 549 die Byzantiner in Südspanien und entrissen den Goten die reichen Küstenebenen.

Kompliziert war die religiöse Lage im Westgotenstaat. Schon Alarich II. suchte die neben den Arianern und Katholiken auftretenden Religionen und Sekten zu unterdrücken. So wurden die Manichäer und Juden verfolgt. 493 erging beispielsweise für die Juden ein Handelsverbot und ein Jahr später ein Gesetz, das alle Juden zu Sklaven erklärte, die nicht die Taufe nahmen. Schließlich trat König Reccared I. 586 auf dem dritten Konzil von Toledo zum Katholizismus über, so daß von jener Zeit an gotische Verschwörungen nicht selten im Namen des alten Glaubens unternommen wurden. Schon zuvor waren Rebellen zur oströmischen Staatskirche übergetreten, um Hilfe aus Byzanz zu erhalten.

Die Goten waren hauptsächlich am Ebro und am Tajo seßhaft geworden. Valencia, Segovia, To-

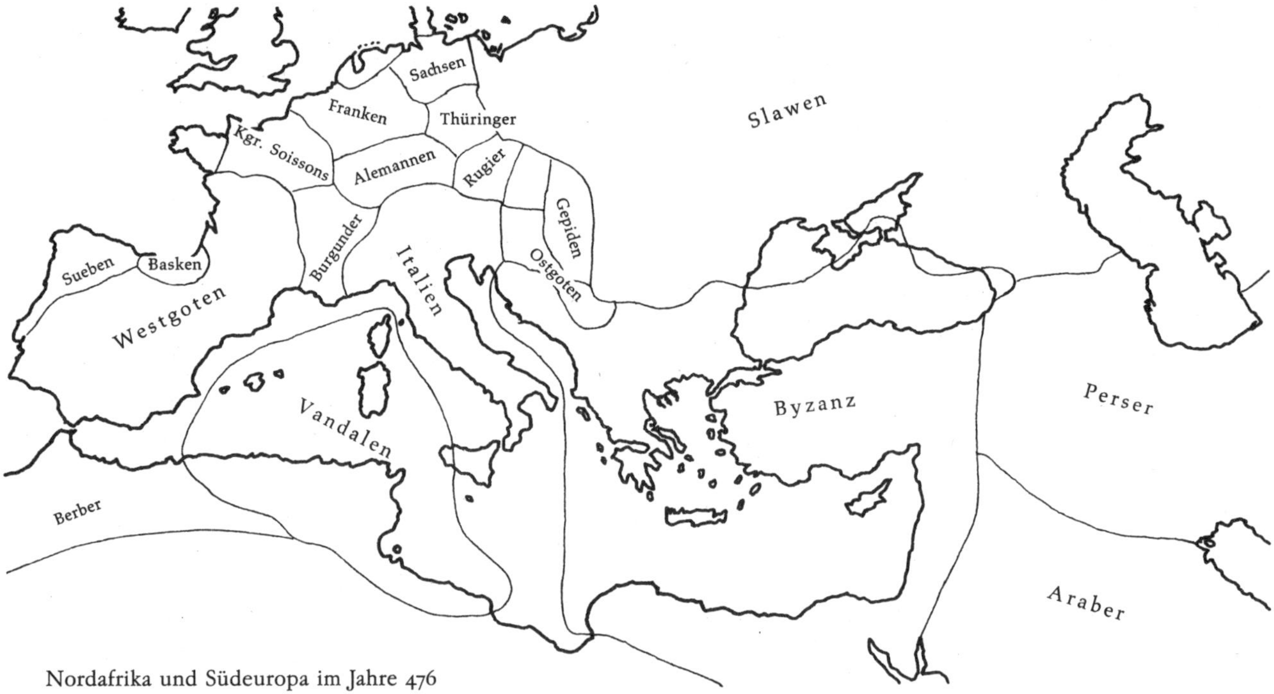

Nordafrika und Südeuropa im Jahre 476

ledo, Madrid, Burgos und andere Städte waren von ihnen geprägt. Die römischen Grundherren blieben in erster Linie in Lusitanien, in der Baetica und Tarraconensis im Besitz ihres Landes. An der Lage der Pachtbauern auf dem Großgrundbesitz, der Kolonen, änderte sich nichts. Die Goten zogen den Zehnten ein und betrachteten die Römer als an den Boden gebunden. Wie im späten Rom waren auch in den Städten die Ämter erblich. Die Steuern wurden verpachtet, ebenso die Zölle und oft das Königsland.

Nur wenige Bauten aus westgotischer Zeit blieben erhalten, so mit Reccopolis die Reste eines Königspalastes. Besser unterrichtet sind wir über den westgotischen Kirchenbau, wie zum Beispiel über die Kreuzkuppelkirche San Fructuoso, die ostkirchlicher Anregung folgt, und an Karthago erinnernde Basiliken mit Gegenapsiden.

Unter der Kleinkunst sind Kronen westgotischer Könige zu nennen, die als Weihgaben in Kirchen aufgehängt waren, sowie teils byzantinische, teils nomadische Traditionen bewahrende Fibeln und andere Schmuckarbeiten.

Der einzige größere außenpolitische Erfolg der Westgoten war die Vertreibung der Byzantiner (624). Die gotische Armee hielt nur der Zwang zusammen. Sie bestand zumeist aus zum Dienst gepreßten Sklaven. Selbst Kleriker hatten Militärdienst zu leisten. Könige, Adel und Kirche hielten Sklaven im Ackerbau, im Handwerk, als Diener und als Prostituierte. Ihre Freilassung war nur mit Genehmigung des Königs möglich.

Die Königsmacht war sehr eingeschränkt. Der Magnatenrat wählte seit 675 den König, während die faktische Macht zum größten Teil in der Hand der Kirche lag. Letztere besaß in sechs Provinzen sechs Metropolien und 82 Bischofssitze. Der König berief die Bischöfe. Auf den Konzilien, die vorwiegend in Toledo stattfanden, wurden die wichtigsten Staatsgeschäfte beschlossen.

Aufstände der verelendenden Bauern und die um sich greifende Flucht von Sklaven zerrütteten den Gotenstaat. König Witiza wollte seinem Sohn Achila den Thron sichern, indem er ihn zum Herzog der Nordostprovinz Tarraconensis erhob. Doch als nach Witizas Tod (710) der Adel Roderich zum König ausrief, fiel Achila von der Zentralregierung ab. In dieser Zeit spielt die eingangs erwähnte Legende um Julian, den Herrn von Ceuta, der vielleicht der byzantinische Gouverneur der Stadt war und, mit seinen Schwierigkeiten von Byzanz allein gelassen, mit den einfallenden Muslimen paktierte.

Diese trafen in Nordafrika auf die Byzantiner, die nach der Zerschlagung der vandalischen Herrschaft die Verwaltung in Afrika reorganisiert hatten. Es gab drei prokonsularische Provinzen: 1. Zengitana = Nordtunesien, 2. Byzakene = Südtunesien und 3. Tripolitania = Westlibyen. Verwaltungspräsidenten erhielten Numidien, Mauretania Sitifiana, Mauretania Secunda (Algerien) und Sardinien.

In Spanien hielten – wie bereits erwähnt – die Byzantiner von 549 bis 624 einen Küstenstreifen im Südosten besetzt, über dessen Rolle wenig bekannt ist. Ein neuer Limes mit Grenzwällen und Garnisonen entstand weit nördlich der alten römischen Grenzlinie. Im Westen Nordafrikas, in Mauretania Sitifiana, beherrschten die Byzantiner nur einige Hafenstädte, darunter Septem, das heutige Ceuta. Tanger (Tingia) war anscheinend in der Hand der Westgoten.

Auch in den Bergen des Binnenlandes wurde die byzantinische Oberhoheit nicht anerkannt. In der Byzakene regierte als König Antalos, im Aurès Iabdas, westlich der Aurèsketten Orthaias und in Mauretanien ein Massinas.

Wieder künden große Grabpyramiden von der Macht regionaler Häuptlingsgeschlechter. Südlich von Tiaret stehen auf dem Dschebel Lachdar quadratische Grabbauten des 5. Jahrhunderts. Bei Meknes, Fès und Suk al-Gur in Marokko reichen diese Monumente bis in das 7. Jahrhundert, in die frühislamische Ära.

Byzantinische Angriffe auf die Bergstämme brachten nur vorübergehende Erfolge. Schließlich meuterte die seit langem ohne Sold gebliebene Armee, in der viele Germanen dienten. Eine gegen die Meuterer aus Numidien herangeholte Regierungstruppe erschlug ihre Offiziere und ging zu den Rebellen über, die sich erst nach umfangreichen Zahlungen größtenteils wieder dem Kaiser zuwandten.

Der byzantinische Gouverneur ließ die Häuptlinge der Lawatastämme in Tripolitanien heimtückisch ermorden, um die Macht der Berber zu brechen. Aber der Mord an den Fürsten ließ ganz Afrika im Feuer des Aufstandes versinken (546–548). Erst eine Reichsarmee schuf für fünfzehn Jahre Ruhe. 563 brachen erneut Kämpfe aus, die die Mauren unter Gasmul zu den Herren Nordafrikas werden ließen.

Gasmul fiel 580 einem Überfall zum Opfer, und die Byzantiner besetzten erneut die Küstenstädte. Die Kämpfe zogen sich jahrelang hin, bis die Herren von Karthago, der Exarch (Gouverneur) Herakleios und der Legat und Patricius (Truppenkommandeur) Gregorios, in die Reichspolitik eingriffen (608). Sie verschworen sich gegen den Kaiser, hielten die Getreidelieferungen zurück und sandten Armeen gegen Byzanz. Der Kaiser Phokas wurde ermordet und Herakleios zu seinem Nachfolger bestimmt. Er wurde jahrelang in den Krieg gegen den Sasanidenschah Chosrau II. verwickelt und konnte sich nicht um die Lage im fernen Afrika kümmern. Hier hatte sich Gregorios in Sufetula (Sbeitla) zum Kaiser ausrufen lassen, während der Exarch in Karthago weiter zu Herakleios hielt (646).

In diese Welt der zerfallenden Fremdherrschaft stießen die Araber vor, nachdem sie Ägypten erobert hatten.

II Die Expansion des Islams bis zum Atlantik (642–800)

«Sieh den Palast des Sieges hier
Mit seinen Zinnen vor Dir ragen!
Die Wonne hat ihn auserwählt,
In ihm den Wohnsitz aufgeschlagen.»
Ibn Omar aus Butera

Der in Vorderasien und Ägypten zu raschen Erfolgen gelangte Islam stieß, als er die Wüstenzone der Syrte überwunden hatte, auf erbitterten Widerstand. Die Berber Nordafrikas widersetzten sich ihm über hundert Jahre mit bewaffneter Hand, zuerst unter ihren Stammesführern und im Namen der alten Religionen, dann, nach ihrer Bekehrung zum Islam, im Gewand islamischer Sektenbewegungen, bis sie sich in die Welt des Korans einfügten.

Völlig anders verlief die Eroberung Spaniens. In wenigen Jahren eroberten die Muslime die iberische Halbinsel und drangen in das Gebiet des heutigen Frankreichs vor. Der morsche Westgotenstaat war zerfallen, ohne ernsthaft Widerstand leisten zu können. Emirate wurden in Spanien und Nordafrika gegründet, die formal noch Teile des islamischen Großreiches blieben.

1. Die «Ergebung» in den Willen Allahs

Die Beduinen kommen · Mohammed, Einiger der Araber · Der Islam als Staatsideologie und Weltanschauung · Die Krise des 7. Jahrhunderts und ihre geistige Bewältigung · Das Wirkliche ist Allah · Das Wort Gottes – der Koran · Basis des Rechts · Das Gesetz und seine Gelehrten · Die Schiat Ali · Die Mystik als herrschende Strömung · Der Islam als Grundlage der Kunst

Waren Nordafrika und Spanien seit Jahrhunderten von den aus Südeuropa eingedrungenen Römern und Griechen beherrscht worden, so kamen die neuen Angreifer aus dem Osten. Die Beduinenstämme der arabischen Halbinsel hatten sich um die Karawanenstadt Mekka zusammengeschlossen und schickten sich an, die Welt zu erobern. Mohammed ibn Abdallah hatte im frühen 7. Jahrhundert den Arabern eine ihren Traditionen angepaßte Religion gegeben, deren Lehren zur Bewußtseinsform ihrer staatlichen Organisation wurden. Mohammed kannte die Religion der Juden und Christen, die Traditionen der Araber und auch die Auffassungen der Iraner. Wahrscheinlich sind selbst Bruchstücke griechischer Philosophie in der alten Handelsmetropole der Wüsten bekannt gewesen. Mohammed lebte in einer Zeit tiefer sozialer und ideologischer Krisen, die alle alten Werte in Frage gestellt hatten. Iran und Byzanz, die Großmächte Vorderasiens in jener Zeit, waren im Jahrzehnte währenden Krieg um die Vormachtstellung ausgeblutet, und ihre Armeen hausten selbst in den eigenen Staaten wie in Feindesland. Die Völker verzweifelten und suchten dringend nach einem Ausweg.

Der mit Karawanen nach Syrien und dem Jemen reisende Mohammed erlebte das Elend der Menschen und stand einer unbarmherzigen Natur gegenüber. Tief bewegt trat er schließlich mit warnenden Predigten über den bevorstehenden Untergang der Welt auf und entwickelte ein neues System des Denkens, eine neue Weltanschauung, den Islam. Sie beruhte auf der Vorstellung, das Wirkliche sei Allah, Gott, das hinter allem Sein stehende Wesen der Welt. Alles Sichtbare sei nur ein Zeugnis für den Schöpfer aller Dinge, für Allah, der zu groß sei, um dargestellt zu werden. Er sei nur im Wort Gottes, offenbart in den von Mohammed rezitierten Suren des Korans, dem Menschen erfaßbar. Dem Wort Gottes gegenüber seien alle Menschen gleich, nur ihre Kenntnis des Wortes unterscheide sie. Dieses Menschenbild erlaubte die Organisation der noch in Stämmen erfaßten Araber in einem einfachen Militärstaat, der in wenigen Jahrzehnten gewaltige Territorien erobern sollte. Er war politische und religiöse Struktur zugleich. Sein Gesetz ließ sich nur aus dem Wort Gottes ableiten, so daß das sich ausbildende Bewußtsein des islamischen Reiches eine Gesetzesreligion sein mußte.

Die Gelehrten entwickelten den Islam zu einem umfangreichen System schriftlich fixierter Regeln für alle Lebensbereiche, das in mehreren Lehrschulen, den Madhahib, das Denken und Handeln der Gläubigen regulierte. Dieses System bezog auch die Traditionen über das Leben Mohammeds und seiner Gefährten, die Sunna, in die Grundlagen des Rechts ein. Daher bezeichnen wir die Anhänger dieser islamischen Orthodoxie als Sunniten. Sie gleicht darin dem auch nach Arabien vorgedrungenen Judentum.

Auf die alten Gleichheitsideale hingegen berief sich eine als (aus dem Lager des Kalifen Ali) «Ausziehende» (Chawaridsch) bezeichnete Richtung des Islams. Die heute stärkste Gegenbewegung gegen die Sunna im Islam ist die Schia, die Schiat (Partei) Alis, des Schwiegersohns Mohammeds, dessen Nachkommen die Schiiten die Herrschaft im Islam zuerkennen. Die Schia entstand als Fraktion im Kampf um die Macht, wurde zeitweise zur sozialen Widerstandsbewegung und schließlich zur Staatsreligion, vor allem im Iran.

Bald zeigte sich, daß weder die Sunna noch die Schia im Festhalten am wörtlich fixierten Text die Sehnsüchte und Sorgen des Volkes befriedigen konnten. Das materielle und das seelische Elend ließ in beiden Richtungen des Islams eine mystische Interpretation aufkommen, der das Wort nur der Mantel der Wahrheit war. Die Mystik war geeignet, die Emotionen vieler Schichten und Strömungen auszudrücken und jedem Gläubigen sowohl die völlige Hingabe wie die höchste individuelle Frömmigkeit zu erlauben. Die Mystik entstand im Widerstand gegen die Herrschaft der Sultane und Emire und deren Rechtfertigung durch sunnitische oder schiitische Religionsgelehrte. Aber bald übernahmen diese die Mystik, bändigten sie in Systemen und Auslegungen, so daß in den «Klöstern» der Derwische wie in den Medresen (Lehranstalten) schließlich die Mystik zur Erdrosselung der Wissenschaften und des freien Geisteslebens führte, das in den Zeiten der frühen islamischen Staaten neben der Orthodoxie geblüht hatte. Die Mystik reflektierte die unterschiedlichsten Strömungen der islamischen Staatenwelt, befähigte den Islam zu einer weitreichenden Anpassungsfähigkeit und erlaubte seine vielseitige Interpretierbarkeit durch soziale und ideologische Strömungen unterschiedlichster Art.

Die beherrschende Rolle des Wortes blieb in den meisten Strömungen des Islams erhalten und formte auch die Kunst mit ihrer Hervorhebung der Kalligraphie und der rhythmischen Ornamentik, mit den dem Gebet der Gemeinde dienenden Hallen und den prachtvollen Zeugnissen des Kunsthandwerks. In ihr gingen die vorislamischen Traditionen Nordafrikas und Spaniens auf und vereinigten sich mit dem Erbe des Ostens zur Kultur des Maghrib und seiner Völker, deren Herausbildung die folgenden Kapitel schildern.

2. *Die Eroberung des Maghrib*

Butr und Branis · Die Stämme der Berber · Arabische Armeen · Die Generäle des Kalifen · Der Kampf um Ifriqiya · Die Gründung von Kairuan · Uqba ibn Nafi · Der Zug zum Atlantik · Der Aufstand des Kasila · Der Fall Karthagos · Die Kahina der Butr-Stämme

Schwer war der Weg der Muslime durch die Berge der Imazighen, der «Freien», die den aus dem Osten heranziehenden Reiterarmeen einen nicht weniger erbitterten Widerstand entgegensetzten, als sie ihn den Römern, Vandalen und Byzantinern geleistet hatten. Unter ihren Stämmen hatten sich zwei große Föderationen gebildet, die nomadischen Butr und die ansässigen Branis. Die meistgenannten Stämme waren

1. im Süden die Nefzawa (im Dschebel Nefusa), die Luwata («Libyer») (um Zuwila), die Wartadschdschuma, die Matmata und die Matjara (im tunesisch-libyschen Grenzgebiet), die Zenata und die Hawwara (weiter im Westen).
2. Im Zabgebiet (dem ehemaligen Numidien) saßen die Auraba, die Gerawa und die Hawwara.
3. In der Kabylei lebten die Senhadscha und Kutama.

Gegen die Steppenvölker und die letzten Besitzungen der Byzantiner marschierten von Ägypten her immer aufs neue arabische Heere, aufgehalten von Niederlagen, Rebellionen und Thronfolgekämpfen in der Heimat und doch immer wieder angetrieben von der Hoffnung auf Beute, Ruhm und religiöse Rechtfertigung.

Um Mekka und Medina hatte Mohammed ibn Abdallah, der Prophet des Islams, die Araber geeinigt, und seine Nachfolger, die Kalifen («Stellvertreter»), hatten mit der Eroberung Persiens und des Reiches der Byzantiner begonnen. 639 waren die Araber unter einem der begabtesten Heerführer des Islams, Amr ibn al-As, im Niltal erschienen und hatten die Byzantiner relativ rasch vertrieben. Die Kopten, die christlichen Ägypter, sahen keinen Grund, für die verhaßten Griechen zu kämpfen. So konnten die Eroberer Ägyptens nur zehn Jahre nach der Hidschra (dem «Auszug» Mohammeds aus Mekka 632 n. Chr.) gegen die noch byzantinische Pentapolis, die Städte der Cyrenaika, ziehen. Sie unterwarfen mit den Luwata den ersten Stammesverband der Imazighen. Ein Gegenangriff der Byzantiner zwang sie zum Rückmarsch und zur erneuten Eroberung von Alexandria (646). Dem Streit der Fraktionen in Mekka fiel Amr ibn al-As trotz seiner Erfolge zum Opfer. Er wurde von Abdallah ibn Sa'd ibn Abi Sarch ersetzt (646), der die Eroberung des Westens wie einen Raubzug vorbereitete. Seine Truppen rekrutierten sich aus den Stämmen von Medina, den Aslam, Solaim, Muzaina und Dschuhaira. Der Kalif Othman verabschiedete die Expeditionsarmee in eigener Person. Ohne Widerstand zu finden, zogen die Araberscharen nach Tunesien. Hier trat Gregorios, der 646 von Byzanz abgefallen war und selbst den Kaisertitel angenommen hatte, an der Spitze seiner kleinen Armee auf der Straße von Hadrumetum (Sousse) nach Sufetula (Sbeitla), seiner Residenz, den Angreifern entgegen und wurde geschlagen. Er fiel bei Aquba nahe von Sbeitla, in der einzigen Schlacht, die die Byzantiner um den Besitz von «Ifriqiya», wie die Araber die alte römische Provinz «Africa» nannten, geführt haben.

Die Araber erpreßten die gewaltige Summe von 2,5 Millionen Dinaren (300 Talenten Silbers) von den Geschlagenen und zogen nach vierzehn Monaten wieder ab. Im fernen Mekka war der Kalif von meuternden Soldaten erschlagen worden, und die Expeditionsarmee wurde in den daraufhin ausbrechenden Auseinandersetzungen um die Macht in Vorderasien eingesetzt. Diese Kämpfe gewährten Nordafrika eine fast zwanzigjährige Ruhepause, in der die Byzantiner erneut die Städte und Küstenebenen Afrikas besetzten.

Unter Kaiser Constantius II. unterwarf die byzantinische Staatskirche die Bewohner dieser Gebiete einem harten Regime religiösen Zwanges, woraufhin sich die Bürger Karthagos gegen die Griechen erhoben und an den Kalifen in Damaskus appellierten, ihnen zu helfen. Es war Mu'awiya aus dem Hause der Umaiyaden, der seit 661 unumstrittener Herr im Islam war.

Er sandte 666 eine neue Armee aus, die bis nach Zentraltunesien vordrang und die Region Dschalula, das Gebiet des späteren Kairuan, eroberte. Diese kam mit ihrem Steppencharakter dem heimischen Lebensgebiet der Araber am nächsten, und so setzten sie sich hier fest. Ein Flottenangriff der Byzantiner auf Monastir wurde abgeschlagen, und doch mußte der arabische Heerführer 667 erneut abziehen. An seine Stelle trat Uqba ibn Nafi, der 670 zum Gouverneur Ifriqiyas ernannt wurde. Er hatte bereits an den er-

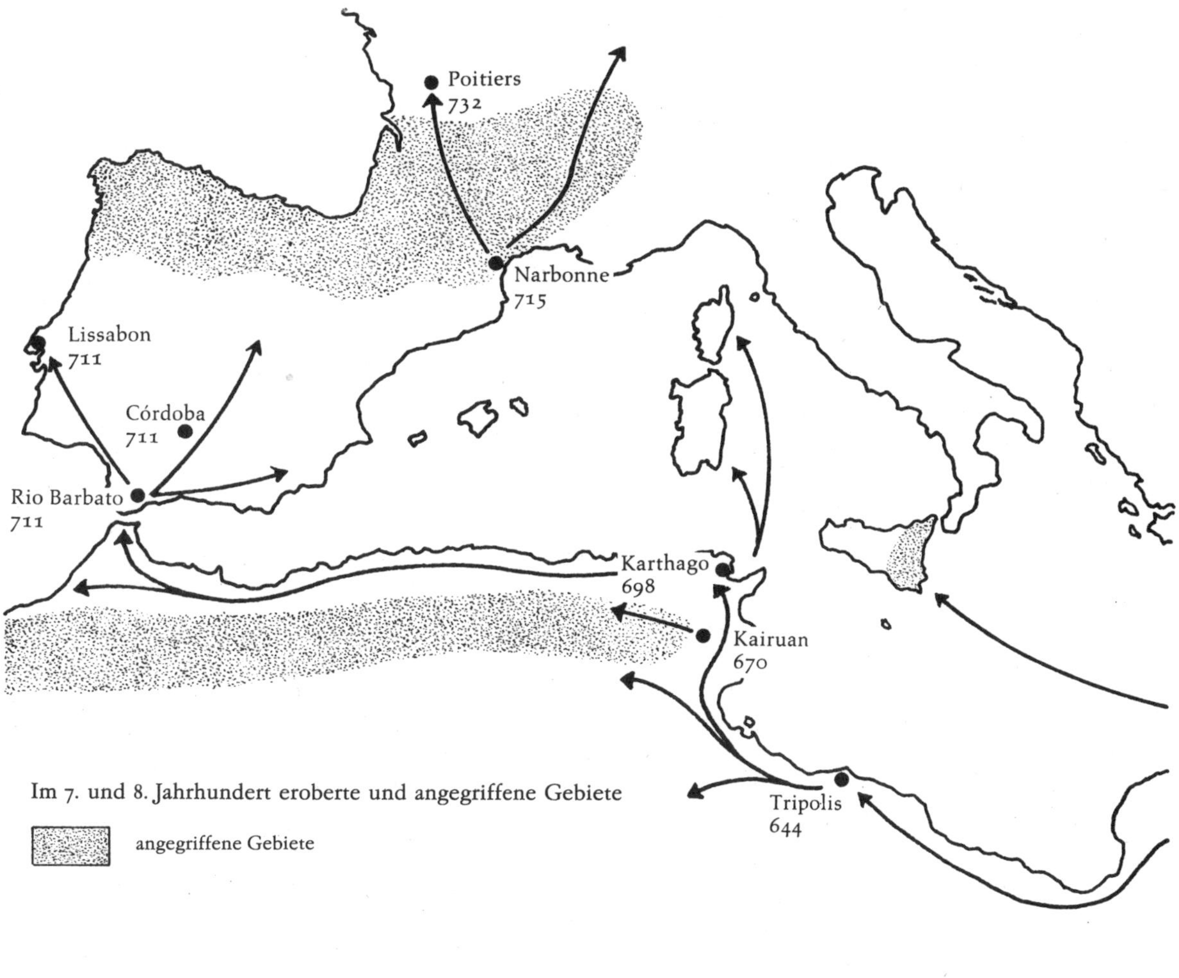

Im 7. und 8. Jahrhundert eroberte und angegriffene Gebiete

sten Zügen nach Nordafrika teilgenommen und die Erfahrung gemacht, daß die Nachschubwege von Ägypten zu lang una zu leicht anzugreifen waren, weshalb er in der Dschalula ein befestigtes Lager anlegen ließ – Kairuan mit der ersten Moschee des Westens. Uqba ibn Nafi verband die Propaganda für den Islam, die Massenbekehrung der Bauern und Hirten, mit dem gnadenlosen Terror gegen jeden Widerstand. Trotz aller Erfolge mußte er 674 seinem Todfeind Abu Muhadschir Dinar den Gouverneursrang überlassen und nach Syrien fliehen.

Der neue Herr des Westens schlug die Auraba und zwang die Byzantiner zur Räumung Nordtunesiens. Er fiel 681 seinerseits dem Parteienkampf in Damaskus zum Opfer. Uqba ibn Nafi kehrte zurück und ließ seinen Vorgänger in Fesseln schlagen. Die Muhadschir ergebenen Truppen wurden nach Syrien zurückgeschickt, während ihr früherer Führer in Ketten auf den nun beginnenden Feldzügen gegen die Berberstämme mitgeschleppt wurde. Die neue Expansionspolitik löste einen allgemeinen erbitterten Widerstandskampf der Berber aus, die sich jedoch zum Glück für die Araber nicht zum gemeinsamen Kampf zusammenfanden.

Bis nach Südlibyen hin waren die Stämme im Aufstand, als Uqba 682 aufbrach. Die Luwata, Hawwara und Nefusa, die die Mehrzahl der Bauern in der Ackerbauzone Tunesiens stellten, bedrohten die Verbindungswege nach Ägypten. Zum Zentrum der Kämpfe wurden jedoch die Berge des Aurès, in denen die Auraba und Gerawa die Mehrheit der Bewohner bildeten.

Der arabische Angriff traf zuerst die seßhaften und christianisierten Branis im westlichen Aurès, dann die halbnomadischen und nomadischen Butr des Ostaurès. Die Auraba unter ihrem Häuptling Kasila ibn Lamzam verteidigten sich erfolgreich in ihrem Hauptsitz Boghai. Nicht weniger erbittert kämpften die Bewohner von Adana, dem Zentrum der Region von Zab (Numidien). An Adana vorbei stieß Uqba auf Tanger vor und erreichte den Atlantik. Auf dem Rückmarsch wählte er die Südroute und sandte die Hauptarmee voraus. Dies zeugte von einer Unterschätzung seiner Feinde. Ein Überfall auf die Nachhut kostete den Heerführer und seinen Feind Muhadschir das Leben. Durch seinen Tod bei Tahuda, einer Oase in der Nähe von Biskra, erhielt der maghribinische Islam seinen bedeutendsten Märtyrer (683).

Kasila, der Aurabaführer, triumphierte und ließ selbst Kairuan erstürmen. Er gründete um die arabische Lagerstadt ein berberisches Stammesreich. Da zudem in jener Zeit wieder einmal Aufstände das Kalifat an den Rand des Untergangs brachten, blieb er einige Jahre ungeschoren. Aber er leitete nur einen lockeren Bund der Stämme, unter denen manche Gruppen aus Feindschaft gegen die Auraba bereits den Arabern zuneigten. In Karthago und dem umliegenden Land waren außerdem die Byzantiner wieder gelandet und bemühten sich, Kasilas Macht zu unterminieren. 689 waren die Araber erneut in der Lage, mit bewaffneter Macht in Ifriqiya zu erscheinen. Der frühere Stellvertreter Uqbas, Zuhair ibn Qais, führte eine überlegene Armee gegen Kairuan, das von Kasila kampflos geräumt wurde. Er verschanzte sich mit seinen Kriegern in Mimmisch, etwa 50 Kilometer westlich von Kairuan, da er eine Erhebung der Bewohner der Stadt zu fürchten hatte. Er hatte nur die Aufgebote der Branis bei sich, deren Kern die Auraba bildeten. Die Butr waren zuvor abgefallen, und die nomadischen Südstämme hielten bereits zu den Arabern.

In der Schlacht fiel Kasila. Seine Stammeskrieger verließen daraufhin die Schlachtordnung und flohen in den Aurès, in ihre Dörfer und Befestigungen. Zuhair konnte aber seinen Erfolg nicht ausnutzen, denn der Kalif mußte sich erneut mit Rebellen in Arabien auseinandersetzen (690) und rief deshalb die Westarmee zurück. Mit einem

Landungsunternehmen in Barqa (Ostlibyen) suchten die Byzantiner die Truppe auf dem Rückmarsch abzufangen. Jedoch gelang es Zuhair, die Angreifer zu vernichten.

Fünf Jahre später war der Bürgerkrieg im Osten entschieden. Der Kalif Abd al-Malik stellte dem neuernannten Gouverneur Ifriqiyas, Hasan ibn Nu'man, das Steueraufkommen ganz Ägyptens zur Verfügung und ließ ihn die bislang größte Armee anwerben. Mit 40000 Mann marschierte Hasan auf Karthago (695), das kapitulieren mußte. Als die Araber nach Westen weiterzogen, rebellierte die Stadt in der Hoffnung auf byzantinische Flottenunterstützung. Hasan kehrte jedoch sehr rasch um, ließ Karthago erstürmen und plündern. Damit erlosch der Widerstand aber noch nicht. Vaga (Beja) wurde von Griechen verteidigt. Bei Bizerta und Satfura leisteten Reste byzantinischer Verbände mit berberischer Unterstützung Widerstand.

Den nach Westen vordringenden Arabern traten nun die Butr-Stämme des Ostaurès unter Führung einer Frau entgegen, der die Muslime den Titel einer «Kahina» (Zauberin) gaben, da sie ihnen zum Schrecken werden sollte.

Es war nicht ungewöhnlich, daß Frauen bei den Berbern politischen Einfluß hatten, waren sie doch zum Teil noch mutterrechtlich organisiert. Die «Kahina» war die Witwe eines Gerawaführers. Sie hieß Dihya, Tochter des Tabita, Sohnes des Tifan, und führte ihren Stamm als Regentin für zwei oder drei minderjährige Söhne. Sie genoß den Ruf einer Prophetin und muß eine begabte Rednerin und Organisatorin gewesen sein. Sie hatte nach der Niederlage Kasilas Trümmer seiner Armee an sich gezogen und ihrerseits einen Stammesverband aufgebaut, mit dessen Aufgeboten sie der Armee des Hasan entgegentrat. Am Fluß Nini hatten die Araber bei Miskiana nördlich des Aurès ein Lager angelegt, das von den Butr überfallen und erstürmt wurde. Hasan mußte bis nach Barqa in der Cyrenaika zurückweichen und sich dort verschanzen. Fast drei Jahre lang (696–699) blieben die Araber in der Defensive, bis die Nomadenherrschaft in den Bauerngebieten Tunesiens durch Plünderungen und Zerstörungen den Haß der Ansässigen geweckt hatte. Unterdessen waren die Byzantiner zurückgekehrt und hatten Karthago und die anderen Küstenfestungen besetzt, eine Eroberung, die erneut mit Blutvergießen verbunden war.

Als daher im Jahre 699 Hasan mit einer neuen Armee heranzog, nahmen ihn die Bauern und viele Städter als Befreier auf. Die zur Unterstützung Karthagos nahende Griechenflotte wurde von arabischen Schiffsverbänden geschlagen, und Karthago fiel, diesmal endgültig, in die Hände der Araber. Auch die anderen Küstenfestungen kapitulierten. Ohne die Unterstützung der Ansässigen und durch die proarabischen Stämme des Südens von einem Zuzug Gleichgesinnter abgeschnitten, kämpfte die Kahina einen verzweifelten Kampf bis zum Tode (700).

Als der Sieger Hasan im Jahre 703 nach Syrien zurückkehrte, war der Maghrib islamisch geworden. Von nun an vollzogen sich Rebellionen und Aufstände wie auch ihre Zerschlagung im Namen des Islams.

3. Der frühislamische Maghrib

Der Wali von Ifriqiya · Mawali des Kalifen · Dawawin in Kairuan · Die Kopfsteuer der Rumi und der Afariqa · Das Arsenal von Karthago · Der Kampf um die Macht · Maisara, der Matgarite · Zenata und die «Ausziehenden» · Charidschiten in Kairuan

Der Übergang der Butr-Stämme zum Islam entschied über die Zukunft des Landes, löste aber nicht die Probleme, die die Stammesstrukturen einer zentralgeleiteten Verwaltung entgegenstell-

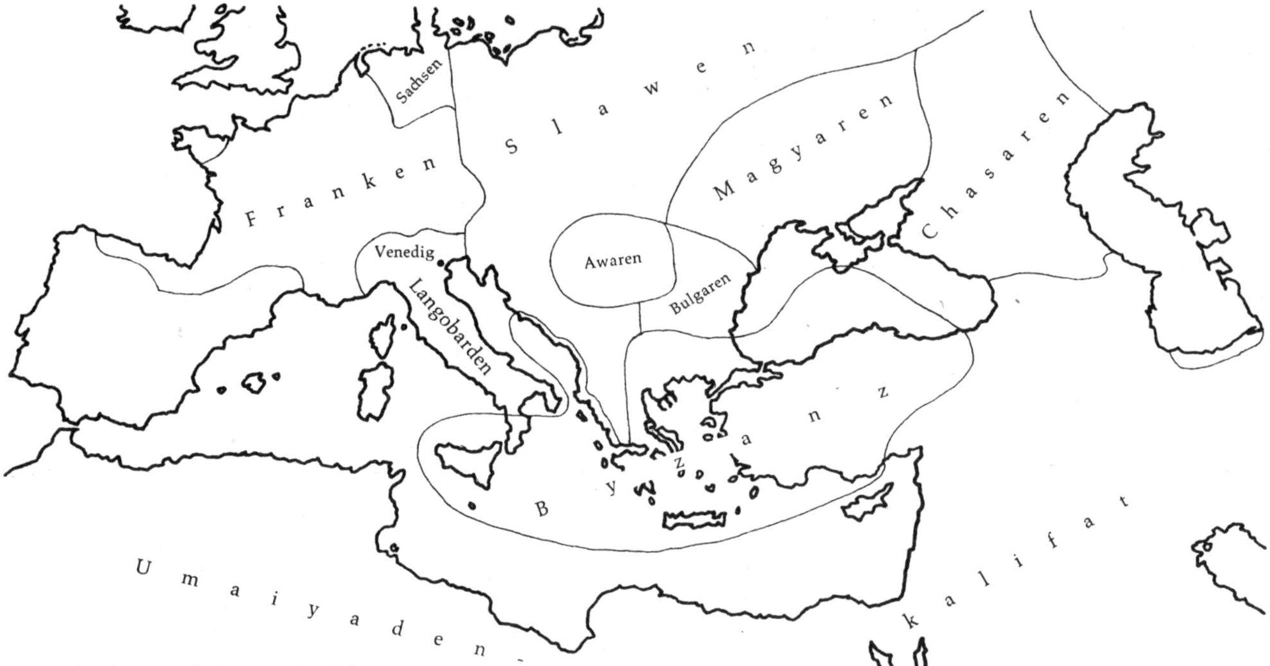

Nordafrika und Südeuropa im Jahre 737

ten. Der 703 eingesetzte Gouverneur Musa ibn Nusair mußte zwei Jahre gegen Rebellen Krieg führen, konnte aber seit 705 als Leiter einer nur der Zentralmacht unterstellten Wilayat (Provinz, Teilstaat) mit dem Aufbau einer staatlichen Verwaltung beginnen. Das Zentrum blieb Ifriqiya, das heutige Tunesien. Hier residierte der Wali, ein Emir, als Vertreter des Kalifen und leitete die Verwaltung, präsidierte den Gerichten und befehligte die Armee. Sein Regierungssitz, der Qasr al-Imara, erhob sich südöstlich der Großen Moschee von Kairuan. Seine Leibgarde rekrutierte der Emir in der Regel aus Klienten (Mawalis) seiner Familie, um ihrer sicher zu sein. Dabei handelte es sich um ursprünglich nicht zu den Arabern gehörige Gläubige, die sich arabischen Stämmen als Abhängige angeschlossen hatten. Die Emire selbst waren unter den Umaiyaden zumeist ihrerseits Mawalis der Kalifen. Hingegen ernannten die ihnen folgenden Abbasiden vorwiegend große Grundbesitzer aus der Familie der Muhallabiden zu Gouverneuren.

Die Armee bestand ursprünglich aus Hedschas-Arabern und Ägyptern. Seit Hasan und Musa gewannen Berber als Hilfstruppen einen wachsenden Anteil an der Macht. Aber noch in den Jahren 764 und 771 zogen arabische Armeen von 40000 bis 60000 Mann nach Ifriqiya. Das Kommando lag bei der arabischen Aristokratie, die zumeist aus der Chorasanarmee des Kalifats kam, die im Nordiran (Chorasan) stationiert war. Nachdem 750 die Abbasiden die Umaiyaden vom Thron vertrieben hatten, ließen sie die alte Armee demobilisieren und in Nordtunesien ansiedeln. An ihre Stelle setzten sie eine Berufsarmee aus Söldnern, zu der auch eine in Tunis gebaute bedeutende Flotte kam, die bald das westliche Mittelmeer beherrschte.

Die Verwaltung gliederte sich in drei Dawawin (Diwane):

1. den Diwan al-Dschund (Armeeverwaltung),
2. den Diwan al-Charadsch (Steuerverwaltung),
3. den Diwan al-Rasa'il (Nachrichten- und Postverwaltung).

Die Finanzverwaltung war im Palast konzentriert. Die Steuern wurden zur Finanzierung der Armee, der Verwaltung und der Tribute an den Kalifen verwendet, die zur Zeit Harun al-Raschids jährlich dreizehn Millionen Dirhem betrugen. Die Kopf- und Bodensteuer hatten die Nichtmuslime zu zahlen, die als Rumi bezeichneten Byzantiner, die Afariqa genannten Romanen und die nach Stämmen gegliederten Berber.

Bis in die Jahre zwischen 718 und 747 überwogen in den Verwaltungen Romanen, Nachkommen der lateinischsprachigen Bevölkerung des römischen Nordafrikas, als Schreiber, dann mußten sie den Arabern weichen. Dem Gouverneur stand eine Polizeitruppe, die Schurta, zur Verfügung. Außerdem berief er die Richter, die Kadis.

Die Wirtschaft Ifriqiyas hatte unter den Kämpfen zwischen Berbern und Muslimen schwer gelitten, wobei die Olivenpflanzungen weithin verwüstet worden waren. Erneut wurde Ifriqiya Getreideland, hauptsächlich Nordtunesien, während in den Oasen vor allem Datteln geerntet wurden. Bedeutung erhielt Ifriqiya für den Islam auch als Lieferant von Eisen, Silber und Blei, die der Flotte zugute kamen. Das Arsenal von Karthago war in den Jahren 701/02 mit tausend koptischen Zimmerleuten aus Ägypten besetzt worden. Beträchtlich war die Textil- und Teppichproduktion. Zu den Lebensmitteln, Erzen und Handwerksprodukten kam der Sklavenhandel mit Berbern und Slawen aus Mittel- und Osteuropa.

Die arabische Herrscherschicht war nach ihrer Stammesherkunft in Fraktionen gespalten. Unter den Umaiyaden waren in erster Linie Syrer und Ägypter nach Nordafrika gekommen. Die Abbasiden schickten Jemeniten und Iraker, hauptsächlich von den Stämmen der Tamim und Soldaten der Chorasanarmee. Sie brachten ihre persischen Klienten mit. Aus den Ehen zwischen Arabern und Einheimischen ging die Zwischenschicht der Hudschana (Mischlinge) hervor. Als Aristokraten galten unumstritten die Nachkommen der mekkanischen Quraisch und der medinensischen Ansar («Helfer» des Propheten).

In den Kämpfen mit den Berbern waren viele Städte untergegangen, die nicht wiedererstehen sollten. Gegen Ende des 8. Jahrhunderts mußte die Küste gegen die wiedererstarkenden Byzantiner befestigt werden. Als Schutz des Landes gegen Überfälle von See her wurden Forts angelegt, die als Wehrklöster, sogenannte Ribats, mit Glaubenskämpfern besetzt waren, um jederzeit Landungsunternehmen entgegentreten zu können.

Um die Mitte des 8. Jahrhunderts sollte im fernen Syrien die Umaiyadenmacht zerbrechen. Der Untergang kam nicht von einem Tag zum anderen. Unruhen erschütterten nahezu ununterbrochen die Herrschaft der arabischen Aristokratie, die um so härter gegen die anderen Fraktionen oder Stämme vorging, die sich in islamischen, von der regierungstreuen Orthodoxie abweichenden Sekten organisiert hatten.

In Ifriqiya fanden die Prediger einer die Gleichheit aller Muslime betonenden Richtung, der Chawaridsch, viele Anhänger bei den von den arabischen Gouverneuren bedrängten Berbern. Im westlichen Maghrib sammelte seit 737 ein ehemaliger Wasserträger namens Maisara der Matgarite die Stämme um sich und ließ sich zum Kalifen ausrufen. Der Kommandant von Tanger, der mit seiner Miliz gegen ihn gesandt wurde, erlitt eine Niederlage, und auch die erfahrensten Generäle Ifriqiyas unterlagen den Charidschiten, den Anhängern der Chawaridsch, unter denen die Zenata die führende Rolle spielten. Als in den Jahren 741/42 erneut eine arabische Armee von den Zenata geschlagen wurde, ging ganz Ifriqiya bis nach Tripolitanien hin zum Aufstand über. Aber dem

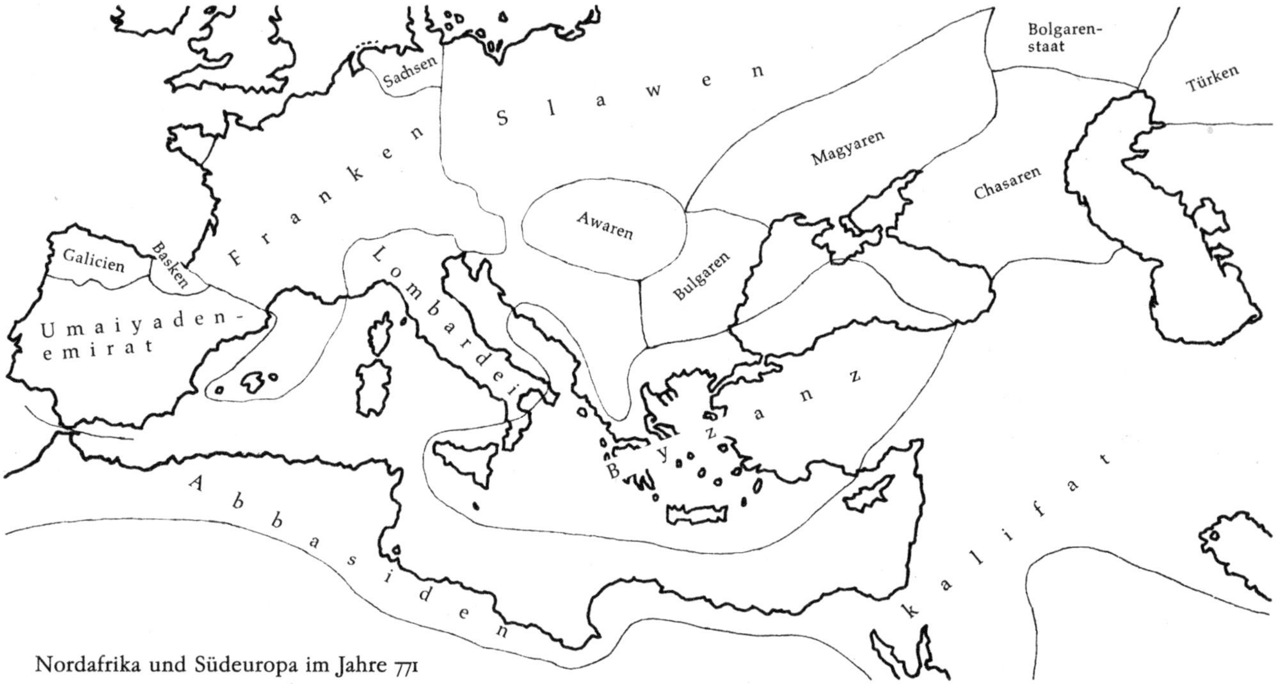

Nordafrika und Südeuropa im Jahre 771

Gouverneur gelang es, die in zwei Säulen auf Kairuan marschierenden Rebellen getrennt zu schlagen.

Im gleichen Jahre erstickte der Gouverneur eine Rebellion der arabischen Grundherren unter Führung eines Quraischiten aus der in Tunis ansässig gewordenen Familie der Fihr, namens Abd al-Rahman ibn Habib, der für drei Jahre ins Exil ging. Als er zurückkehrte, fiel ihm Ifriqiya ohne ernsten Widerstand zu. Er regierte dreizehn Jahre als faktisch autonomer Herrscher (742–755), kämpfte gegen die Charidschiten und ließ seine Flotte die Küsten Sardiniens und Siziliens plündern.

In dieser Zeit (749/50) waren im Osten die Umaiyaden den Abbasiden unterlegen. Fünf Jahre später sahen sich die Fihriten gezwungen, deren Oberhoheit anzuerkennen. Abd al-Rahman wurde das Opfer eines Mordanschlages, den einer seiner Brüder gegen ihn unternommen hatte. Danach brachen erneut Charidschitenaufstände aus. Die Warfudschdschama besetzten Kairuan, und die libyschen Stämme zerschlugen eine Strafexpedition noch im Anmarsch an der Küste Tripolitaniens (759).

Bald kam es jedoch zu Kämpfen zwischen den Stämmen, die es dem Gouverneur ermöglichten, Ifriqiya mit 40000 Mann zurückzugewinnen. Er wie auch sein Nachfolger fielen jedoch im Kampf gegen rebellierende Stämme. Im Jahre 770 besetzten die Charidschiten zum dritten Mal Kairuan. Die Regierung in Bagdad entsandte 771 eine Armee von 60000 Mann unter Yazid ibn Hatim, der die kurzlebige Gouverneursdynastie der Muhallabiden begründete (771–793). Sie drängte die Charidschiten nach Westen.

Bei Militärunruhen verloren zwei weitere Gouverneure das Leben (793/94 und 799). Die Rebellen plünderten Kairuan, bis der Gouverneur der Zabregion, Ibrahim al-Aghlab, eingriff und die Rebellion zerschlug. Zum Lohn dafür ernannte ihn der Kalif im Jahre 800 zum faktisch unabhängigen Gouverneur des Maghrib. Er begründete die Dynastie der Aghlabiden.

4. *Die Eroberung Spaniens – das Emirat der Umaiyaden*

Al-Andalus · Die Schlacht im Wadi · Der Übertritt der Goten · Die Muslime in Narbonne · Der Kampf vor Poitiers · Der Sturz der Umaiyaden · Abd al-Rahman I., der Emir · Musta'ribun und Juden · Der «Tag des Grabens» · Die fünfte Saite auf der Laute · Der Aufstand des Ibn Hafsun

Ganz anders als der fast ein Jahrhundert währende Kampf um den Maghrib vollzog sich die Eroberung Spaniens, das die Muslime al-Andalus nannten, eine vielleicht vom Volksnamen der Vandalen abgeleitete Bezeichnung. Im Juli 710 setzten 500 Mann nach Europa über und kehrten mit reicher Beute und dem Bericht zurück, daß kaum Gegenwehr zu erwarten sei. Ein Jahr später folgte der Berberführer Tariq ibn Ziyad mit 7000 Mann. Er war ein Klient des Musa ibn Nusair, des Gouverneurs des Maghrib. Tariq ließ in Algeciras eine arabische Befestigung als Stützpunkt für die Eroberung des Landes anlegen.

Der Westgotenkönig Roderich, der in aller Eile die Aufgebote des Südens zusammengerufen hatte, unterlag den Muslimen im Wadi des Rio Barbato. Tariq wußte den Erfolg zu nutzen, nahm mit 700 Mann Córdoba und eroberte danach die gotische Hauptstadt Toledo. Der auf diesen Erfolg und die Beute neidische Musa folgte 712 mit 18000 Mann und nahm Sevilla und Merida ein. Große Teile des gotischen Adels traten auf die Seite der Sieger über, und die Hispanoromanen sahen keinen Grund, gegen die Muslime zu kämpfen, noch weniger die Juden, die von den zum katholischen Glauben übergetretenen Goten geschunden wurden. Der gotische Gouverneur von Murcia, Theodemir, handelte 713 einen Kapitulationsvertrag aus, der den Christen volle Religionsfreiheit versprach. Nur die Juden wurden als Dhimmis, als Abhängige, Geduldete, behandelt.

Um die Goten zu schonen, wurde ihre ehemalige Hauptstadt Toledo nicht zum Regierungssitz erklärt, sondern Sevilla war bis 717 islamische Residenz. Danach folgte Córdoba. Die Muslime durchzogen die ihnen zufallenden Provinzen des Westgotenreiches, ohne auf ernsthaften Widerstand zu stoßen. Nur in den Bergen des Nordwestens, deren Bewohner auch schon den Gotenkönigen getrotzt hatten, hielten sich kleinere Fürstentümer. Die Araber überquerten die Pyrenäen, ohne Widerstand zu finden. Sie eroberten 719 Narbonne und 725 Nîmes und Carcassonne. Sieben Jahre später (732) führte Abd al-Rahman al-Ghafiqi von Pamplona aus eine Reiterarmee über den berühmten Paß von Roncesvalles nach Norden. Eudo von Aquitanien, der die Reste des Westgotenstaates zu verteidigen trachtete, wurde geschlagen, und Bordeaux wurde eingenommen. Ein Vorstoß auf die Loire scheiterte bei Tours und Poitiers am Wall der fränkischen Fußsoldaten (732), und der Führer der Muslime fiel. Es war ein relativ kleines Gefecht, doch sollte es die Grenze markieren, die dem Islam in Westeuropa gesetzt war. Zwar fielen 734 noch Arles und Avignon im Rhônetal in die Hand der Muslime, aber sie konnten die Städte nicht gegen die fränkischen Heerscharen behaupten. Nachschub aus Syrien blieb aus, standen doch die Umaiyaden bereits in ihrem entscheidenden Kampf gegen die Abbasiden. Die von Karl Martell geführten Franken entrissen 751 den Muslimen Narbonne und drängten sie zur Mittelmeerküste zurück. Die Eroberung des Frankenreiches war gescheitert.

Auch in Spanien und Nordafrika war der Sturz der Umaiyaden von Kämpfen, Truppenrevolten und einer schweren Hungersnot begleitet. Schon 741 befand sich der westliche Maghrib im hellen Aufstand, und die Charidschiten belagerten 7000 Syrer in Ceuta. In Spanien schlossen sich Berberverbände dem Aufstand an, so daß der Emir die Syrer aus Ceuta anwarb und mit ihnen die Rebellion niederschlug. Dann jedoch brachen die alten Gegensätze zwischen den Arabern verschiedener Herkunft offen auf. Jemeniten und Syrer erhoben die Waffen gegeneinander.

In den Kämpfen jener Zeit zog Abd al-Rahman, ein überlebender Umaiyadenprinz, westwärts. Er war der Sohn einer Berberfürstin und fand nach den abbasidischen Massakern an seiner Familie Zuflucht bei ihrem Stamm. 755 sah er seine Zeit gekommen. Ihn akzeptierten die Berber und die umaiyadisch gesonnenen Syrer, und selbst den der Schia zuneigenden Jemeniten war er lieber als die sich gegen die Aliden wendenden Abbasiden. Im September 756 landete er mit berberischen Hilfstruppen in Spanien und schlug die Verbände des abbasidischen Emirs. Er wurde am 8. März des gleichen Jahres in Archidona zum Herrscher Spaniens ausgerufen und regierte als Abd al-Rahman I. das Land unumschränkt, behielt aber den bescheidenen Titel eines Emirs bei.

Abd al-Rahman war ein Enkel des Kalifen Hischam und ein erfahrener Söldnerführer. Er stützte seine Herrschaft auf Soldtruppen aus den Berberstämmen und warf mit ihnen die verschiedenen Machtgruppierungen in Spanien nieder. Die nordspanischen Gouverneure suchten Kontakt zu den Franken, die unter Karl dem Großen 778 in Spanien einfielen, aber schon vor Saragossa geschlagen wurden. Da unterdessen in Sachsen die Adelsrebellion Widukinds ausbrach, verließ die karolingische Armee fluchtartig Spanien. Im Rolandslied klingt der Schrecken des Rückzugs nach.

Spanien erhielt erstmals nach der muslimischen Eroberung wieder eine geordnete Verwaltung in sechs Provinzen. Córdoba wurde zur prunkvollen Hauptstadt ausgebaut. Es erhielt einen großen Palast und eine Hallenmoschee syrischer Prägung. Auch die Hofhaltung ahmte syrisch-umaiyadische Traditionen nach, ohne deshalb die von den Abbasiden eingeführten persischen Sitten zu verwerfen. Zum Hof gehörten auch Poeten und Singmädchen.

Die Araber in Spanien gliederte man in die im Lande Geborenen und die Syrer. Die aus Afrika herübergekommenen Berber siedelten vorwiegend im Süden als Bauern. Die vierte Gruppe der Bevölkerung bildeten die einheimischen Konvertiten zum Islam. Die fünfte Schicht waren die Musta'ribun (Mozaraber), die arabisierten Christen, die Romanisch und Arabisch sprachen. Den untersten Rang nahmen die Juden ein.

Die unmittelbaren Nachfolger Abd al-Rahmans regierten das Land ebenfalls mit eiserner Hand. Es waren Hischam I. (788–796), al-Hakam I. (796–822) und Abd al-Rahman II. (822–852). Berüchtigt war der «Tag des Grabens» des Jahres 797, an dem der Gouverneur von Toledo alle Notabeln der Stadt, in der Hauptsache mit der Herrschaft der Araber unzufriedene spanische Muslime, zu einem Mahle einlud und ihnen dabei die Köpfe abschlagen ließ. Die Leichen wurden in den Stadtgraben geworfen. Blutig unterdrückt wurde der Aufstand des Jahres 818 in den Vorstädten von Córdoba, deren Siedlungen verwüstet wurden.

Unter Abd al-Rahman II. mußte die spanische Küste befestigt werden, da normannische Raubflotten bis tief ins Mittelmeer vorstießen. Gegen seine Herrschaft rebellierten wiederholt mächtige Emire der nördlichen Grenzmarken. Seine Hofhaltung orientierte sich am Beispiel Bagdads. So kam zu ihm aus der Hauptstadt des Kalifen der Musiker Ziryab, der die persische Musik und persische Hofmode in Spanien einführte. Er ließ eine fünfte Saite auf der Laute (al-Ud) anbringen und prägte jene Musik, die noch heute in Nordafrika als andalusische Musik ausgeübt wird. Sie hat auch die Volkskunst Andalusiens stark beeinflußt.

Zu Ende des 9. Jahrhunderts entstand in Qabra (bei Córdoba) eine spanisch-islamische Sonderform der Lieddichtung, die Muwaschschahat. Sie fügte an arabische oder hebräische Lieder kurze romanische Schlußverse an. Der blinde Poet Muqaddam ibn Mu'afa soll sie mit ihrer sehr eigenwilligen Metrik erdacht haben. So trat neben die besonders von importierten Singmädchen aus Vorderasien gepflegte arabische Musik eine regional geprägte, eine spanische Musik.

Jedoch hielt der Prunk des Hofes die sozialen und politischen Konflikte nicht auf. Unter Mohammed I. (852–886) brach die Krise offen aus. Saragossa fiel ab, Merida erklärte sich für unabhängig (875–930), und Sevilla hob 899 einen eigenen Emir auf den Thron. Charakteristisch für die Zeit ist die Geschichte des Abenteurers Ibn Hafsun, der 880 im Süden rebellierte und sich mit den Seinen in unzugänglichen Bergschlössern verschanzte. Er behauptete sich gegen Strafexpeditionen und verhandelte 890 mit Kairuan, ohne dort Hilfe zu finden. Neun Jahre danach trat er zum Christentum über, um die Hilfe der Musta'ribun, der christlichen Mozaraber, zu erhalten. 910 fand er Rückhalt bei den in Tunesien zur Macht gekommenen Fatimiden, einer schiitischen Dynastie. Er blieb bis zu seinem Tode (917) ein unabhängiger Herrscher. Seine Söhne hielten sich noch bis 927, als Abd al-Rahman III. (912–961) den Umaiyadenstaat auf die Höhe seiner Macht führte.

III Frühislamische Reiche am westlichen Mittelmeer (800–1050)

«Im Winde wogt die reife Saat,
Mit Ähren, die sich heftig drängen,
Gleich Reiterscharen, die zur Flucht sich wenden,
Und Wunden klaffen rot von wildem Mohn.»

Iyad

Im 9. und 10. Jahrhundert beherrschten islamische Staaten das westliche Mittelmeer. In Tunesien blühte das orthodoxe Emirat der Aghlabiden, denen das schiitische Kalifat der Fatimiden folgte. In den Bergen des Maghrib bildeten sich Staaten der Berber und vergingen im Feuer der Kriege wieder. In Spanien führten die Umaiyaden den westlichen Islam auf den Höhepunkt seines Glanzes, das Kalifat von Córdoba, das islamisches und westmediterranes Erbe verband. Spuren des islamischen Einflusses jener Zeit finden sich bis nach England und Dänemark hin.

1. Der Maghrib unter den Aghlabiden

Der Staat des Ibrahim ibn Aghlab · Der Giftmord im Auftrag des Kalifen · Der Schwertadel der «Chassa» · Slawen, die Saqaliba · Die schwarze Garde in al-Abbasiya · Rebellionen der Truppen und der Stämme · Die Köpfe auf dem Tablett · Die Große Moschee von Kairuan · Al-Zaituna · Die Paläste von al-Raqqada · Wasserbecken bei Kairuan · Die Eroberung Siziliens · Araber in Süditalien · Die Pest kam mit den Pilgern · Der Vatermord · Der Da'i des Mahdi · Die Flucht des Emirs

Der beginnende Zerfall des Kalifats von Bagdad, das die gesamte islamische Welt beherrscht hatte, bestimmte im 8. Jahrhundert die Geschichte des Maghrib. In Sidschilmasa waren im Jahre 758 die Sufriten abgefallen. Die Rostamiden bildeten ein charidschitisches Bergreich (seit 776), und in Marokko regierten mit den Idrisiden Nachkommen Alis, des Schwiegersohnes Mohammeds (788).

In Ifriqiya entstand um 800 ein faktisch autonomer Staat, dessen Herrscher durch ihre diplomatischen Beziehungen zum Frankenreich in Europas Geschichtsschreibung eingegangen sind, die Aghlabiden. Sein Begründer Ibrahim war ein Haudegen und Abenteurer aus dem Zweig der Adnan, die zu den nordarabischen Tamim gehörten. Seine Vorfahren waren mit dem Chorasanheer in den Irak gekommen, das die Abbasiden auf den Thron hob. Schon in Chorasan hatte es Kämpfe um die Macht zwischen den Nordarabern und den zu den Südarabern zählenden Azd und Qachtaniden gegeben. Von Südarabern stammten auch die in Ifriqiya herrschenden Muhallabiden ab, so daß die Rebellion gegen die bestehende Macht auf die

Hilfe der nordarabischen Familien rechnen konnte.

Ibrahim zählte als Sohn eines Generals zum Dschund (Heerbann) der in Ägypten stehenden Araber, die sich dem muhallabidischen Gouverneur widersetzten und schließlich dessen Schatz plünderten. Als einer der Hauptverantwortlichen mußte Ibrahim in den fernen Westen gehen, in die Zabregion (Ostalgerien), wo er unter den Truppen der Tamim bald einen ergebenen Anhang fand (794). Ein Jahr darauf war er bereits Untergouverneur für den Zab und tat sich bei der Bekämpfung der Aliden Nordafrikas hervor. So ließ er Idris I., den Scherif in Fès, ermorden.

Die Abbasiden hatten ursprünglich den Kampf gegen die Umaiyaden im Namen der Familie des Propheten geführt, die allein zur Herrschaft berufen sei, und die Nachkommen Alis im Glauben gelassen, daß sie gemeint seien. Einmal an der Macht, bezogen sie die Aussage auf sich selbst, war doch ihr Ahnherr Abbas ein Onkel Mohammeds gewesen. Die Aliden wurden von der Macht ausgeschlossen, traten an vielen Orten als Gegner des herrschenden Kalifen auf und hatten viel Zulauf. Die abbasidische Macht sah sich ernsthaft bedroht.

Die Beseitigung des gefürchteten Thronprätendenten wurde daher Ibrahim in Bagdad offenbar hoch angerechnet. Der damals herrschende Kalif Harun al-Raschid, der sich vielen alidischen Verschwörungen gegenübersah, bestätigte Ibrahim I. 797 als Gouverneur einer praktisch von Ifriqiya getrennten Provinz im heutigen Algerien und Marokko.

Als der Gouverneur Tunesiens von Rebellen gestürzt wurde, intervenierte Ibrahim im Namen des Kalifen und wurde zum Dank dafür als erblicher Emir Ifriqiyas anerkannt. Da er zugleich hunderttausend Dinar Tribut direkt nach Bagdad anstatt nach Kairo sandte und außerdem noch 40000 Dinar Jahressteuern zahlte, wurde seine Herrschaft vom Kalifen gern gesehen. Die Aghlabiden übernahmen die schwarzen Fahnen der Abbasiden im Unterschied zu den weißen der Umaiyaden.

Ibrahim hatte in seiner Jugend islamisches Recht studiert und war zudem ein begabter Red-

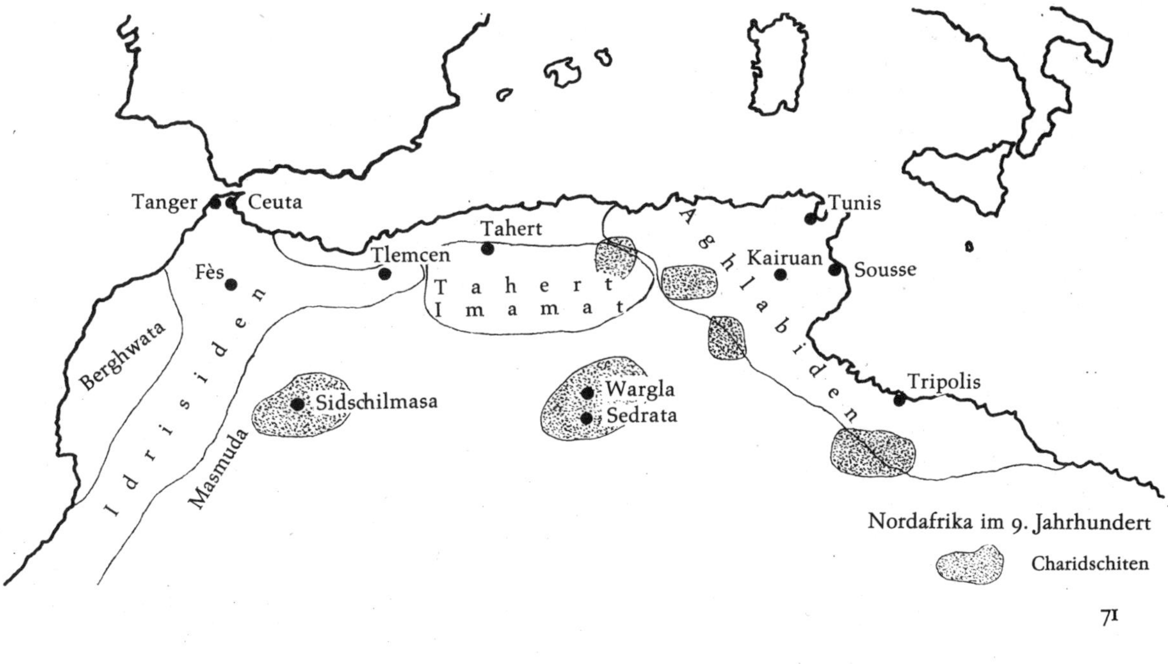

Nordafrika im 9. Jahrhundert

ner. Im Verein mit seiner persönlichen Tapferkeit befähigte ihn diese Vorbildung zum Aufbau einer stabilen Macht, die bis in die Kleine Kabylei und nach Lebda hin anerkannt wurde. Innenpolitisch stand er zwei Kräften gegenüber, dem Dschund (der Armee), aus dem er selbst aufgestiegen war und zu dem so mancher zählte, der es ihm gleichtun wollte, und der Schicht der Religions- und Rechtsgelehrten, die bereits damals die Macht im Islam zumindest kontrollieren wollte.

Dschund und Gelehrte beherrschten Kairuan nahezu völlig, weshalb es der Emir vorzog, südlich der Hauptstadt eine befestigte Residenz anlegen zu lassen, die er mit 5000 schwarzen Sklavensoldaten belegte. Als Loyalitätserklärung gegenüber der Zentralregierung nannte er seine Residenz «al-Abbasiya». Nach al-Abbasiya durften nur Angehörige der arabischen Oberschicht, der «Chassa», der Schwertaristokratie, kommen. Das Volk war ausgeschlossen.

In der Gesellschaft Ifriqiyas waren Sklaven zahlreich. Sie mögen zwischen zwanzig und fünfundzwanzig Prozent der Bevölkerung ausgemacht haben und hatten die Schwerarbeit in den Bergwerken und auf den Feldern zu leisten. Zum großen Teil waren es gegen Gold in Neapel oder Verdun gekaufte Slawen, die «Saqaliba».

Der Emir war bemüht, die Führer der Gelehrten und des Militärs durch Geldzahlungen, Ehrungen und Vorrechte für sich zu gewinnen. Trotzdem war seine Regierungszeit durch eine Kette von Rebellionen und Stammesaufständen gekennzeichnet. Im Jahre 802 brach ein Adelsaufstand in Tunis aus, vielleicht unter alidischer Führung, den die Armee blutig unterdrückte. Drei Jahre danach erhoben sich die Bewohner von Tripolis. Gefährlich wurde es im Jahre 810, als sich der Kommandeur der Armee, ein alter Mitstreiter Ibrahims, erhob und die Mehrheit des Dschund sich ihm anschloß. Der Emir sah sich in al-Abbasiya eingeschlossen, doch blieb ihm seine schwarze Garde treu. Als er vom Kalifen Geld erhielt, bestachen seine Getreuen die Rebellentruppen, so daß die Führer des Aufstandes bei den Bergstämmen im Zab Zuflucht suchen mußten.

Der Emir von Tiaret nutzte die Gelegenheit und griff mit seinen Berbern Tripolis an. Als Ibrahim 812 starb, kam es zu einem Kompromiß, der dem neuen Emir Abdallah I. (812–817) die Hafenstadt ließ, während das Hinterland Tripolitaniens verlorenging. Abdallah war jedoch das Glück hold, denn es blieb unter ihm ruhig, und auch die ersten Jahre der Herrschaft seines Bruders Siyadat Allah I. (817–838) verliefen friedlich.

Wie viele andere Potentaten überschätzte der Emir schließlich seine Macht. Er versuchte, die sich nach der altarabischen Stammeszugehörigkeit gliedernde Struktur des Dschund aufzulösen, um die latente Gefahr von Parteienkämpfen zu überwinden. Wer gegen seine Reform Widerstand leistete, wurde blutig verfolgt. Als aber die Köpfe eines Führers des Dschund und seiner Söhne dem Emir in öffentlicher Sitzung auf einem Tablett dargebracht wurden, sah sich der gesamte Heerbann in seiner Ehre getroffen. Ein allgemeiner Aufstand drängte den Emir auf al-Abbasiya zurück, und die ihm treu gebliebenen Einheiten unterlagen 825 den Rebellen. Der Emir floh zu den Nefzawa-Arabern, die ihn aufnahmen, während zwischen den verschiedenen Gruppen des Dschund bald Kämpfe ausbrachen. Siyadat sammelte eine neue Armee und zerschlug die verfeindeten Gruppen der Rebellen, und 836 endete der Aufstand in einem Massaker während des Sturms auf Tunis. Wesentlich zur Entspannung der Lage trug eine Expedition nach Sizilien bei, die den Heerbann beschäftigte und ihm Beute und Ruhm versprach.

Auf Siyadat Allah geht die Große Moschee von Kairuan in ihrem jetzigen Hauptbestand zurück. *Tafel* 32 Schon Uqba ibn Nafi hatte hier eine Lagermoschee errichten lassen, die 695 fast völlig erneuert werden mußte. Von 724 bis 734 ließ der Kalif Hischam sie rekonstruieren. Vierzig Jahre später erfolgte wiederum ein Neubau, und 836 stiftete Siyadat 86000 Goldstücke für den Neubau, dessen Minarett und Säulenhalle erhalten sind. Ibrahim II. fügte 875 die äußere Doppelsäulenreihe, die Galerien am Hof und das Steinpflaster hinzu.

Der heutige Bau ist eine Hofmoschee von etwa
Tafel 33 135 mal 80 Meter Fläche mit 17 Schiffen. Die Marmorsäulen sind aus römischen und byzantinischen
Tafel 34 Bauten gebrochen. Sie tragen die Bögen auf einem Abakus, wie es auch bei den Byzantinern üblich war. Das Holzdach und der Oberteil des Minaretts
sind um 1025 hinzugekommen. Die Kuppel über *Tafel* 75
der Maqsura, der Fürstenloge, ist gerippt; ihr entspricht eine zweite an der Eingangsseite. Berühmt ist der Mihrab, die Gebetsnische, mit seinen irakischen Glasurkacheln. Die kunstvoll geschnitzte Gebetskanzel, der Minbar, stammt ebenfalls noch aus dem 9. Jahrhundert.

Der Moschee in Kairuan gleicht in vielen Details die «Dschami al-Zaituna» in Tunis. An ihrer Stelle stand 732 eine umaiyadische Moschee, die anscheinend in aghlabidischer Zeit einem Neubau

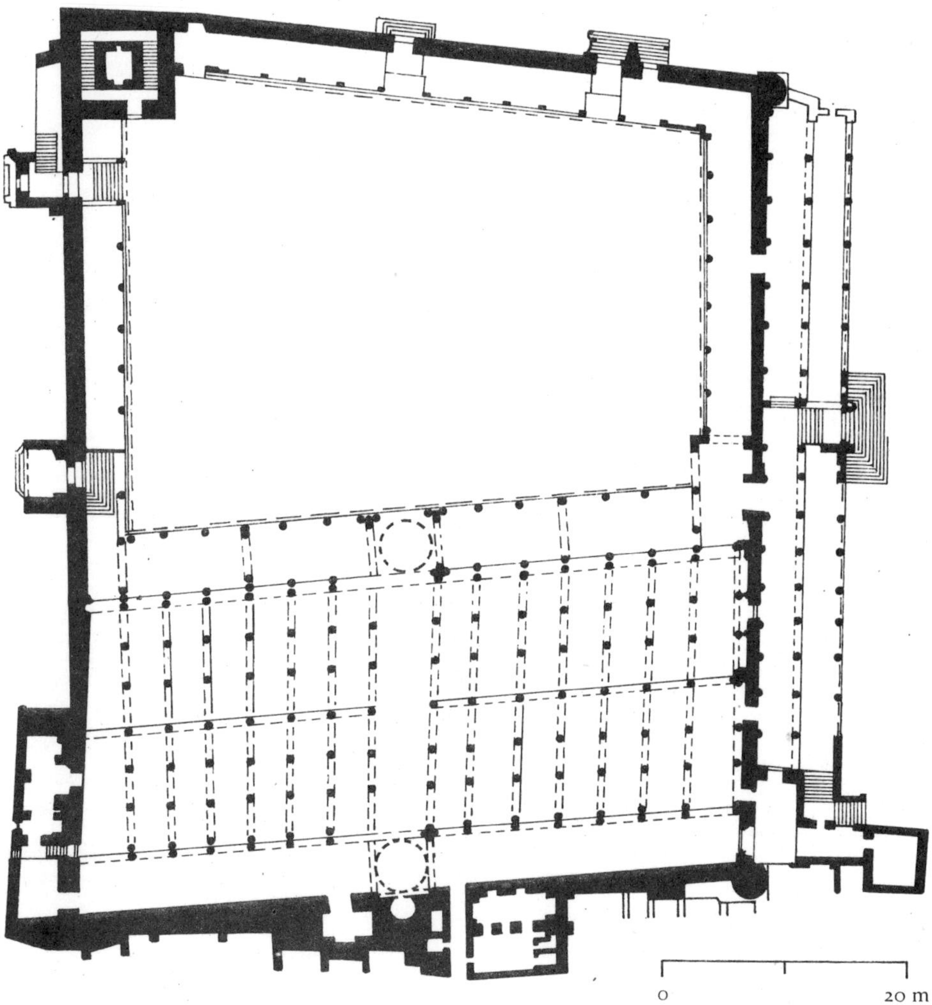

Die Zaituna-Moschee in Tunis, 9., 10. und 15. Jahrhundert, Grundriß

Tafel 48, 49, 76 weichen mußte (856–863). Eine Bauinschrift in der Kuppel nennt den Abbasidenkalifen Musta'im (864). Auch hier tragen als Spolien verwendete antike Säulen das mächtige Flachdach. Zwei Kuppeln schmückten das Gebäude.

Eine dritte große Moschee der Aghlabiden ist in Sousse (Susa), dem antiken Hadrumetum, erhalten. Sousse war der Haupthafen der Dynastie und zeitweise auch Sitz der Regierung. Die große Moschee wurde 850 unter Mohammed I erbaut. Tafel 74 Der Grundriß mit dreizehn Schiffen, einem Mittelschiff und einer Kuppel über der Maqsura gleicht dem der Moschee in Kairuan. Jedoch ruht hier das Gewölbe auf Bögen, die von Pfeilern getragen werden. Tafel 46 Das Minarett ist prunkvoll verziert.

Die Stadt birgt mit der kleinen Moschee Bu-Fatata eine unter dem Aghlabidenemir Abu Iqal al-Aghlabi (838–841) erbaute Hallenmoschee. Ihr ähnelt die Moschee der «drei Tore» in Kairuan von 866. Erhalten ist nur die Fassade, der Innenbau ist später stark verändert worden.

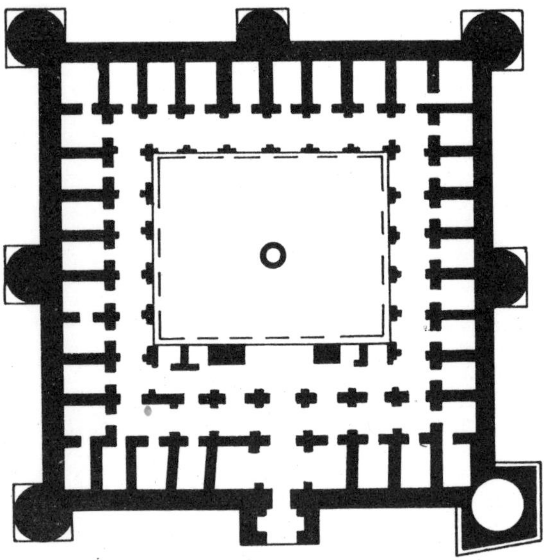

0 10 m

Das Ribat (Wehrkloster) von Sousse, 821, Grundriß

Auch in Sfax steht eine Aghlabidenmoschee von hohem Wert aus dem Jahre 849. Das Minarett und die Säulenhallen erinnern stark an Kairuan.

Wenig erhalten blieb von den Residenzen der Dynastie in al-Abbasiya und al-Raqqada. Sie sind bei dem Sieg der Fatimiden verwüstet worden. Grabungen brachten in al-Raqqada ein riesiges Wasserbecken (182 Meter Seitenlänge im Quadrat) mit den Grundmauern eines Pavillons zutage. Dicht dabei stieß man auf Reste von mosaikgeschmückten Sälen, die an Basiliken erinnern.

Neben den Ribats von Sousse und Monastir sind Festungen wie Bordsch Dschunga bei Mahres als Ruinen erhalten. Tafel 45, 47 Die Stadtmauern von Sfax und Sousse sind in gutem Zustand auf uns gekommen.

Die Baudekoration der Aghlabiden ist zumeist aus Marmor gefertigt, so in der Großen Moschee von Kairuan. Zum Teil sind Reste römischer und byzantinischer Reliefs zu erkennen, wie beispielsweise an der Außenmauer der Moschee von Sfax. Tafel 50–52 Die Kapitelle scheinen auf spätantike Formen zurückzugehen. Neben Inschriften sind pflanzliche Ornamente häufig benutzt worden.

Die erhaltenen Korankopien des 8./9. Jahrhunderts sind Handschriften auf Pergament in dem klaren, übersichtlichen und lapidaren Kufi, einem frühislamischen Schriftstil. Ihre Verzierungen sind nicht selten in Gold aufgetragen.

In Ifriqiya folgten der Eroberung Siziliens relativ friedliche Zeiten (ab 838), die unter Abu Ibrahim Ahmad (856–863) den Höhepunkt aghlabidischer Macht brachten. Der sehr religiöse Fürst gilt seither als das Ideal eines Landesvaters. In der Tat hat er durch großartige Bewässerungsanlagen seinem Land viel Gutes getan. In seiner Zeit wurden die berühmten Zisternen bei Kairuan angelegt. Das von einem Kanal gespeiste Versorgungssystem für Kairuan besteht aus einem siebzehnseitigen Klärbecken mit einem Durchmesser von 37,4 Metern und einem achtundvierzigseitigen Reservoir von 128 Meter Durchmesser.

Zum Schutz des Landes gegen byzantinische Flotten und christliche Seeräuber wurden die Küstenstädte Siziliens befestigt. Den Anlaß bot der Aufstand des Gouverneurs Euphemius gegen Byzanz, als der Rebell die Aghlabiden um Hilfe rief. Im Jahre 827 wurden 10000 Mann in drei Tagen von Sousse nach Mazara übergesetzt. Jedoch stießen die Araber vor Syrakus auf energischen Widerstand der Byzantiner und mußten die Belagerung aufheben. Byzantinische Flotten bedrohten den Nachschub, und trotz aller Erfolge brach das Landungsunternehmen nahezu zusammen, als Hilfe von spanisch-muslimischen Abenteurern kam. 831 fiel Palermo nach einer gnadenlosen Belagerung, wobei kaum 3000 von den 70000 Bewohnern der Stadt überlebten. Dies war der entscheidende Durchbruch, und die Aghlabiden gründeten die Provinz Sizilien.

Koraneinbände, Kairuan, 9. Jahrhundert

In den folgenden zehn Jahren (831–841) besetzten die Araber auch Westsizilien. Dann fielen Messina, Modica, Lentini und schließlich selbst Ragusa in ihre Hände (842–851). Am 21. Mai 878 ergab sich auch noch Syrakus, nachdem die byzantinische Flotte geschlagen worden war.

Die Sieger waren untereinander zerstritten. Der Dschund konkurrierte mit den Berbertruppen, und bald kam es zwischen ihnen zu Kämpfen, die dazu führten, daß unter anderem Palermo regelrecht wiedererobert werden mußte. Im 9. Jahrhundert handelten die Muslime nicht mehr als Einheit, sondern viele Gruppen und Armeen operierten nebeneinander und häufig genug gegeneinander. Hierbei wirkten sowohl die Unterschiede zwischen Arabern und Berbern, die unterschiedliche Stammeszugehörigkeit, die Unterstellung unter den einen Emir oder einen anderen wie die Aussicht, die erhoffte Beute nicht mit anderen teilen zu müssen, auf ihr Handeln ein.

Von Sizilien aus griffen die Araber in die Konflikte in Italien ein. Hier kämpften Griechen, Franken und die katholische Kirche um die Vormacht. Der Herzog von Neapel, Andreas, rief 835 den Gouverneur von Palermo gegen das Herzogtum Benevent zu Hilfe. Die Araber landeten in Kalabrien, besetzten Benevent und eroberten 840 Tarent. Die Flotte Venedigs wurde geschlagen. 843 landeten die Araber neue Truppen bei Sorrent und erschienen am 23. August 846 mit dreiundsechzig Schiffen und fünfhundert Reitern nebst zwölftausend Mann Fußvolk an der Tibermündung, scheiterten aber an Roms Befestigungen. Nach drei Monaten zogen sie wieder ab.

Die in Süditalien gelandeten Araber fielen von den Aghlabiden ab und gründeten in Bari ein eigenes Emirat. 847 erklärte sich auch Tarent von den Aghlabiden unabhängig und unterstellte sich dem Kalifen direkt.

Der Kaiser des Römischen Reiches sandte eine Armee unter Ludwig II., der aber bei Benevent zum faktischen Gefangenen der Araber wurde. Die Aghlabiden suchten die Gelegenheit zu nutzen, scheiterten aber vor Salerno.

Die Byzantiner rafften sich unter Basileios I. zu energischem Handeln auf (880). Bei Milazzo vernichteten sie die aghlabidische Flotte und nahmen Tarent ein. Die Araber konnten nur noch drei Festungen fünf Jahre hindurch behaupten (bis 885).

Mohammed II. Abu l-Gharaniq, der Emir von Ifriqiya (864–875), entfaltete einen noch Jahrhunderte nachwirkenden Prunk, wobei er bedenkenlos den Staatsschatz mit Singmädchen und bei Weingelagen verschleuderte. Das Unheil kam im Jahre 873/74 mit der aus Mekka zurückkehrenden Pilgerkarawane, die die Pest ins Land brachte, an der Zehntausende Städter, Bauern und Nomaden starben. Eine Hungersnot ließ schließlich die Herrschaft des prachtliebenden Fürsten im Elend versinken. Der designierte Nachfolger war noch ein Kind und wurde ohne Widerstand vom Gouverneur Kairuans, Ibrahim ibn Abu Ibrahim Ahmad, einem Bruder des Verstorbenen, beiseite geschoben. Als Ibrahim II. (875–902) übernahm er ein schreckliches Erbe. Weite Regionen waren verödet, die Staatskasse war leer, und die umlaufenden Münzen waren von schlechtem Silber.

Ibrahim II. stützte sich anfangs auf die Städter, besonders auf die Handwerker und Händler, und regierte despotisch gegen die Reichen und Grundherren. Mit al-Raqqada ließ er eine neue Regierungsstadt anlegen. Eine rigorose Steuer- und Haushaltspolitik zog die minderwertigen Münzen ein (888/89) und ersetzte sie durch eine handliche Kleinmünze, die Aschriya. Dann aber scheint ein nahezu blutgieriger Wahn den Geist des Fürsten umnachtet zu haben. Unnötige Grausamkeiten und Blutvergießen nahmen überhand. Er mißtraute der Garde in al-Abbasiya, die zu einem Staat im Staate geworden war, und ließ sie ausrotten. Berberunruhen und Rebellionen des Dschund wurden im Blut erstickt, aber das Emirat trieb trotzdem unaufhaltsam seinem Untergang zu. Vergeblich versuchte Ibrahim durch einen neuen Kriegszug gegen Italien das Geschick noch zu wenden (902). Er nahm auf Sizilien den letzten byzantinischen Stützpunkt Taormina ein, starb aber kurz darauf.

Sein Nachfolger Abdallah II. suchte durch Zugeständnisse und ein demonstrativ einfaches Leben vergeblich die Gemüter seiner Untertanen zu beruhigen. Er räumte den Palast und lebte in

32
Kairuan, Tunesien, Minarett der Großen Moschee, 724–727, 836 und spätere Umbauten

33
Kairuan, Tunesien,
Große Moschee,
Hoffront,
13. Jahrhundert

34
Kairuan, Tunesien,
Große Moschee,
aghlabidischer Neubau,
Betsaal,
Blick nach Nordwesten,
13. Jahrhundert

35
Mahdiya, Tunesien, Skiffa al-Kala, Stadttor, nach 920

36
Córdoba, Spanien,
Große Moschee
mit der zweiten eingebauten Kathedrale,
Blick vom Minarett,
785/86, 833, 961,
987

37
Córdoba, Spanien, Große Moschee, zweite Säulenhalle des Erweiterungsbaus al-Hakams II.,
Blick von Osten, 961

38 *(folgende Seite)*
Córdoba, Spanien, Große Moschee, Erweiterungsbau al-Hakams II., 961

39 *(übernächste Seite)*
Córdoba, Spanien, Große Moschee, Erweiterungsbau al-Hakams II.,
Querarkade, Nordfront, Mitteljoch, Zackenbogen, 961

40, 41

Córdoba, Spanien, Große Moschee,
Erweiterungsbau al-Hakams II.,
Rippenkuppeln:
(40) am Auftakt des Mittelschiffs
über der Capella de Villaviciosa,
(41) über dem
Westteil der Maqsura, 961

42

Córdoba, Spanien, Große Moschee, Erweiterungsbau al-Hakams II.,
Mihrabfassade, Mosaiken vom Blendbogenfries über dem Zugang zum Mihrab, 961

43
Córdoba, Spanien, Madinat al-Zahra, steinernes Rankendekor, Paneel im Salon, 10. Jahrhundert

44
Córdoba, Spanien, Madinat al-Zahra, Fassade des Kronprinzenpalastes, 10. Jahrhundert

45
Sousse, Tunesien,
Ribat,
im Vordergrund
die Große Moschee,
9. Jahrhundert

46
Sousse, Tunesien,
Große Moschee,
Hufeisenbogendekor,
um 850

47
Sousse, Tunesien,
Ribat, 821

48
Tunis,
Zaituna-Moschee,
vordere Kuppel,
8.–17. Jahrhundert

Tunis, Große Moschee, Blick durch das Mittelschiff zum Mihrab, 8.–17. Jahrhundert

50, 51, 52
Sfax, Tunesien, Minarett der Moschee, Hoffront mit Außenmihrab und Kapitell, 9.–16. Jahrhundert

53
Toledo, Spanien, Moschee am Bab al-Mardum, heute «Ermita del Cristo de la Luz», Nordwestfassade, 999–1000

54
Saragossa, Spanien, Aljaferia, Palast des Abu Dschafar Ahmad I. ibn Sulaiman al-Muqtadir bi-llah, rekonstruierter Mauerring von Nordosten (1973), rechts: Turm aus der Zeit vor den Hudud-Emiren, links: ehemals Tor «krönender» Mirador, nachislamisch

55
Saragossa, Spanien Aljaferia, Nordportikus, Hauptarkade, Südfassade, im Hintergrund rechts der westliche vorspringende Flügel des Nordportikus und Zugang zum vermutlichen Thronsaal

56
Saragossa, Spanien, Aljaferia, Moscheetor,
oberer Teil der Außenfassade, nach Freilegung Juni 1966

57
Saragossa, Spanien, Aljaferia, Moschee,
Ausschnitt aus der unteren Bogenordnung, nach Restaurierung

58
Sevilla, Spanien
Alcázar, der
«Saal
der Gesandten»,
12. Jahrhundert

59
Sevilla, Spanien,
Giralda, Minarett
der Großen Moschee,
1184–1198
für den Almohaden
Abu Yaqub Yusuf
erbaut,
1355 oberer Teil
durch Erdbeben
zerstört,
1560–1568 durch
Hernan Ruiz erneuert

60

Malaga, Spanien, Alcázar, 10.–15. Jahrhundert

61

Malaga, Spanien, Säulenbasis im Alcázar, 14.–15. Jahrhundert

62

Malaga, Spanien, Schmucknische im Alcázar, 14.–15. Jahrhundert

63
Tinmal, Marokko,
almohadische Moschee, 1153, Mauerring 1975 restauriert

64
Tinmal, Marokko,
Moschee, Blick zum Mihrab, 1153

65, 66
Rabat, Marokko,
Minarett der Hasan-Moschee, um 1200

67
Rabat, Marokko,
Tor der Chellah, Nekropole der Merinidensultane, 14. Jahrhundert

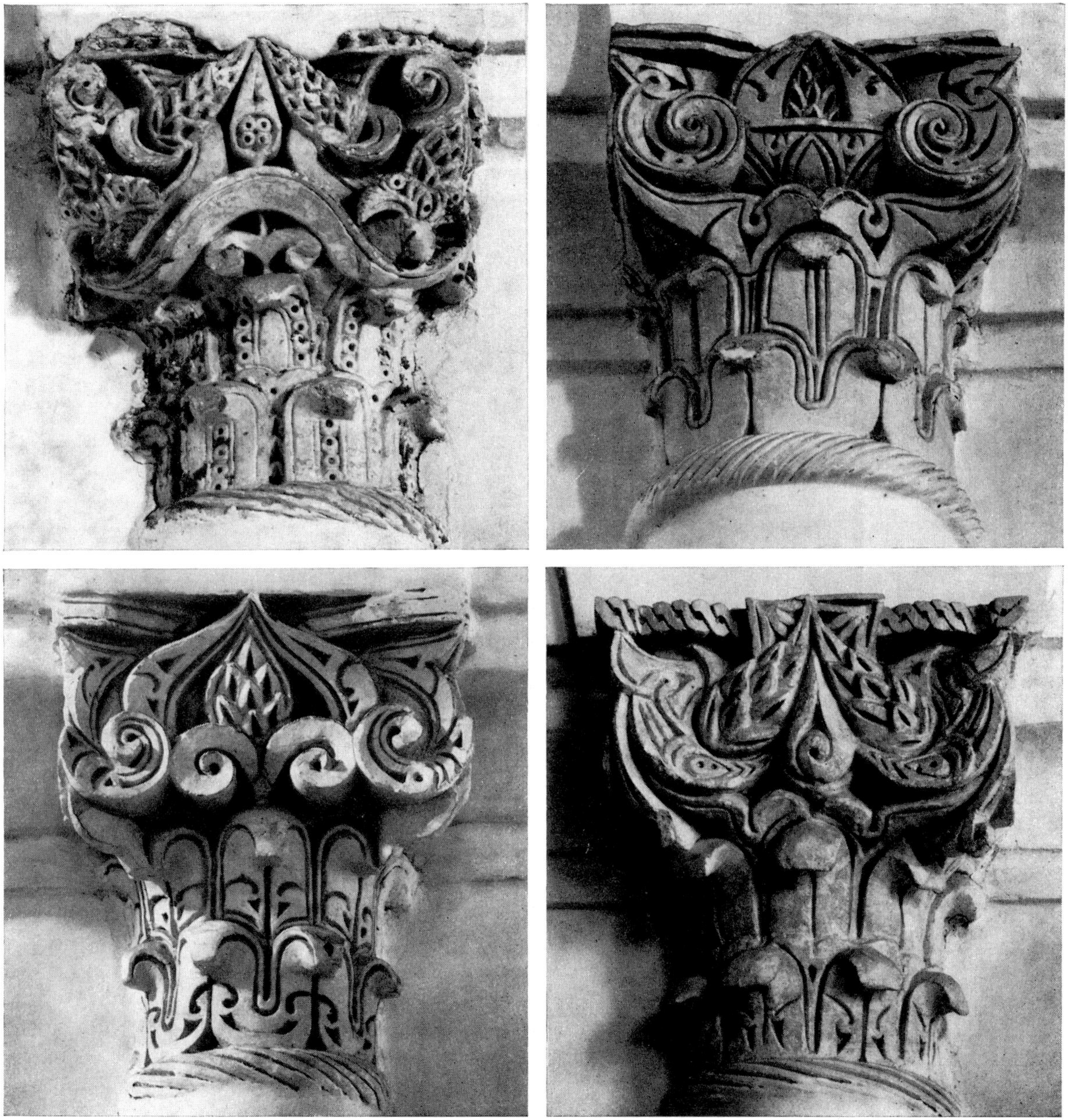

68
Marrakesch, Marokko, die zweite Qutubiya-Moschee,
Blick durch das Querschiff vor der Qibla nach Westen, 1196

69–72
Marrakesch, Marokko, die zweite Qutubiya-Moschee,
almohadische Stuckkapitelle, 1196

73
Marrakesch, Marokko, Bab Agenaou, Gesamtansicht, 12.–13. Jahrhundert

einem bescheidenen Wohnhaus. Er ging wie jeder einfache Gläubige zu Fuß in die Moschee und versprach jedermann Gerechtigkeit, Mäßigung und die Reinhaltung islamischer Ideale. Offenbar fürchtete daraufhin sein Sohn Siyadat Allah III. um sein Wohlleben, denn er ermordete 903 seinen Vater und ließ viele seiner Getreuen umbringen. Das Massaker der Regierung erleichterte den Aufstieg einer neuen Macht, der Fatimiden.

In Vorderasien warb zu Ende des 9. Jahrhunderts der Alide Mohammed al-Habib um Anhänger im Kampf gegen die abbasidische Zentralregierung. Er berief sich auf Fatima, die Tochter Mohammeds, als seine Stammutter und nutzte die schiitische Strömung der Ismailiya als Kampforganisation. Im Jahre 893 erreichte sein Da'i (Beauftragter) Abu Abdallah den Maghrib. Er hatte sich in Mekka den Pilgern der Kutama angeschlossen und zog mit ihnen in die von den Aghlabiden nicht mehr kontrollierten Bergregionen. Er trat als Sprecher des «verborgenen» Imams Husain ibn Ahmad auf, den er als den erwarteten Mahdi, den Erlöser, pries, und ließ sich in dem kleinen Bergdorf Ikdschen nördlich von Setif nieder. Hier organisierte er nach dem Vorbild Mohammeds, der um Medina die Stämme zu einem Staatsverband zusammengeschlossen hatte, einen fatimidischen Berberstaat.

Im Jahre 902 suchten die Aghlabiden auf zwei Feldzügen die neue Macht zu zerschlagen. Ihre Armeen wurden aufgerieben, und im Gegenstoß drang Abu Abdallah unaufhaltsam vor. Zwei Jahre später belagerte der Da'i Setif und schlug dann einen Entlastungsangriff souverän ab (905). Eine neue Regierungsarmee wurde bei Kef zusammengezogen, griff aber nicht ein, als die fatimidischen Kolonnen den Zab besetzten (906/07). In den folgenden Jahren fielen Dscherid, Kasserin und Gafsa und schließlich auch Kef (909). Siyadat Allah III. floh nach Vorderasien und verschwand dort.

2. *Charidschiten und Aliden*

Die «Ausziehenden» von Kufa · Ibn Rostam, der Imam der Ibaditen · Sedrata, die Oase in der Sahara · Das Imamat von Tahert · Der Berberkoran · Idris ibn Abdallah · Moulay Idris

Die Bewegung der Charidschiten entstand in den Jahren des Kampfes zwischen dem Kalifen Ali und dem Führer der Umaiyaden Mu'awiya, als der Schwiegersohn des Propheten es einem Schiedsgericht überließ zu entscheiden, auf wessen Seite das Recht läge (637). Die radikale Fraktion seiner in Kufa im Südirak stationierten Armee, die die vom Propheten verheißene Gleichheit der Gläubigen ernst nahm, sah darin die Aufgabe der göttlichen Rechtfertigung seiner Herrschaft und betrachtete ihn forthin als einen der arabischen Aristokraten, die sich die Macht im Islam unrechtmäßig angeeignet hätten. Sie repräsentierten offenbar die ärmeren Schichten in den Lagerstädten und Stämmen.

Sie verließen Kufa, woraufhin sie den Namen Charidschiten (Chawaridsch = die Ausziehenden) erhielten. Ihre egalitären Ideale und die Ablehnung der Aristokraten entwickelten sie zu einer Lehre, die auch bei den als Muslimen zweiter Klasse behandelten Berbern zur Ideologie des Widerstands wurde, zumal sie ihren noch lebendigen Stammessitten entgegenkam. Sie ergriff im 8. Jahrhundert die Stämme im Osten, hauptsächlich die Zenata, aber auch die Bergbauern des Westens. Der unerträgliche Steuerdruck ließ 739/40 die Miknasa, Ghomara und Berghwata in den offenen Aufstand übergehen. Sie lieferten den Regierungstruppen schwere Kämpfe, vernichteten mehrere Armeen und konnten erst vor den Mauern Kairuans zerschlagen werden (742).

Im Dschebel Nefusa sammelte der Imam der Ibaditen, eines Zweiges der Charidschiten, Abu l-Chattab, eine neue Armee und eroberte Tripolitanien und Südtunesien. Im erstürmten Kairuan wurde als ihr Gouverneur der Perser Abd al-Rahman ibn Rostam eingesetzt (758). Zwei aus Ägypten heranziehende Armeen wurden vernichtet, aber schließlich vertrieb eine überlegene abbasidische Macht die Berber in die Berge (761).

Ibn Rostam entkam und organisierte in Tahert bei Tiaret ein eigenes Imamat der Ibaditen (776–778). Im Gebiet von Tlemcen entstand unter dem Berberführer Abu Qorra ein kampfkräftiger Charidschitenstaat, dessen Scharen erneut Kairuan einnahmen (771). Einer Strafexpedition erlagen sie in Tripolitanien (772) in der 375. Schlacht der Berber gegen die arabischen Eroberer, die als Sieger ganze Stämme ausrotteten und die Macht der Orthodoxie in Ifriqiya wiederherstellten.

Das Imamat in Tahert konnte sich jedoch behaupten und wandte sich der Propaganda unter den Zenata zu. Es bildete sich eine Symbiose von Nomadenstämmen und dem Zentrum der Charidschiten, das im Jahre 911 den Fatimiden erlag. Die Ibaditen zogen sich in die Oase von Sedrata in der algerischen Sahara zurück.

Ihre Anlagen sind 800 Kilometer südlich von Algier bei der Oase Warqalan (Wargla) im Dünengebiet gefunden worden. Auf Luftbildern ließ sich erkennen, daß die Ibaditen eine große Leistung bei der Anlage artesischer Brunnen vollbracht hatten. Diese müssen bis 1250 genügend Wasser für eine ausgedehnte Stadt von mehreren Kilometern Länge geliefert haben. Grabungen am Nordrand legten Säle mit reichem Alabasterschmuck frei, die zum Gerichtsgebäude gehört haben mögen. Aber es sind ähnliche Reste auch aus Wohnhäusern geborgen worden. Die Verzierungen weisen kerbschnittartige geometrische und florale Muster auf.

Tahert lag auf einer gut zu verteidigenden Kuppe vor dem ausgedehnten Steppengebiet und war der Handelsplatz, an dem Beduinen und Bergbauern ihre Produkte austauschten. Von der Stadt ist wenig bekannt. Mehr erzählen einige Chroniken über die theokratische Verfassung, die sich nur auf den Koran berief. Die Imame lebten wie Asketen und regierten zugleich mit harter Hand. Die rigorosen Forderungen charidschitischer Moral beherrschten das ganze Leben der Gemeinschaft. Nur im Dienst Allahs wurde eine höhere Kunst entfaltet.

Weniger wissen wir von dem 757 in der Oase Sidschilmasa gegründeten Charidschitenstaat, der sich auf die Miknasa-Berber stützte. Hier waren die Imame nicht unumstrittene Führer. Bereits der erste von ihnen soll abgesetzt und gefesselt in eine Bergschlucht geworfen worden sein, wo er umkam.

Unter den Berghwata-Berbern im westlichen Marokko, die unter Maisara für die Fahnen der Charidschiten gekämpft hatten, entwickelte sich um 744 eine berberische Version des Islams. Salih, einer der Stammesführer, verfaßte in seiner Stammessprache einen neuen «Koran», in den er viele Berbertraditionen aufnahm. Diese Berberhäresie wurde nach wenigen Jahrzehnten unterdrückt.

Die unruhigen Zeiten des Kampfes der Berber gegen die Zentralregierung im fernen Bagdad boten auch vor der Orthodoxie fliehenden Nachkommen Alis Schutz und selbst die Möglichkeit, eigene Staaten zu gründen. Im Jahre 788 landete in Tanger ein Nachkomme Fatimas und Alis namens Idris ibn Abdallah, der den Massakern unter den Aliden entkommen war. Er wurde vom Stamm der Auraba aufgenommen, der die alte Römerstadt Volubilis besetzt hatte. Idris stieg als Scherif (Edler aus dem Haus Mohammeds) zum anerkannten Imam des Stammes auf. Da ihm die alte Römerstadt zu unsicher erschien, ließ er eine neue Residenz anlegen, die Madina Fes, die Stadt Fès, und sammelte um sie die Berber Marokkos und Algeriens. Der Kalif Harun al-Raschid ließ den gefährlichen Organisator vergiften (791/92). Sein Grab in Moulay Idris ist noch heute das Nationalheiligtum Marokkos.

Die Auraba hielten der Familie des Idris die Treue. Kenza, eine seiner berberischen Frauen, regierte den Stamm, bis ihr nach dem Tod seines Vaters geborener Sohn als Idris II. die Herrschaft antreten konnte. Er zog es vor, sich mit Arabern aus Ifriqiya und Andalus (Spanien) zu umgeben und hielt Hof in Fès. Idris II. suchte die Stammesbindungen aufzulösen und ein reguläres Staatswesen aufzubauen. Jedoch verschwand der Imam 828, entweder war er einem Mordanschlag zum Opfer gefallen oder durch einen Unglücksfall ums Leben gekommen.

Kenza teilte das Reich zwischen den beiden Söhnen des Verstorbenen, was den Staat schwächte, da zwischen ihnen Kämpfe ausbrachen. Als 921 die Fatimiden kamen, flohen die Nachkommen des Idris in die Berge bei Tanger, wo sie 974 den spanischen Truppen erlagen, die Marokko und das Gebiet bis nach Algier eroberten.

3. Das Fatimidenreich in Nordafrika

Der Imam Abdallah · Der Tod des Da'i · Der Angriff auf Ägypten · Abu Yazid und Abu Ammar · Dschauhar, der Gründer Kairos · Al-Azhar · Die Ziriden-Emire · Ackerbau im Süden · Die Moschee von Mahdiya · Die Maqsura von Kairuan · Die Ruinen der Qal'a Beni Hammad · Die Burg der Beni Chorasan · Mansuriya, das Zentrum der Welt · Der Phönizierhafen der Ziriden · Das «Beit al-Hikma» · Die Rebellion des Emirs al-Mu'izz · Der Hilali- und Solaim-Sturm · Christliche Angriffe auf Ifriqiya

Nach der Eroberung von al-Raqqada (909) holten die Kutama-Berber ihren Imam Abdallah, den Sohn Mohammed al-Habibs, aus Sidschilmasa. Er war sieben Jahre zuvor aus Salamiya in Syrien auf einem weiten Umweg über den Jemen, Ägypten und Tripolis in den Maghrib gegangen. Da die Aghlabiden noch immer den Aurès berannten, zog er es vor, vorläufig in der weit im Südwesten gelegenen Oasenstadt Zuflucht zu suchen.

Am 6. Januar 910 erschien er in al-Raqqada und wurde am Tag darauf als al-Mahdi zum Kalifen der Fatimiden ausgerufen. Die Kutama-Häuptlinge wurden als Dank für ihren Anteil am Sieg als Gouverneure eingesetzt. Ein gründliches Kataster sollte die Grundsteuer regeln. Knapp ein Jahr nach diesem Sieg fielen die Führer des Aufstandes gegen die Aghlabiden. Der Da'i Abu Abdallah und sein Bruder wurden am 18. Februar 911 hingerichtet, da sie eine Rebellion gegen den neuen Herrn geplant haben sollten. Die Nachricht löste unter den Berbern des Westens und besonders unter den Kutama, den alten Kampfgefährten des Da'i, Unruhen aus. Auf Sizilien rebellierten Truppenteile im Namen der Aghlabiden, konnten aber unterworfen werden, da die Mehrheit des Dschund zu den Fatimiden hielt.

Die Fatimiden standen zwei feindlichen Mächten gegenüber, den Spanien beherrschenden Umaiyaden und den Abbasiden im Osten. Ihr Ziel war die Eroberung der Macht im ganzen Bereich des Islams. Da al-Andalus schwer anzugreifen war, entschieden sie sich für den Angriff auf Ägypten. Schon im Jahre 910 stießen die Kutama aus Tripolis nach Barqa vor. Vier Jahre danach erschienen die Fatimidentruppen am Fayyum. Aber Ägyptens Gouverneur erhielt Nachschub aus Bagdad und schlug den Angriff ab. Die fatimidische Armee mußte bis Ifriqiya zurückweichen, da im Westen Unruhen ausgebrochen waren. Erst als Sizilien und der Maghrib wieder fest in ihrer Hand waren, stießen die Fatimiden erneut nach Osten vor (923). Alexandria wurde erobert und die abbasidische Armee geschlagen, doch dann wurde die fatimidische Flotte vor der Hafenstadt Raschid (Rosette) besiegt und die Armee zum Rückzug gezwungen.

Der fatimidische Kalif al-Mahdi starb, ohne Erfolg zu haben (934). Sein Nachfolger al-Qa'im bi

Amri Allah (934–946) sah sich bald charidschitischen Aufständen gegenüber, die von Machdad ibn Kidad Abu Yazid geleitet wurden. Dieser wurde als Mahdi angesehen und trat demonstrativ als «Mann mit dem Esel» auf, womit er an altorientalische Legenden über den zu erwartenden Erlöser anknüpfte.

Al-Qa'im bi Amri Allah erwarb schon vor seiner Thronbesteigung Ruhm und Ehre als Truppenführer. Mit brutaler Gewalt unterwarf er die rebellischen Zenata und die Bewohner Siziliens. Danach trug er den Krieg erneut nach Kalabrien hinüber. Im Aurès und im Gebiet von Qaschtiliya widerstanden die Charidschiten unter Abu Yazid den Fatimiden und belagerten schließlich al-Qa'im bi Amri Allah in Mahdiya.

Abu Yazid stammte aus einem der Hauptstämme der Zenata in der Provinz Qaschtiliya. Sein geistiger Führer war der blinde Abu Ammar, dessen Propaganda Abu Yazid zugute kam. Vor allem die Hawwara und Kamlan wurden zu seinen begeisterten Anhängern. Im Jahre 934 begann er den offenen Aufstand. Die Fatimiden konnten nur Mahdiya und Sousse behaupten. In Jahren erbitterter Kämpfe sanken die Städte und Dörfer Tunesiens in Schutt und Asche. Dieser Aufstand der Zenata stieß auf den erbitterten Widerstand der Kutama, die zu den Fatimiden hielten. Mit ihrer Unterstützung gelang es dem Kalifen Ismail al-Mansur bi-llah (946–953), sich aus der Umklammerung durch die Zenata zu befreien, Kairuan zurückzuerobern und Abu Yazids Scharen zu vertreiben (947). Als Zeichen des Triumphes ließ der Kalif eine neue Rundstadt, al-Mansuriya, anlegen, Symbol eines neuen Weltenzentrums anstelle der Abbasidenhauptstadt im fernen Irak. Nach monatelanger Verfolgung wurde Abu Yazid in seiner letzten Zuflucht, einer Burg in den Bergen, gestellt und gefangengenommen (948). Nach seinem baldigen Tod brach der Aufstand zusammen.

Bis auf die Provinz von Tahert eroberten die Fatimiden den Maghrib erneut. Tahert fiel an eine neue Macht, die sich aber den Fatimiden unterstellte. Es waren die Steppenstämme in Südalgerien und Marokko unter dem Senhadscha-Emir Ziri ibn Manad, die zu einer Bedrohung des Maghrib wurden.

Die wiedereroberte Nordafrika geriet bald in Gegensatz zu den spanischen Muslimen. Zwischen den sunnitischen Spaniern und den schiitischen Truppen des neuen Kalifen al-Mu'izz li-Din Allah (953–975) entbrannte ein gnadenloser Krieg. Die Maghribiner griffen 956 Almeria an; daraufhin blockierte die andalusische Flotte im Verein mit den Byzantinern Sizilien und Ifriqiya. Drei Jahre später sandte der Kalif den Saqalibakommandeur Dschauhar nach Westen. Der befähigte General zerschlug die Stammesföderation der Auraba und eroberte Fès, womit er die Idrisiden zur Unterwerfung zwang. Als Tanger fiel, erwarteten die Spanier einen Angriff, doch Dschauhar zog nach Osten ab. Die Byzantiner bedrohten Syrien und Kreta. Die Kreter wandten sich um Hilfe an al-Mu'izz, der daraufhin das erneut von den Byzantinern besetzte Kalabrien und Ostsizilien angreifen ließ. Die byzantinische Flotte wurde vernichtet, und der Kaiser Phokas erkannte die fatimidische Souveränität über Sizilien und Kalabrien an.

Unterdessen war die Sultansdynastie der Ichschididen in Ägypten von ihrem ehemaligen Wesir Kafur gestürzt worden (968) und hatten die Abbasiden dem Druck qarmatischer Aufstände standzuhalten, so daß bei einem fatimidischen Einmarsch in Ägypten kaum Widerstand zu erwarten war. Zwar waren schiitische Aufstände am Nil 942 und 946 gescheitert, aber einer wohlorganisierten Militärexpedition Dschauhars konnte das Land nicht begegnen. Kafur war gestorben, und so öffnete die ägyptische Hauptstadt Fustat kampflos die Tore (969).

Der Sieger ließ eine neue Hauptstadt unter dem Triumphalnamen «Die Siegreiche», 'al-Qahira

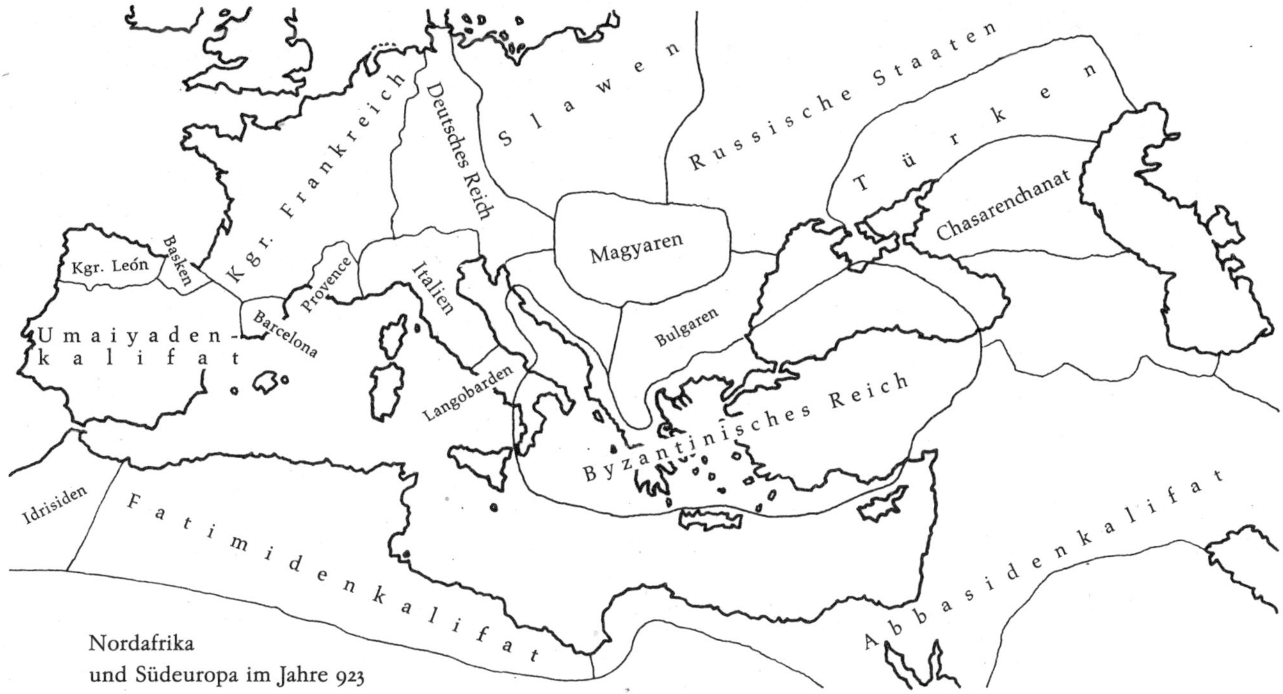

Nordafrika
und Südeuropa im Jahre 923

(Kairo), errichten. Ihr geistiges Zentrum wurde die schiitische Medresenmoschee al-Azhar. Die Stadt umfaßte einen Palast und Quartiere für die Truppen, die sich aus Berbern, Slawen und Arabern zusammensetzten.

Einen fatimidischen Angriff auf Syrien wehrten die syrischen Qarmaten ab, deren Gegenangriff auf Ägypten jedoch scheiterte (971).

Die Fatimiden verlegten ihre Residenz nach Ägypten und räumten 972 die tunesische Residenz Mansuriya. Ab 973 rechnet die Regierungszeit der Fatimiden in Ägypten. Sie übertrugen die Macht in Ifriqiya dem Emir der Senhadscha, Bulugin ibn Ziri. Die Ziriden regierten als Emire faktisch unabhängig und sahen sich bald ihrerseits rebellierenden Stämmen gegenüber.

Die Fatimidenzeit war eine Blütezeit Nordafrikas. Offenbar war das Klima des 11. und 12. Jahrhunderts wesentlich günstiger als in der Gegenwart. Die heutige Steppenzone südlich von Kairuan war damals eine gut erschlossene Ackerbauzone. Wein und Getreide gaben Nordtunesien und Algerien eine reiche Wirtschaftsbasis. Im Gebiet von Tebessa wurden Eisen, Blei, Silber und Antimon abgebaut. Aus Sizilien kamen Getreide und Schiffsbauholz. Die Herstellung von Keramik, Glas und Textilien florierte und bildete eine gute Grundlage für den Fernhandel. Exportiert wurden außerdem Olivenöl und Weizen. Die Städte blühten auf, und große Ansiedlungen entwickelten sich in den Bergen der Titteri, wo Aschir das Zentrum der Senhadscha bildete.

Wenig ist von der einst sicher bedeutenden Baukunst der Fatimiden in Ifriqiya erhalten. Die einzige gesicherte fatimidische Großmoschee steht in Mahdiya, eine Hofmoschee, die 916 erbaut wurde. Die Anlage maß einst 50 mal 39 Meter. Das Meer hat später die Verlegung der Rückwand erzwungen. Acht Säulenreihen bilden neun Schiffe, und die Hoffassade ist imposant.

Kairuan war unter den Fatimiden vernachlässigt worden, da sie das alte Zentrum der islamischen Orthodoxie haßten. Erst die Ziriden bauten an der Großen Moschee weiter. So ließen sie eine feingeschnitzte Maqsura einbauen, die Deckenmalerei erneuern sowie 985 die Tore einfügen. Erneuert wurde ebenfalls das Grab des Sidi Uqba bei Biskra.

Der Zaituna-Moschee in Tunis wurden unter den Ziriden die äußere Kuppel und eine weitere Säulenreihe hinzugefügt (991). Die von den Ziriden abgefallenen Beni Chorasan nahmen neue Anbauten vor (1081). Wiederholt wurde die Große Moschee in Sousse erweitert. In Annaba entstand 1033 die Moschee des Sidi Bu Merwan im aghlabidischen Stil, eine Hallenmoschee mit Säulen, die aus den Ruinen des antiken Hippo stammen. Wesentliche Einflüsse aus dem Osten zeigt in ihren Hufeisenbögen die Moschee von Alttenes.

Die alten ziridischen Bauten in Aschir sind schlecht erhalten. Die Große Moschee ist teilweise abgebrochen worden, desgleichen wurde das Minarett abgetragen. In Ruinen auf uns gekommen ist die Moschee der Burg (Qal'a) der Beni Hammad, der zeitweise faktisch unabhängigen Ziriden Algeriens. Es war eine Hofmoschee von 64 mal 56 Meter Fläche mit dreizehn Schiffen. Die Säulen sind längst verschwunden, doch das Minarett steht noch etwa 25 Meter hoch. Auf die Beni Chorasan geht die Moschee in der Burg von Tunis zurück. Sie wurde 1106 erbaut. Das heute vorhandene Minarett stammt aus der Zeit der türkischen Vorherrschaft.

Die Beni Chorasan errichteten in der Nähe der Burg ihr Mausoleum in der traditionellen Form der Qubba, die auf sasanidische Feuertempel zurückgeht. Ein quadratischer Unterbau mit vier Bögen trägt eine hemisphärische Kuppel (1093). In Monastir ist neben dem Ribat die Moschee des 9. Jahrhunderts erhalten geblieben, die bis ins 11. Jahrhundert ausgebaut wurde. Eine kleine Grabmoschee wurde in dieser Stadt für eine Ziridenprinzessin errichtet. In Dscherid wurde 1027 bis 1030 eine mit der Moschee in Kairuan vergleichbare Große Moschee gebaut.

Die fatimidischen Paläste in Mahdiya sind verschwunden. Nur die Grundmauern konnten nachgewiesen werden. Der Palast von Mansuriya stand in der Mitte der kreisrunden Stadt, die unter al-Mansur errichtet wurde. Beschreibungen feiern den Prunk der Einrichtungen des Palastes, geblieben ist jedoch ebensowenig wie von den Bauten der Ziriden, die Mansuriya übernommen hatten. Die Ruinen waren lange Zeit der Arbeitsplatz für die Ziegelbrenner Kairuans, das 1500 Meter weiter nördlich liegt. Grabungen haben Reste von Hallenbauten mit skulptiertem Stuck freigelegt.

Auch blieben vom Palast der Qal'a der Beni Hammad nur Ruinen erhalten. Es war ein quadratischer Bau von 20 Meter Seitenlänge mit einem kreuzförmigen Hauptsaal unter einer Trompenkuppel. Ein «Haus des Meeres», ein Palast mit großem Wasserbecken, nahm eine Fläche von 260 mal

Palast der Hammadiden, die Qal'a Beni Hammad, 11. Jahrhundert; Rekonstruktion des Ksar Minar

160 Metern ein. Den Berichten zufolge fanden auf dem Wasser Schiffspiele statt. Der Palast erstreckte sich zu beiden Seiten des Beckens. Außerdem standen in Bujaya, bei Mahdiya und in

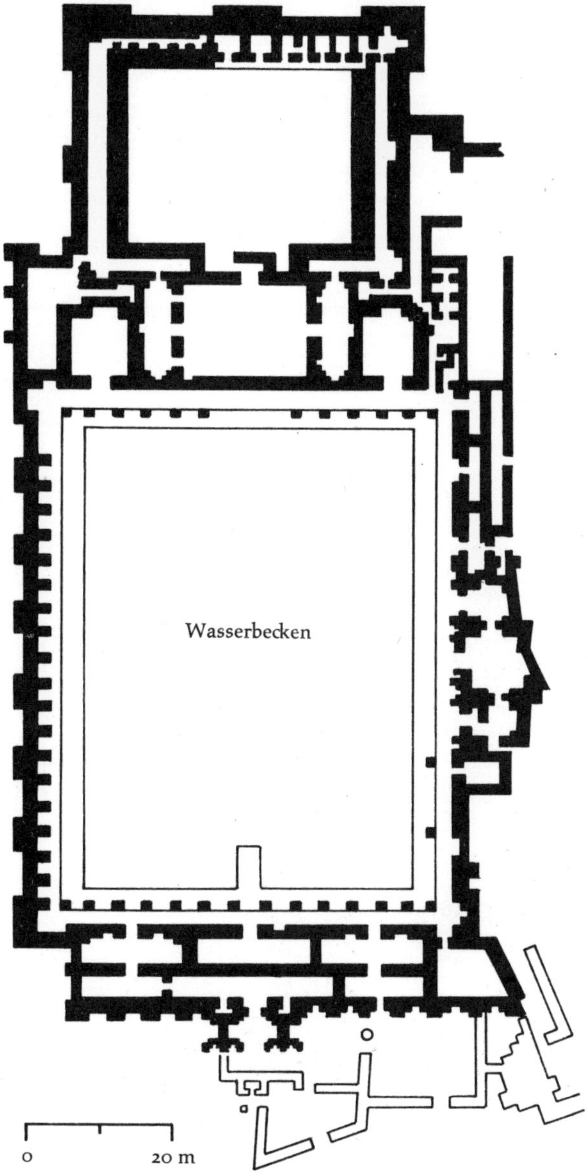

Palast der Hammadiden, die Qal'a Beni Hammad, 11. Jahrhundert; Dar al-Bahr

anderen Städten in der Fatimidenzeit palastartige Bauten.

Mehr bewahrt blieb von der Militärarchitektur, da ihre Werke auch von folgenden Machthabern benutzt wurden. Mahdiya wurde als Fluchtburg mit Hafen und Schiffsarsenal auf einer gut gegen Angriffe vom Festland her zu verteidigenden Halbinsel angelegt. Die Mauerkrone soll so breit gewesen sein, daß auf ihr sechs Pferde nebeneinander laufen konnten. Erhalten geblieben ist ein Tor mit zwei mächtigen Türmen von 20 Meter Höhe. Ein 44 Meter langer überwölbter Gang führte in die Stadt. Wahrscheinlich wurde er einst von sechs Eisentoren unterbrochen. Bronzereliefs in Löwengestalt zu beiden Seiten des Tores sollen den Bau geziert haben. Der Hafen und das Arsenal nahmen die Südseite der Halbinsel ein. Das Hafenbecken, ein aus dem Felsen geschlagenes Rechteck von 126 mal 57 Metern, scheint bereits von den Phöniziern angelegt worden zu sein.

Abb. S. 116, Tafel 35

Unter den Ziriden wurden alle Städte befestigt. Zumeist lagen sie an strategisch günstigen Stellen, auf Plateaus oder am Zusammenfluß zweier Ströme. Die Mauern folgten byzantinischen Traditionen. Große Aufmerksamkeit schenkten Fatimiden und Ziriden den Wasserbauten. So sollen in Mahdiya 360 große Zisternen sowie ein Aquädukt bestanden haben. Auch Mansuriya wurde über einen Aquädukt versorgt. Die Städte der Senhadscha lagen zumeist an Flüssen, was den Bau von Brücken notwendig machte.

Der Baudekor wies neben mesopotamischen Vorbildern romanisierende Einflüsse auf. Leider besitzen wir nur wenige Beispiele, die auf eine Vorliebe für die Polychromie schließen lassen. Neben Stein und Stuck wurden Mosaike eingesetzt sowie Wand- und Deckengemälde angebracht. Beliebt war die Baukeramik; aus emaillierten Platten bildete man Sternmuster, runde Ornamente und Kreuze. Häufig wurden Nischen eingefügt, um große Wandflächen aufzulockern, vor allem die Fassaden. Sie weisen wie die Halbkuppeln auf abbasidische Vorbilder in Samarra hin. Einfallsreich abgewandelt wurden Bögen und *Abb. S. 241* schlanke Säulen sowie Konsolen. Neben floralen und geometrischen Mustern verwandten die Fatimiden Tier- und Menschenbilder als Bauschmuck. Leider blieb nur wenig davon erhalten, so zum Beispiel ein Relief aus Marmor mit der Wiedergabe eines Kalifen und einer Musikantin, das in Mahdiya gefunden wurde.

Die islamische Bildung wurde unter den Fatimiden im «Beit al-Hikma», dem «Haus der Weisheit», in al-Raqqada gepflegt.

Die Ziridengouverneure fanden Rückhalt bei den isma'ilitischen Senhadscha-Stämmen. Sie herrschten aber nur über Ifriqiya, denn der Kalif hatte Sizilien, Tripolitanien und das Kutama-Gebiet abgetrennt. Hierdurch verloren die Ziriden die Möglichkeit, eine eigene Flotte aufzubauen. Eine Ausdehnung ihres Machtbereichs war nur nach Westen möglich, im Kampf gegen die Zenata, die den Umaiyaden Spaniens zuneigten. Ziridische Raubzüge verwüsteten Tiaret, Tlemcen und Sidschilmasa, während die Belagerung Ceutas erfolglos blieb.

Im Jahre 984 kam Abu l-Fath al-Mansur zur Macht, ertrotzte eine weitgehende Unabhängigkeit von Kairo und beendete die Kämpfe gegen

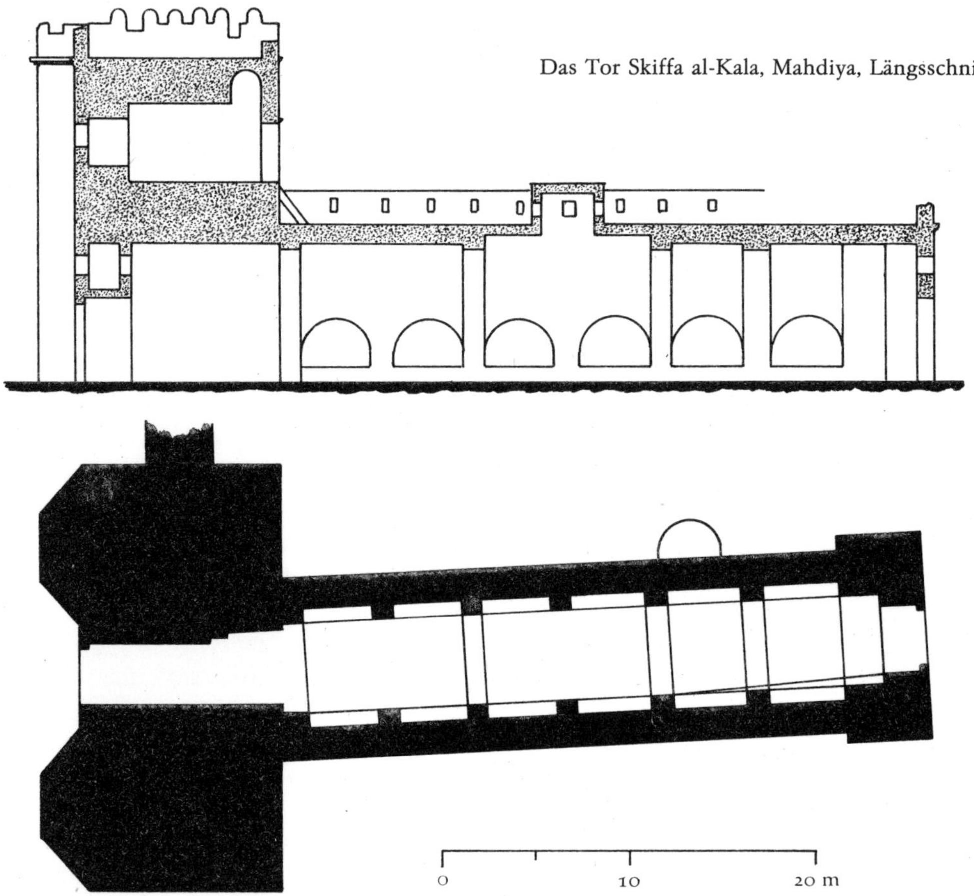

Das Tor Skiffa al-Kala, Mahdiya, Längsschnitt und Grundriß

König und Musikantin, Marmorrelief der Fatimiden

die Zenata. Die fatimidische Zentralregierung sandte offen und geheim Emissäre nach Ifriqiya, um die Scheichs und die Kutama gegen ihn aufzuwiegeln. Ein Kutama-Aufstand wurde nur vorübergehend und gegen das Gebot des Kalifen unterdrückt. Als der Emir der Ziriden starb, bestieg schließlich ein Zwölfjähriger den Thron, der Emir Badis, dessen Ratgeber die Oberhoheit der Fatimiden wieder voll anerkannten, damit jedoch Unruhen im Lande auslösten.

Der Ziride Hammad, der im fernen Westen die Qal'a der Beni Hammad gebaut hatte, rebellierte mit Unterstützung Bagdads, wenn auch vergebens. Nach dem Tode des jungen Emirs (1016) brach ein Aufstand gegen die Schiiten aus, in dem Tausende Menschen umgebracht wurden und auch der Regierungssitz in Mansuriya in Trümmer ging. Der Gouverneur von Kairuan ließ daraufhin einen der prominentesten Sunnitenscheichs, Abu Ali ibn Chaldun, in der Moschee erschlagen. Ein Volksaufstand fegte den Mörder hinweg. Die Kairuaner brannten aus Rache Mansuriya nieder und töteten etwa 20000 Schiiten.

Der Emirtitel fiel an den neunjährigen al-Mu'izz, für den seine Tante Umm Mallal die Regentschaft übernahm. Sie regierte von Mahdiya aus und suchte die Einheit des Staates mit militärischen und politischen Mitteln zu retten. Nach wenigen Jahren griff der Emir selbst zur Macht, ließ den Wesir seiner Regentin unter dem Vorwurf der Korruption hinrichten (1022) und sah sich danach dem Aufstand des Gouverneurs von Tripolis, eines Bruders des Wesirs, gegenüber, der alle Senhadscha in der Stadt erschlagen ließ. Dann fiel er in die Hand des Emirs und wurde mitsamt seiner Familie getötet.

Die Zenata erstürmten Tripolis und erhielten Hilfe aus Kairo (1027). Ihr Angriff auf Mahdiya aber scheiterte. Al-Mu'izz entsandte eine Flotte zur Eroberung Siziliens, dessen Bewohner im

Kampf mit dem Herrn von Palermo und seinen Afrikanern lagen und sich mit der Bitte um Unterstützung an al-Mu'izz gewandt hatten. Dreißigtausend Mann stießen gegen Palermo vor, wurden aber geschlagen und zersprengt. Anarchie herrschte auf der Insel, was die durch das Mittelmeer streifenden Normannen zum Einfall geradezu einlud.

Die Flotte der Ziriden ging im Sturm vor der Insel Pantelleria zugrunde. Eine Massenflucht der Muslime setzte ein, als die Normannen eine Hafenstadt nach der anderen einnahmen. Die Lage der Ziriden besserte sich jedoch im Jahre 1031 wieder, als in Spanien das Umaiyadenreich unterging. Al-Mu'izz übernahm den marokkanischen Westen und wurde Herr des Maghrib. Daraufhin fiel er offiziell von den Fatimiden ab und erbat vom Kalifen in Bagdad die Anerkennung als Herr Afrikas. Seine Boten wurden auf dem Rückweg von den Griechen abgefangen und mit den abbasidischen

Der Maghrib und Spanien
in der westlichen Handelswelt des 10. Jahrhunderts

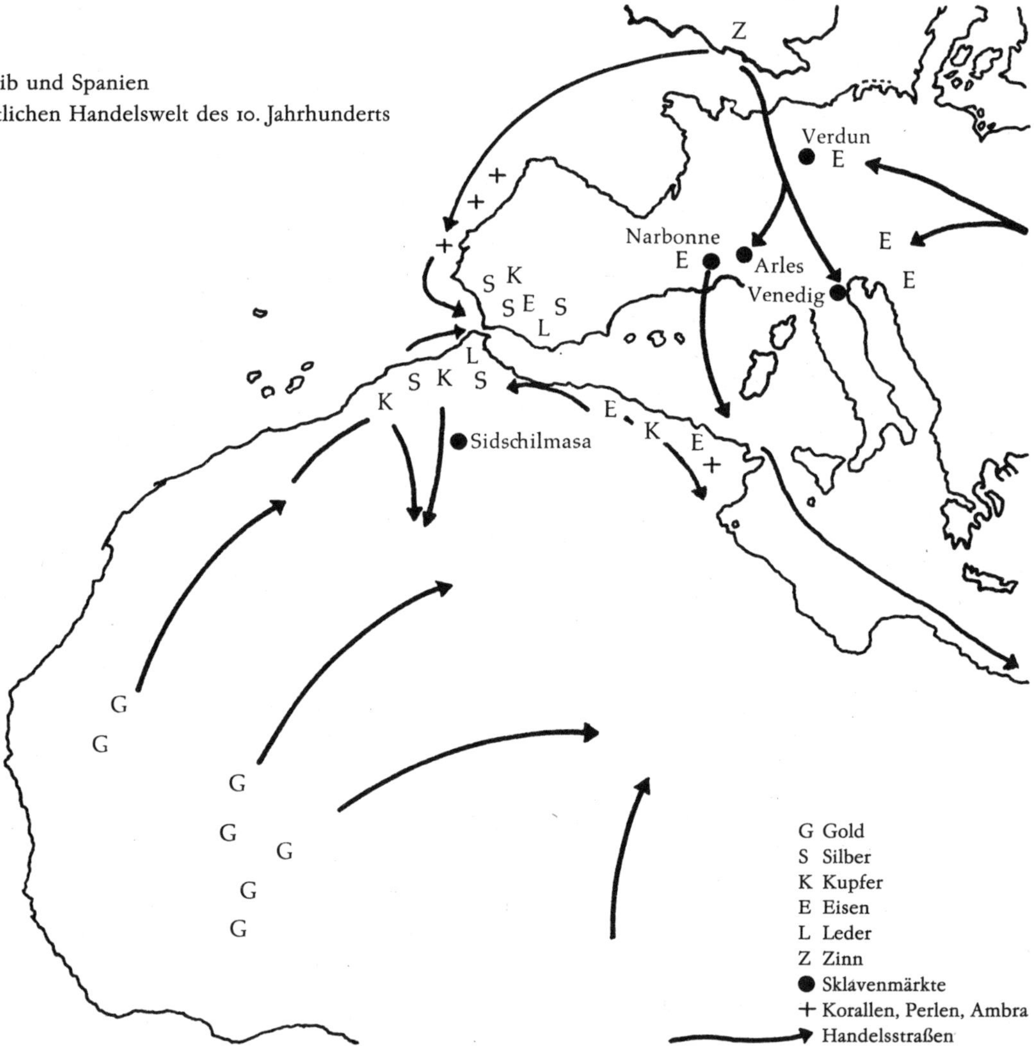

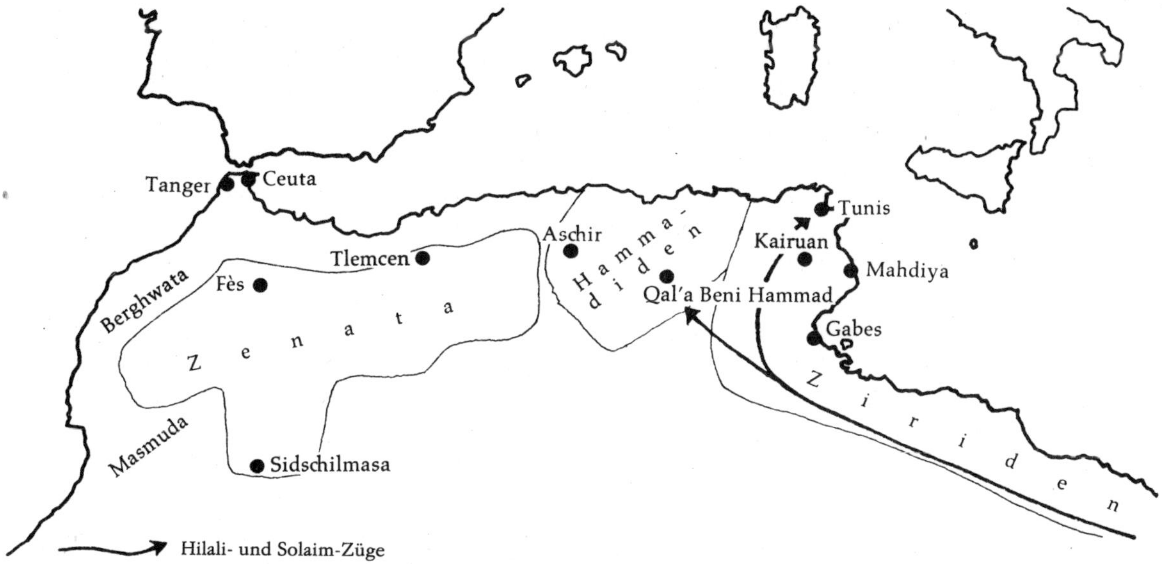

Nordafrika im 11. Jahrhundert

Geschenken, dem Siegel, den Fahnen und der Ernennungsurkunde an Kairo ausgeliefert. Der fatimidische Kalif ließ diese Zeichen des Abfalls öffentlich verbrennen. Al-Mu'izz antwortete darauf mit der Schwarzfärbung der Uniformen seiner Soldaten, weil Schwarz die Farbe der Abbasiden war. Außerdem ließ er nun seinerseits die fatimidischen Fahnen verbrennen und ab 1049/50 in Kairuan Münzen mit dem sunnitischen Glaubensbekenntnis prägen.

Die Ziriden waren religiös verhältnismäßig tolerant. Noch im Jahre 1053 werden für die Sahelzone, für Kairuan, Gafsa und den Norden insgesamt fünf christliche Bischöfe genannt. Selbst am Hof gab es viele Christen, besonders als Handwerker und im Harim. Die Juden beherrschten den Stoff- und Ölhandel und waren als Ärzte, Juweliere und Bankiers tätig. Auf großen Handelsmessen in Monastir boten Händler Glas aus Mahdiya, Keramik aus Sabra, Textilien aus Sousse, Zuckerrohr aus Gafsa und Baumwolle aus dem Gebiet von Karthago feil. Al-Mu'izz bemühte sich, die Handwerker und Basare nach Kairuan zu ziehen.

Die Ziriden schienen auf der Höhe ihrer Macht (um 1040), als die Fatimiden unruhige Beduinengruppen aus Oberägypten, die Hilali und Solaim, nach Westen abschoben. Die damals blühende Cyrenaika erschien den Hirten wie ein Geschenk Gottes, und sie stürmten teils unter eigenen Scheichen, teils unter fatimidischen Offizieren westwärts. Die Ryah unter Führung des Munis ibn Yahya fielen als erste in Ifriqiya ein. Verhandlungen mit ihnen scheiterten, und der Emir der Ziriden sammelte in Kairuan eine Armee von 30 000 Soldaten, eine den Angreifern zahlenmäßig weit überlegene Macht.

Doch die Senhadscha ließen den Emir und seine schwarze Garde im Stich und flohen nach Westen. Sabra mußte geräumt werden, und 1057 fiel Kairuan. Mit Mühe hielt der Emir Mahdiya und überließ die Festungen und Städte in voller Verzweiflung sich selbst. Das Land zerfiel in völlige Anarchie. Kleinfürstentümer der verschiedenen Beduinengeschlechter entstanden. Von See her griffen die Normannen an. Nur im Westen hielt der hammadidische Zweig der Dynastie mit

Senhadscha-Truppen und der Hilfe der Zenata stand. 1063 wagten die Hammadiden selbst eine Flottenexpedition nach Sizilien, doch mußten sie einer Föderation der Seestädte Genua und Pisa, die vom Papst unterstützt wurde, weichen. Der Gegenstoß traf 1088 die Stadt Mahdiya, in der nur der Palast gehalten werden konnte. Erst die Zahlung von hunderttausend Dinar bewog die Christen zum Abzug.

Noch verzweifelter wurde die Lage im 12. Jahrhundert, denn die Normannen landeten 1135 auf der Insel Dscherba und begannen nach 1143 mit der Eroberung der Häfen Tunesiens. 1148 belagerten sie Mahdiya, und zwei Jahre später waren nur noch Tunis und Kelebia König Roger II. von Sizilien nicht tributpflichtig. Erst massive Religionsverfolgungen unter Wilhelm II. trieben die Muslime in den bewaffneten Aufstand. Als erste erschlugen die Bürger von Sfax 1157 die normannische Besatzung, und auf dieses Signal hin fiel die gesamte Küste Ifriqiyas von der Herrschaft der Normannen ab.

Als von Westen die Almohaden heranzogen, ergab sich ihnen das Land, ohne Widerstand zu leisten. 1160 war Ifriqiya eine Provinz der Almohaden.

4. Das Kalifat der Umaiyaden in Spanien

Muslime vor St. Gallen · Die Botschafter Ottos I. · Der Kalif von Córdoba · Der Benediktiner und der Kalif · «Der Verteidiger der Religion Gottes» · Madinat al-Zahra · Die sächsische Nonne in Spanien · Koran, Schwert und Feuer · Islamische Städte und Wasseranlagen · Die Millionen des Kalifen · Der Leibarzt Hasday ben Jishaq Schaprut · Der Basar · Die Räumung des Rhônetals · Die Bibliothek von Córdoba · Almansor, der Herr Spaniens · Die Glocken von Santiago de Compostela · Die Große Moschee von Córdoba · Hufeisenbögen und Kapitelle · Textilkunst Spaniens · Der Zusammenbruch des Kalifats · Der Streit der Kalifen · Die «Reyes de Taifas» · Das Emirat des Kadi

Im Jahre 912 bestieg ein dritter Emir mit dem Namen Abd al-Rahman den Thron Spaniens. In seiner fast vierzigjährigen Regierungszeit führte er das umaiyadische Spanien auf den Höhepunkt seiner Macht. Hart war sein Weg zum Ruhm. Er übernahm ein zerrüttetes Land, in dem sich die Aristokraten blutig bekämpften und an dessen Landesgrenzen die Feinde standen. Aus Nordeuropa griffen die Normannen mit ihren Raubflotten nach Spanien. Die Fatimiden ließen in Tunis mit sizilischem Holz Kampfschiffe zum Angriff auf Spanien bauen. Nur die Byzantiner waren geneigt, sich mit Córdoba zu verbünden, lagen sie doch im Kampf mit den gleichen nordafrikanischen Schiiten, die Süditalien bedrohten. Ein Bündnis mit Konstantinopel lockerte den Zugriff der Fatimiden, die allerdings die zu den Spaniern haltenden Zenata unterworfen und Marokko besetzt hatten.

Abd al-Rahman wies seinen beutehungrigen Kriegern den Weg nach Südfrankreich. Bereits im 8. Jahrhundert waren spanische Flotten gegen Nizza und Fréjus ausgelaufen, und 889 hatten die Armeen von al-Andalus einen Brückenkopf westlich von Fréjus gebildet. Von hier aus stießen sie im 10. Jahrhundert durch Piemont und das Rhônetal nach Norden vor. Die Dauphiné und der Mont Cenis wurden arabisch (906). 939 erreichten die Muslime Genf. Ein Jahr später nahmen sie Fréjus und Toulon, 942 fielen Nizza und Grenoble, und zehn Jahre darauf entschied die Schlacht bei Orbe das Geschick der Schweiz, die den Arabern zufiel.

Nur einige Ruinen sowie Keramik- und Münzfunde zeugen von dieser bis zum Kloster von St. Gallen reichenden islamischen Bedrohung Westeuropas. Abd al-Rahman scheint weitgespannte Ziele verfolgt zu haben. Er trat in diplomatische Beziehungen zu Kaiser Otto I., indem er ihn aufforderte, zum Islam überzutreten. Der Kaiser ließ die Boten drei Jahre warten und sandte seinerseits einen beleidigenden Brief an den Kalifen. Er suchte einen zum Martyrium bereiten Bo-

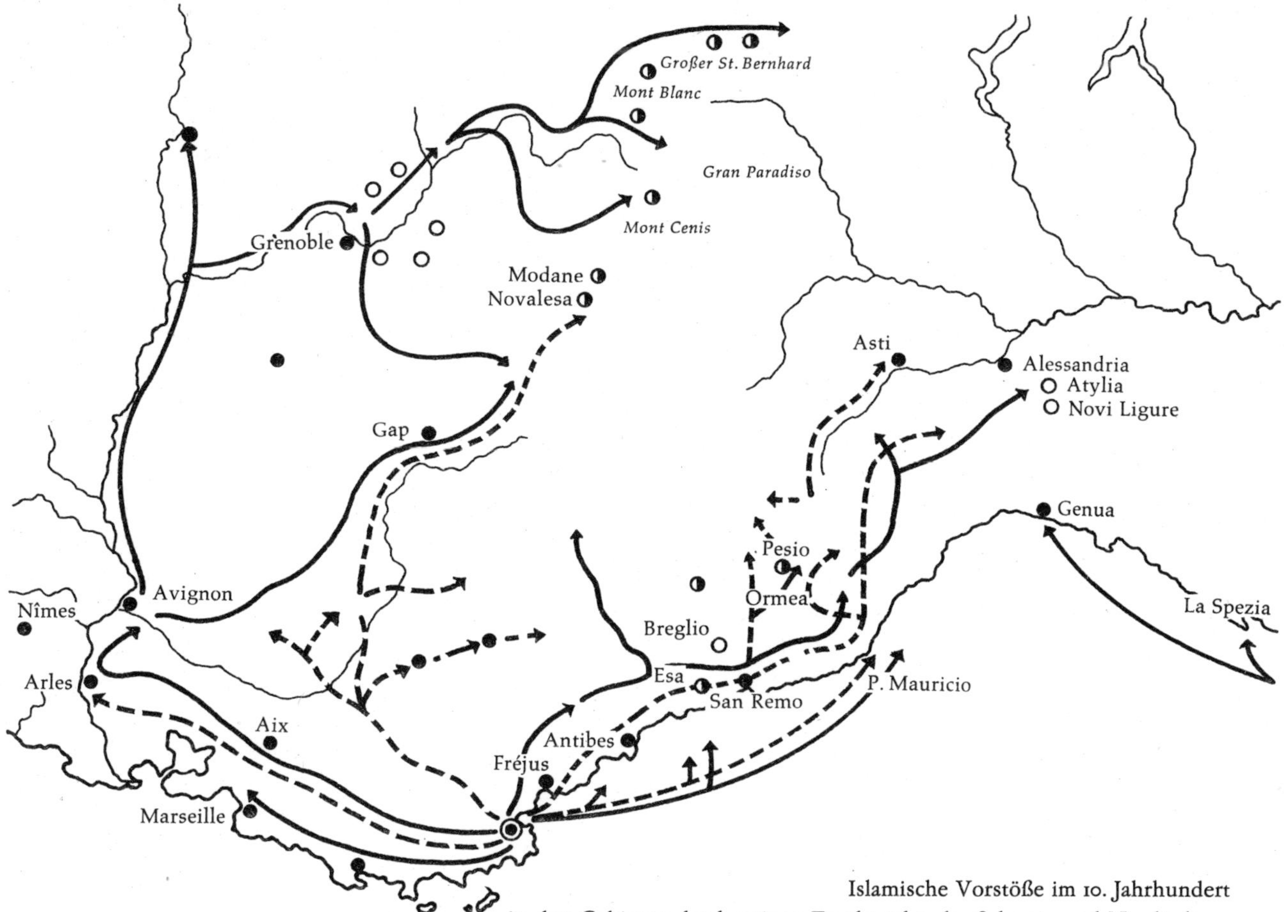

Islamische Vorstöße im 10. Jahrhundert
in den Gebieten des heutigen Frankreichs, der Schweiz und Norditaliens

Fraxinetum (Hauptlager) · Islamische Zentren · Islamische Stützpunkte längerer Dauer · Islamische Stützpunkte kürzerer Dauer

Streifzüge zwischen 889 und 920 · Streifzüge zwischen 920 und 970

ten, da der Überreicher des Briefes den Tod zu erwarten hatte, und fand ihn in dem Benediktinermönch Johannes. Der Bote traf 957 in Córdoba ein und sollte zur Strafe neun Jahre warten. Der Kalif war jedoch an einer friedlichen Lösung des Problems interessiert, da ihn innere Schwierigkeiten in Spanien beschäftigten. Auch die Christen Córdobas versuchten zu vermitteln. Schließlich reiste der Bischof Recemundus im Auftrage des Kalifen zum Kaiser und holte ein verbindliches Sendschreiben, das Angebot eines Friedensvertrages. Nun besuchte der Mönch auf Ersuchen des Kalifen den Hof und hatte nach seinem Bericht mehrere Aussprachen mit ihm. Dabei habe Abd al-Rahman den Kaiser dafür gerügt, daß er den Adel seines Reiches nicht unterworfen habe.

Abd al-Rahman übernahm den Kampf gegen die rebellischen Hafsuniden im Süden des Landes und konnte ihn erfolgreich beenden. Ihre Burgen wurden zuverlässigen Offizieren übergeben. Die Aristokratie mußte sich beugen, und auch die Städte wurden zum Gehorsam gezwungen. 930 bis 932 wurde Toledo belagert und schließlich eingenommen. Badajoz mußte sich ergeben, und auch Sevilla erklärte gezwungenermaßen seine Loyalität. Die vom Emir bekämpften Oberschichten suchten im Ausland Hilfe.

Da die Fatimiden in diesen Jahren ihr schiitisches Gegenkalifat in Tunesien begründeten, entschloß sich Abd al-Rahman 929, selbst den Titel eines Kalifen und den Ehrennamen «al-Nasir lidin Allah» (der Verteidiger der Religion Gottes) anzunehmen. Prunkvoll hielt der neue Kalif Hof und ließ dazu bei Córdoba eine dreiteilige Palaststadt errichten, Madinat al-Zahra. Auf der oberen Terrasse stand das Qasr (Palast), auf der mittleren Terrasse war ein Park angelegt, und die untere umfaßte eine Wohnstadt mit der Moschee und den Palastwerkstätten. Das Tor schmückte eine Statue des Kalifen. Sechzehn Jahre baute hier ein Heer von Künstlern und Bildhauern und verbrauchte die damals gewaltige Summe von 1,8 Millionen Dinar, fast ein Drittel des Steueraufkommens. 4313 Säulen wurden eingebaut, darunter 140, die aus Konstantinopel als Geschenk kamen. Der Architekt war ein Muslim namens Maslama ibn Abdallah.

Tafel 43, 44

Seit 947 befand sich in Madinat al-Zahra der Staatsschatz, und ein Jahr darauf wurde der Empfangspalast eingeweiht. Den Eindruck, den dieser machte, gab der muslimische Schriftsteller al-Maqqari wieder, als er schrieb: «Erzählt mir nichts über den Hof Bagdads und seinen herrlichen Glanz, lobt mir nicht die zahlreichen Verdienste Persiens und Chinas, denn es gibt keinen Ort auf der ganzen Erde, der Córdoba gleicht ...» (nach Crespi, 1983, S. 25)

Noch überschwenglicher äußerte sich die sächsische Nonne Roswitha: «Glänzendes Juwel der Erde, neue und herrliche Stadt, stolz auf ihre Kraft, gefeiert wegen ihrer Wonnen, strahlend wegen des überströmenden Reichtums aller Güter.» (nach Crespi, 1983, S. 25)

Der Kalif wollte demonstrieren, daß nun Córdoba das Zentrum der Welt sei, wobei er selbst einfach, ja asketisch lebte. Der Dichter Muhyi al-Din ibn Arabi erzählt: «Eine Gesandtschaft von spanischen Christen aus dem Norden war gekommen, um mit dem Kalifen zu verhandeln. Dieser wollte sie mit Furcht erfüllen, indem er ihnen die Herrlichkeit seines Königtums vor Augen führte. Er ließ deshalb vom Stadttor Córdobas bis zum Tor von Madinat al-Zahra, auf einer Strecke von einer Parasange (etwa $5^1/_2$ Kilometern), zu beiden Seiten des Weges eine doppelte Reihe von Soldaten aufstellen, die ihre blanken, breiten und zugleich langen Schwerter so emporhielten, daß sie sich mit den Spitzen wie die Balken eines Daches berührten. Auf Befehl des Herrschers wurden die Gesandten durch diese doppelte Reihe von Soldaten wie durch einen gedeckten Gang hindurch geführt. Die Furcht, die ihnen dieses Gepränge einflößte, ist unbeschreiblich. So gelangten sie zum Tor von Madinat al-Zahra. Von diesem Tor bis zu dem Ort, wo der Empfang beim Herrscher stattfinden sollte, hatte der Kalif den Boden mit Brokatstoffen bedecken lassen; an bestimmten Stellen aber ließ er Würdenträger Platz nehmen, die man für Könige halten konnte, denn sie saßen auf prachtvollen Stühlen und waren in Seide und Brokat gekleidet. Jedesmal, wenn die Gesandten einen dieser Würdenträger sahen, warfen sie sich vor ihm nieder, da sie ihn für den Kalifen hielten. Da wurde ihnen gesagt: ‹Erhebet euer Haupt! Das ist nur ein Knecht von seinen Knechten!› Endlich gelangten sie in einen Hof, dessen Boden mit Sand bestreut war. In seiner Mitte war der Kalif. Er trug grobe und kurze Kleider; alles, was er an sich hatte, war nicht viel mehr als vier Dirhem wert. Er saß auf der Erde und hielt den Kopf vorn-

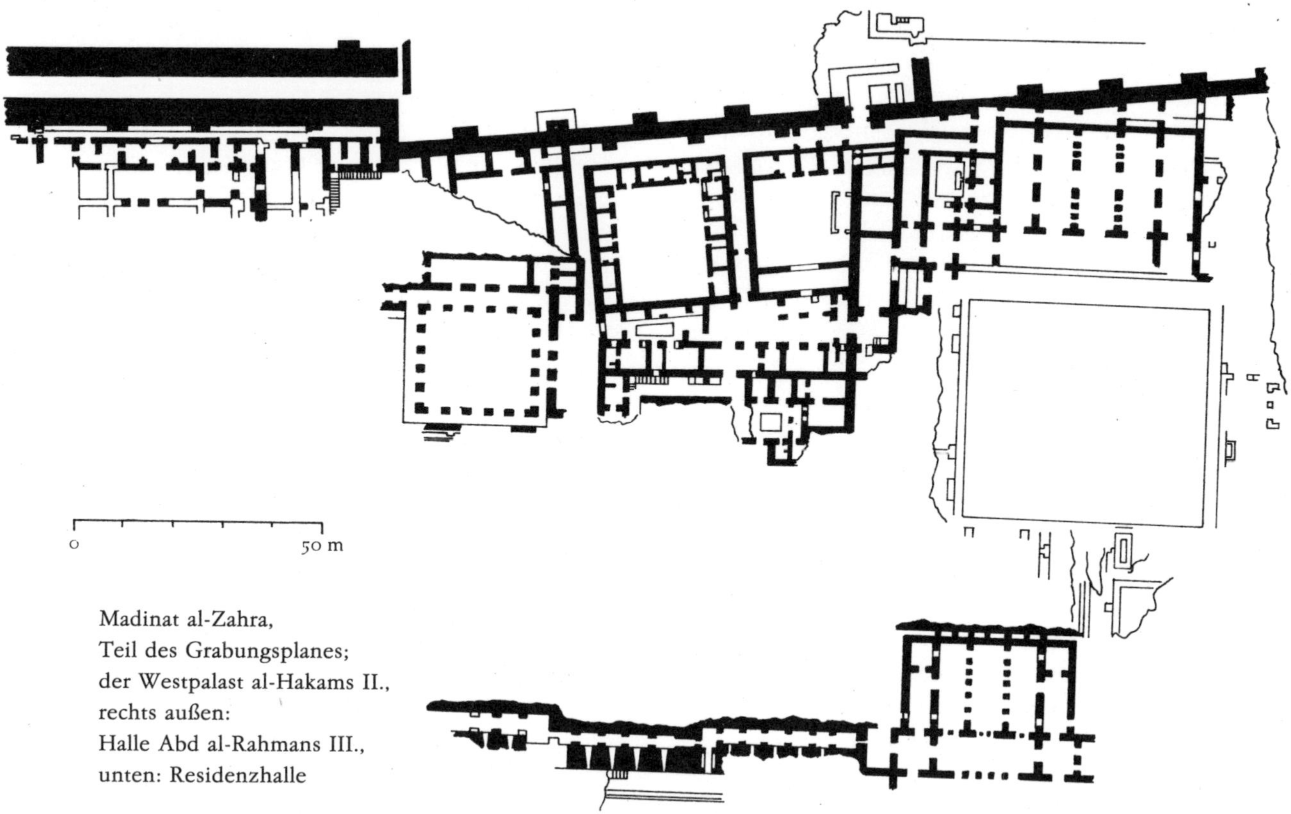

Madinat al-Zahra,
Teil des Grabungsplanes;
der Westpalast al-Hakams II.,
rechts außen:
Halle Abd al-Rahmans III.,
unten: Residenzhalle

über geneigt. Vor ihm waren ein Koran, ein Schwert und ein Feuer. ‹Das ist der Herrscher›, wurde den Gesandten gesagt, die sich niederwarfen. Er erhob das Gesicht in ihrer Richtung, und noch ehe sie fähig waren, einen Ton von sich zu geben, sagte er zu ihnen ‹Gott hat uns befohlen, oh ihr Leute, euch aufzufordern, daß ihr euch dem da unterwerft.› Mit diesen Worten zeigte er ihnen den Koran. – ‹Wenn ihr euch weigert, werden wir euch damit zwingen›, – er wies auf das Schwert –, ‹und wenn wir euch töten, so kommt ihr dahin!›, und er zeigte ihnen das Feuer. Die Gesandten waren von Schrecken ergriffen. Auf Befehl des Kalifen führte man sie weg, bevor sie noch irgend etwas sagen konnten.» (nach Burckhardt, 1960, S. 39)

Der Kalif organisierte Spanien als absolutistisch regierten Staat, was vielerorts auf Widerstand stieß. Deutlich wurde dies unter anderem 937 durch den Abfall Saragossas, das sich dem König von León unterstellte.

In León und Asturien regierte einer der fähigsten Könige des christlichen Spaniens, Ramiro II. (932–950), der sich der islamischen Reorganisation Spaniens widersetzte. Bei Valladolid errang er 939 seinen größten Sieg, als er eine Armee Abd al-Rahmans von hunderttausend Mann vernichtete. Dann wurde er in Kämpfe mit Kastilien verwickelt und mußte Abd al-Rahman die Initiative überlassen. Nach dem Tode Ramiros begann der Aufstieg der islamischen Macht, der die Könige von Navarra und León wie auch die Herzöge von Kastilien und Barcelona schließlich zwang, die Hegemonie des Kalifen anzuerkennen.

Jedoch besiedelten die Muslime auch in dieser Periode den Norden des Landes nicht. Sie blieben im Raum südlich von Madrid, in den Städten und im Gebiet des Olivenanbaus. Den Norden regierten sie, indem sie die Feudalstruktur der Christen mit den Burgen und dem Leibeigenensystem übernahmen, das sowenig islamisch war.

Die Landwirtschaft erhielt neue technische Ausrüstungen. Aus Syrien brachten die Araber die Noria, das Wasserrad, mit, das, vom Fluß getrieben, Wasser 10 bis 20 Meter hoch hob, um Felder und Siedlungen zu versorgen. In den Hochebenen und Bergzonen kam der Entwicklung der Städte und der Landwirtschaft eine altiranische Erfindung zugute: lange unterirdische Kanäle, die bei geringer Verdunstung das Grund- oder Quellwasser aus den Bergen über viele Kilometer transportierten.

Unter Mohammed I. (852–886) wurde Madrid als Klosterburg muslimischer Glaubenskämpfer gegründet und mit Wasser über sieben bis zwölf Kilometer lange Kanäle, sogenannte »Mayra«, versorgt, nach denen die Stadt ihren Namen erhielt. Noch im Jahre 1935 gab es in Madrid diese Kanäle in einer Länge von etwa 124 Kilometern, die 1902 täglich über 3,2 Millionen Liter Wasser lieferten.

Die Städte des islamischen Spaniens waren von beträchtlicher Größe. So waren 300 Hektar Land in Sevilla von Stadtmauern umgeben. Die Stadt soll unter den Umaiyaden rund 105000 Einwohner gezählt haben, zwei Jahrhunderte später waren es 400000. In Córdoba mögen auf den 285 Hektar des Stadtkerns ungefähr 100000 Menschen gelebt haben. Die Stadtmauern waren hier 22 Kilometer lang. Die Gesamtstadt bedeckte das Achtfache der heutigen Fläche und dürfte über eine Million Einwohner beherbergt haben. Zum Vergleich seien die Zahlen für Paris (9 Hektar) und Douai (4,8 Hektar) im 10. Jahrhundert genannt. Erst im 13. Jahrhundert erreichten Venedig und Genua jeweils 100000 Einwohner.

Insgesamt mögen im islamischen Spanien etwa dreißig Millionen Menschen gelebt haben. Das Steueraufkommen betrug unter Abd al-Rahman III. 5,5 Millionen Dinar. Allein der Privatfonds des Kalifen überstieg die gesamten Staatseinnahmen unter al-Hakam I. (600000 Dinar) um 165000 Goldstücke.

Eine wesentliche Rolle beim Aufstieg Spaniens spielte die Einführung des islamischen Bodenstatuts, mit dem der Grundbesitz des Adels und der Kirche aufgeteilt wurde. Die Kleinbauern Andalusiens bauten Reis, Zuckerrohr, Baumwolle und Orangen an. Der Bergbau erbrachte Kupfer und Eisen zum Aufbau einer Flotte.

Seit dem 9. Jahrhundert flüchteten die Mozaraber mehr und mehr in die christlichen Staaten des Nordens und überließen ihr Land den Muslimen, die nur zu einem kleinen Teil auf eingewanderte Berber und Araber zurückgingen, in ihrer Mehrheit hingegen assimilierte Goten und Romanen waren. Die vorherrschende Religion war der orthodoxe Islam. Einige Rechtslehrer traten im 9. Jahrhundert auf, und es begann das Studium der islamischen Tradition.

Abd al-Rahman III. erhielt unter anderem aus Konstantinopel eine griechische Handschrift der «Materia medica» des Dioskurides, eines medizinischen Handbuchs, das sich unter den arabischen Ärzten großer Beliebtheit erfreute. Der Kalif wies seinen jüdischen Wesir und Leibarzt Hasday ben Jishaq Schaprut an, eine neue Übersetzung anzufertigen. In ihr wurden erstmals die Termini, die bisher nur transkribiert waren, ins Arabische übertragen. Diese Übersetzung ist in der Folgezeit wiederholt von spanisch-muslimischen Ärzten kommentiert worden.

Die Staatsverwaltung leitete der Hadschib, ein nahezu allmächtiger Kanzler, dem das Heer, die Administration, die Staatskanzlei und die Steuerverwaltung unterstanden. Die Gerichte waren vom Staat unabhängig. Der oberste Richter war

Sousse, Tunesien, Große Moschee, um 850

75
Kairuan, Tunesien, Große Moschee,
Blick vom Minarett auf die Bethalle,
724–727, 836 und 13. Jahrhundert
76
Tunis,
Zaituna-Moschee, Bethalle, 9. Jahrhundert

77
Córdoba, Spanien,
Große Moschee,
Tor an der Westseite,
Ausbau unter
al-Hakam II., 961

zugleich Prediger und Vorbeter an der Großen Moschee von Córdoba. Er bekam kein Gehalt und nahm auch keine Geschenke an. Ihm unterstand der in der Hauptmoschee aufbewahrte Gemeindeschatz, aus dem unter anderem Wasserbauten, Tore und Straßen finanziert wurden. Es gab keine Selbstverwaltung der Städte, deren Verfassung eher der von Klöstern glich. Das Zentrum bildeten die Moschee und der Basar, das Handels- und Handwerkerviertel. In Córdoba soll es rund 80000 Läden und Werkstätten gegeben haben. Die Handwerker dürften zum Teil bereits damals in sogenannten «Tiraz», zur Palastwirtschaft gehörenden staatlichen Manufakturen, gearbeitet haben. Daneben gab es ein umfangreiches freies Handwerk, das wohl schon in umaiyadischer Zeit in den Basaren zusammengefaßt war.

Der islamische Basar war die Kernorganisation der Stadt, die Handel und Handwerk umfaßte. Reichen Stadtbewohnern, zumeist Grundherren, Großhändlern oder sich im Staatsdienst bereichernden Beamten, gehörte der Grund und Boden an den Hauptstraßen. Sie ließen Werkstätten und Läden errichten, die an Kleinhändler und Handwerker verpachtet wurden. Gleiche Gewerbe fanden sich in Basarstraßen zusammen. Die Wohnungen lagen in den vom Basar getrennten Quartieren, die nach Religion, Verwandtschaft oder Volkszugehörigkeit gegliedert waren. Die Angehörigen gleicher Gewerbe wählten Vertreter, die ihre Interessen gegenüber der Stadtregierung wahrnahmen, die ihrerseits Marktaufseher und Steuereintreiber einsetzte.

78
Palermo, Sizilien, San-Cataldo-Kirche,
Bögen am Ansatz der Kuppel, Bau Wilhelms I., 1161

79
Palermo, Sizilien, Palast al-Ziza, Mosaiken der Thronwand, Bau Wilhelms I.
und Wilhelms II., zweite Hälfte des 12. Jahrhunderts

80
Palermo, Sizilien, Palast la Cuba, Bau Wilhelms II., um 1186

Den Basar beherrschten die Niederlassungen der Fern- und Großhändler, die Chane. Die Gewinne wurden entweder wiederum im Handel oder im Grundbesitz auf dem Lande angelegt, wodurch die Bauern der aufgekauften Ländereien zu Anhängseln des Basars wurden und in der von Akkerbauarbeiten freien Zeit Handwerksprodukte für ihn zu liefern hatten. Selbst die Fernhändler, die hinauszogen, arbeiteten mit fremdem Kapital und hatten zuvor Sicherheit zu stellen.

Die Eigentümer des Basars besaßen neben dem Stadtgouverneur die eigentliche Macht in der Stadt. Ihre Basarbauten hatten oft den Status einer frommen Stiftung, eines «Waqf», das damit der Jurisdiktion des Staates entzogen war. Waqfgüter waren rechtskräftig Gott übereignet, wobei in der Regel der Stifter und seine Nachfolger als Verwalter und Hauptnutznießer im Waqfvertrag eingesetzt waren. An die Stelle Allahs traten Medresen- oder Moscheeverwalter, Ulema, die einen Teil der Einkünfte aus diesen Stiftungen erhielten. So verbanden sich die Interessen der Basareigentümer mit denen der Ulema, die auch die Kadis, Staatsbeamten und andere Offizielle ausbildeten und zum Teil stellten. Andere Stiftungen dienten der Erhaltung von Wasserleitungen, Brücken und anderen gemeinnützigen Einrichtungen.

Reste von Basaren sind in Spanien nur in Granada erhalten, da die Städte längst ihren islamischen Charakter verloren haben. Die Burg, Qasr (daraus Alcázar), lag entweder dicht bei der Hauptmoschee oder außerhalb der Wohnviertel.

Schon unter dem Nachfolger Abd al-Rahmans III., al-Hakam II., begann der Niedergang des Umaiyadenreiches, erst noch unmerklich auf militärischem Gebiet in den neueroberten Gebieten fern im Nordosten des Landes. 960 wurde der Große Sankt Bernhard geräumt, 965 Grenoble aufgegeben und 973 die gesamte Provence verlassen. Die Macht ruhte auf der Stärke der Zentralgewalt, die ihrerseits von der Schwäche der Grundherren-

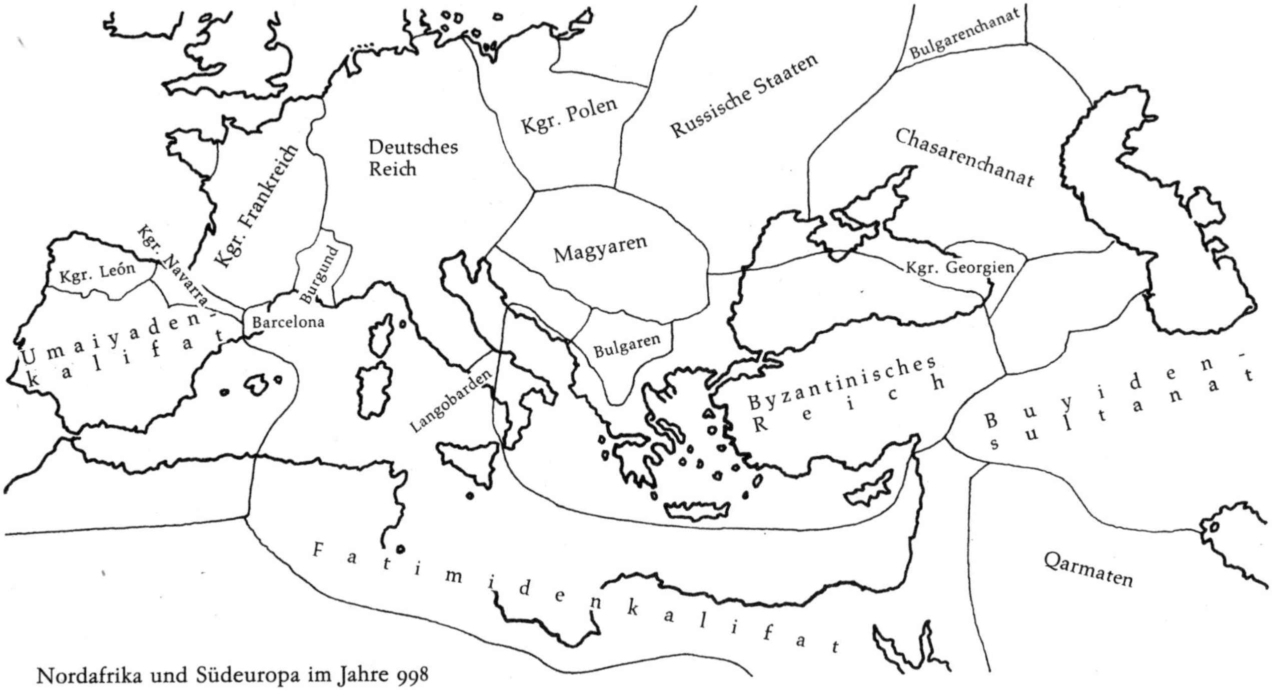

Nordafrika und Südeuropa im Jahre 998

aristokratie und der Städte abhing, gewissermaßen auf den Widersprüchen im Lande aufbaute. Die Exekutive, die Armee, erhielt den ausschlaggebenden Einfluß, und so wurde der Armeebefehlshaber Ghalib mehr und mehr zum eigentlichen Herrn Spaniens, der die Saqalibatruppen und die Berbersöldner zu beherrschen wußte. Seine größten Erfolge errang er gegen die Normannen, denen er auf dem Rio de Silvas eine schwere Niederlage beibrachte. Mit den Königreichen im Norden einigte man sich friedlich und schloß Verträge mit Navarra, León und Kastilien.

Der Kalif wandte sich der Pflege der Kultur zu. Al-Hakam II. sandte bis in den Irak Gelehrte aus, um seltene Manuskripte für die Bibliothek in Córdoba aufzukaufen. Er organisierte ein Schreib- und Kalligraphiebüro, das berühmte Manuskripte zu vervielfältigen hatte.

Einen Eindruck von der Gestaltung westislamischer Handschriften des 9. und 10. Jahrhunderts vermitteln lederne Einbände, die in der Kairuaner Moschee gefunden wurden. Ihr Schmuck erinnert mit seinen Flechtbändern an koptische Ornamente. *Abb. S. 75*

Die Bibliothek in Córdoba soll 400000 Bände enthalten haben. Christliche Fürsten und Klöster Europas waren bereits stolz, wenn sie einige Kodizes besaßen. Unter der Herrschaft al-Hakams II. arbeitete der Arzt und Techniker Abu l-Qasim Abbas ibn Firnas, der Versuche im Segelfliegen unternahm, einen Taktmesser für die Musik erfand und ein Planetarium konstruierte.

Von der Liebe des Kalifen zur Literatur profitierten die Juden Spaniens, die ihre neuhebräische Literatur weiterentwickelten und dabei viele Anregungen aus dem islamischen Schrifttum aufnahmen.

Als al-Hakam II. starb, hinterließ er seinem elfjährigen Sohn Hischam II. ein schweres Amt. Der getreue Hadschib al-Muskafi fiel einer Palastintrige zum Opfer. Hischams baskische Mutter Subh verhalf ihrem Geliebten Ibn Abi Amr mit Hilfe des Truppenkommandeurs Ghalib zum Kanzleramt (978). Danach wurde Ghalib beseitigt, und der Usurpator nahm den Prunknamen «al-Mansur billah» (der von Gott mit dem Sieg Begabte) an. In der latinisierten Form dieses Namens ist er als Almansor den Christen Nordspaniens zum Schrecken geworden. Er nötigte den Kalifen zu einem abgeschiedenen Leben in Madinat al-Zahra und behauptete, der fromme Kalif habe sich um des Dienstes an Gott willen aus der Welt zurückgezogen.

Al-Mansur trat betont als konservativer Muslim auf und opferte unter anderem den fanatischen Ulema die herrliche Bibliothek Córdobas, von der nur religiöse Schriften und Arbeiten zur Medizin und Arithmetik erhalten blieben. Hunderttausende unersetzbarer Manuskripte wurden verbrannt oder vergraben. Al-Mansur suchte die der Dynastie ergebenen Saqaliba zurückzudrängen, warb Söldner in Nordafrika an und rekrutierte christliche Sklaven für seine Armee, mit der er gegen die von Norden andringenden Christen zog. In siebenundfünfzig Kriegs- und Raubzügen verwüstete er große Teile Nordspaniens, ohne das Land zu organisieren und zu verwalten. Eine Demonstration war sein Zug gegen das zum christlichen Zentrum Spaniens gewordene Kloster des heiligen Jakobus in Santiago de Compostela (997),

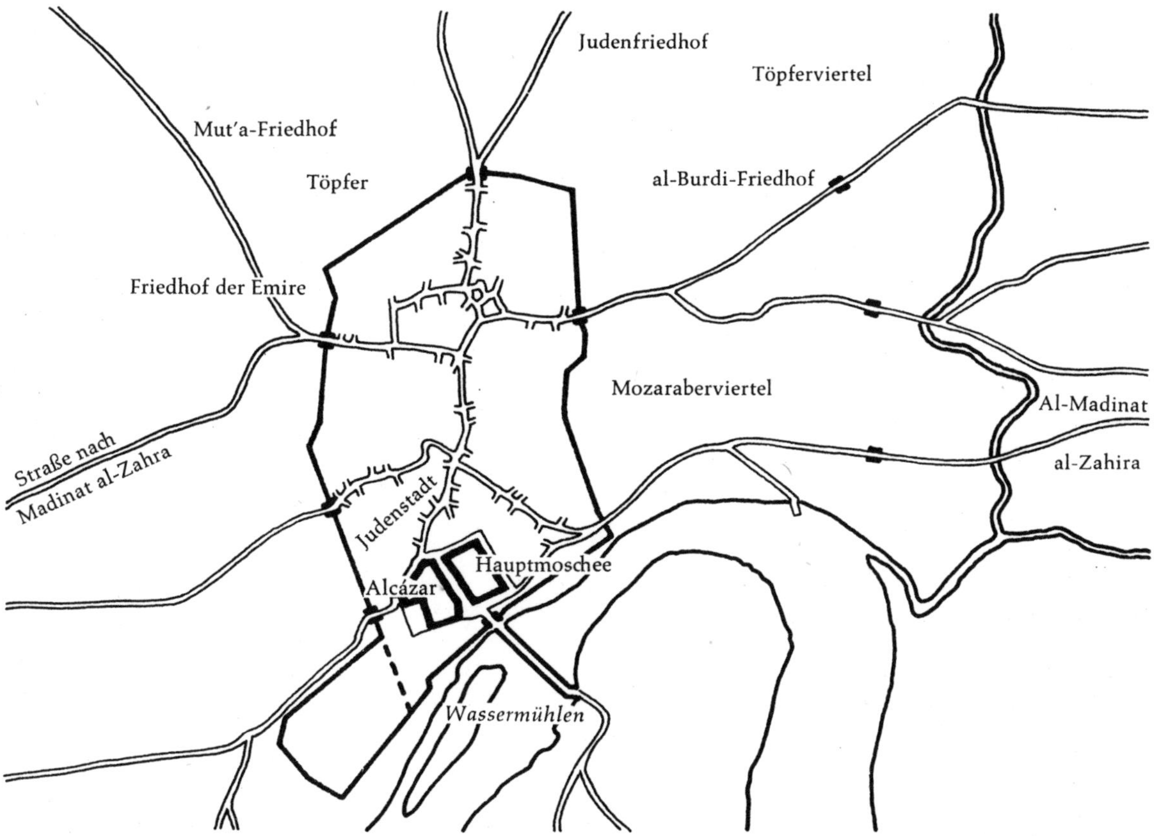

Córdoba im 10. Jahrhundert, Plan

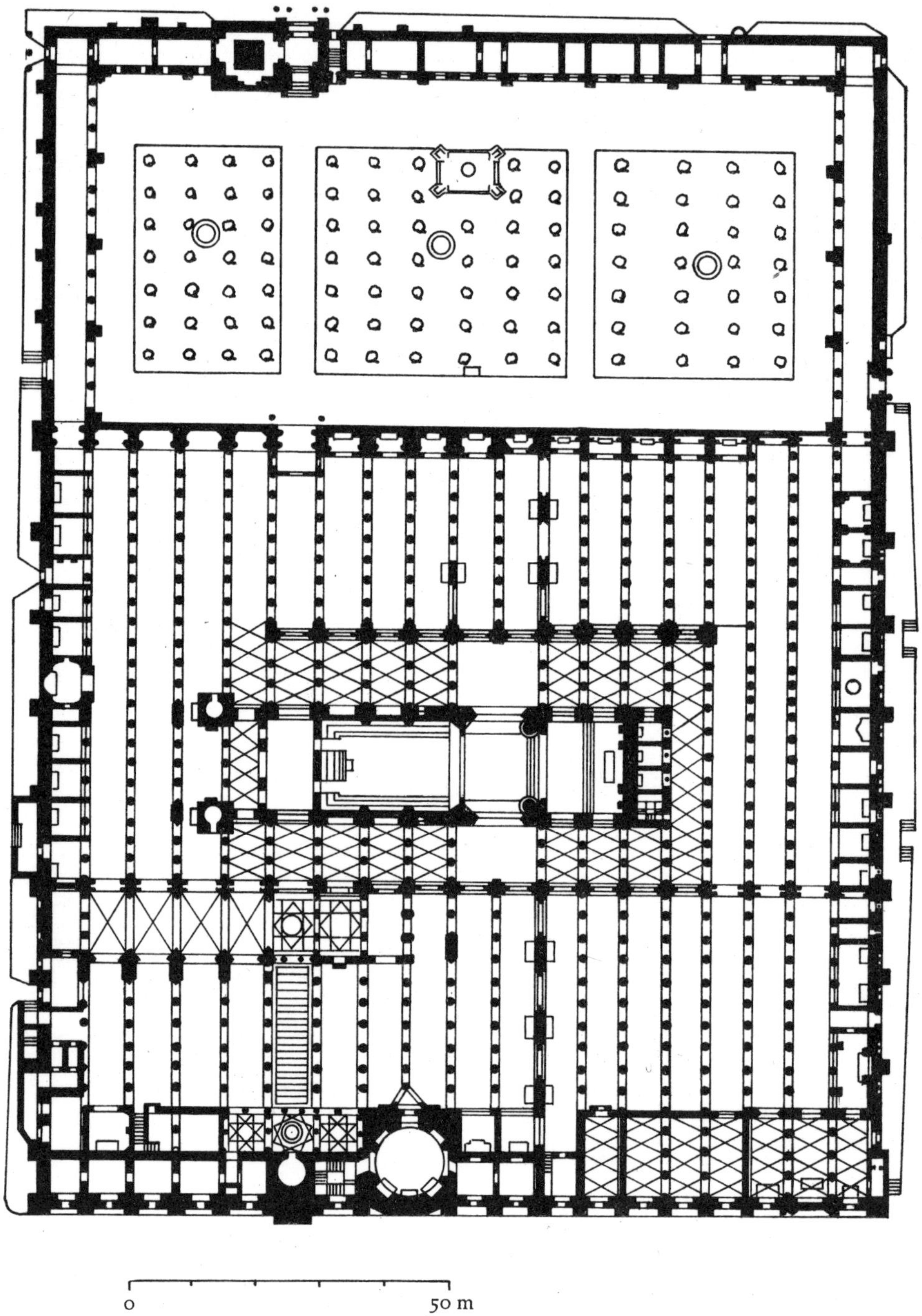

Die Große Moschee von Córdoba, Grundriß

das geplündert wurde. Gefangene Christen mußten die Glocken des Pilgerheiligtums auf ihren Schultern nach Córdoba tragen.

Größer waren al-Mansurs Erfolge in Nordafrika. Hier gelang es ihm 998, Fès einzunehmen, in dem von nun an sein Sohn als Gouverneur regierte. Als al-Mansur im Jahre 1002 starb, schien das umaiyadische Spanien auf dem Höhepunkt seiner Macht zu sein.

Abb. S. 131 Córdoba soll damals 113000 Häuser gezählt haben. Die Große Moschee der Stadt erhielt unter *Tafel* 77 al-Hakam II. und al-Mansur ihre endgültige Form. Sie war bereits unter Abd al-Rahman I. begonnen und vom zweiten Emir gleichen Namens erheblich erweitert worden. Abd al-Rahman III. hatte ein neues Minarett errichten lassen. Al-Hakam II. ließ aus Byzanz Mosaikarbeiter und Material kom- *Tafel* 36–42 men und die noch heute erhaltenen Prunkwerke in den Kuppeln und am Mihrab anbringen. Die Erweiterung der Säulenhallen ließ das Innere zu einem wahren Säulenwald werden und übertraf nun das wahrscheinliche Vorbild, die Große Moschee von Kairuan. Gewaltige Marmorbecken dienten den rituellen Waschungen. Ein neuer Minbar aus Sandelholz, Elfenbein, Aloe und Ebenholz entstand in fünfzigjähriger Arbeit und soll 35705 Dinar gekostet haben. 987 ließ al-Mansur durch kastilische Kettensklaven die Moschee erneut erweitern.

Wie eine Beispielsammlung der Möglichkeiten, eine Rippenkuppel zu gestalten, wirken die neun Kuppeln der ehemaligen Moschee Bab al-Mardum (gebaut 999/1000) in Toledo, die dank ihrer späte- *Tafel* 53 ren Umwandlung in eine Kirche erhalten blieb. Jede Kuppel bietet ein anderes Muster.

Auch die Große Moschee von Córdoba blieb erhalten, weil Karl V. im 16. Jahrhundert eine Kathedrale in sie hineinbauen ließ, so hart der Gegensatz des schweren Kirchenbaus zu dem Säulenwald der Moschee auch wirkt. Die Moscheehalle trägt noch heute die Zeichen ihrer Geschichte. Die Säulen der älteren Teile stammen aus antiken Bauten Galliens, Spaniens und Nordafrikas. Die späteren Teile werden von neugearbeiteten, schlankeren Säulen getragen, auf denen zwei übereinandergestellte Bogenreihen ruhen, die alternierend aus roten Ziegel- und hellen Steinschichten gemauert sind. In den unter al-Hakam II. gebauten Teilen überwiegen Hufeisenbögen. Die Kuppeln sind nach vorderasiatischem Vorbild mit Rippen verziert, die die innere Kuppelfläche geradezu aufgliedern. Neben der Moschee erhob sich der Stadtpalast Abd al-Rahmans I., der nicht erhalten ist.

Al-Mansur ließ der Vorstadtresidenz des Kalifen, al-Zahra, eine eigene Palaststadt, al-Zahira, entgegenstellen. In Spanien stehen jedoch noch andere Burgen und Festungen, so al-Vacar, ein Mauerrechteck antiker Planung, und die Festung von Mérida. Erhalten blieb ebenfalls die Burg der Hafsuniden, Bobastro, ein rechteckiger Bau mit Bastionen und einem rechteckigen Wohnturm, der auf steiler Höhe mehreren Belagerungen trotzte. Bedeutendes leistete die Umaiyadenzeit im Brückenbau. Die berühmteste Anlage ist die Brücke in Córdoba. Die Straßenbrücken von Mérida, al-Zahira, Bembezar, Toledo und anderen Städten ruhen teils auf römischen Grundmauern, teils sind sie rein islamische Bauten. An römische Vorbilder knüpften auch die großen Aquädukte von Córdoba an, Städte wie Mérida legten Zisternen an, soweit sie nicht durch unterirdische Kanäle versorgt werden konnten.

Die umaiyadisch-spanische Architektur verwandte für Kapitelle, Säulen und Reliefs Stein, oft Marmor. Viel benutzt wurde farbige Terrakotta. Die Holzdecken schmückten polychrome Malereien in dekorativen Mustern. Die Mosaikarbeiten in Córdoba erinnern an ähnliche in Ravenna und Venedig und weisen auf die Herkunft ihrer Meister hin.

Neben den erwähnten Doppel- und Hufeisenbögen zierten Kapitelle die Moscheen und Paläste. In ihrem Dekor sind Nachwirkungen korinthischer Formen und romanisierender Vorbilder zu erkennen. Beliebt war epigraphischer Bauschmuck sowohl an den Mihrabs wie an Fenstern und Fassaden.

Die Minarette, quadratisch wie ihre syrischen und nordafrikanischen Vorbilder, zierten Arkadengalerien, so den heute als Glockenturm der Kirche San Juan de los Caballeros dienenden Bau in Córdoba. Weinranken, Akanthus und Palmetten tauchen in vielen Variationen auf.

Einige Reste bezeugen figurativen Gebäudeschmuck, so eine Statue aus al-Zahra, Tierköpfe aus Aquilarejo und Tierfriese auf einer Wanne für die religiösen Waschungen aus al-Zahra. Sie erinnern an andalusische Elfenbeine des 10. Jahrhunderts, die Jagdszenen, Musikanten und Tiere als
Tafel 176–178 Schmuck in ihren Friesplatten tragen. Ihre Randborten enthalten mitunter Inschriften wie den Namen Abd al-Rahmans II. (im Victoria und Albert Museum in London) oder den al-Hakams II. (Nationalmuseum Madrid). Sie ähneln fatimidischen Arbeiten der gleichen Zeit. Auch unter den spani-
Tafel 167–173 schen Seidenstoffen finden sich datierte Gewebe der Hofwerkstätten, der Tiraz. Die Tirazweber fügten gelegentlich die Namen der Herrscher in Schmuckbänder ein, die heute die Datierung der Textilien erleichtern. Im Grab des Bischofs Gurb (gestorben 1284) befand sich eine für Abd al-Rahman II. mit Goldfäden gewebte Seide, die in einem Kreis mit dem islamischen Glaubensbekenntnis ein sich gegenübersitzendes Paar zeigt. Das Grab befindet sich in der Kathedrale von Barcelona. An die Elfenbeine erinnert auch ein Tirazband Hischams II. (976–1008).

Diese und andere Kleinkunstarbeiten sind nur klägliche Reste einstigen Prunkes, denn Spaniens islamisches Reich zerfiel jäh nach dem Tode al-Mansurs. Der große Krieger starb auf einem Feldzug (1002) und hinterließ die Macht seinem Sohn Abd al-Malik, der sich stolz al-Muzaffar (der Sieger) nannte und mühsam bis 1008 regierte. Dann brach alle Ordnung zusammen. Gegen Hischam II. erhob ein Vetter Mohammed al-Mahdi Ansprüche auf den Thron, worauf Hischam verzichtete. In Córdoba kämpften Berber gegen Saqalibatruppen. Die Madinat al-Zahra und die Residenz des Hadschib, al-Zahira, wurden geplündert und niedergebrannt. Die Berber riefen einen Enkel Abd al-Rahmans III., Sulaiman, zum Kalifen aus, der einem Idrisiden unterlag. Zwei Verwandte Sulaimans und sieben Umaiyaden stritten in der Folgezeit um die Macht. Um 1030 war das Reich in rund dreißig Kleinstaaten zerfallen. Jede größere Stadt hatte einen eigenen Herrscher. Diese Kleinkönige sind als «Reyes de Taifas» (von muluk al-tawa'if = Parteienkönige) in die Geschichte eingegangen.

An der Südküste dominierten die Berber, so in Málaga und Algeciras die Dynastie der Hammuditen. In Granada landeten die Ziriden aus Tunis. Im Osten, in Almería, Valencia und Tortosa, regierten Saqaliba(Slawen)-Fürsten und im Zentrum des Landes die Andalusier. In Sevilla gründete der Kadi Mohammed ibn Abbad 1032 eine Herrschaft, die sich unter seinem Enkel al-Mu'tamid (1068–1091) auch über Córdoba ausdehnte.

IV *Berberreiche in Nordafrika und Spanien (1050–1200)*

Die Berber in Spanien · Die Almohaden · Meriniden und Nasriden · Der Angriff der Christen

«Die Paläste von Sevilla weinen um den Abbaditen,
Um den löwengleichen Fürsten, kühn im Kampf und mild im Frieden;
Weinend klagt das Schloß Zoraja, daß auf seinen steilen Zinnen
Meiner Großmut Regenschauer nimmermehr herniederrinnen;
Der Guadalquivir und jedes Lusthaus, das sich in ihm spiegelt,
Weinen, denn durch meinen Fall ward ihre eigne Schmach besiegelt.
Mich, der einst die Welt ich labte mit den Strömen meiner Gnade,
Riß der Strom des Unglücks jetzo fort an Afrikas Gestade.»

Al-Mu'tamid

Das Reich der spanischen Kalifen zerbrach (1031). Die kleinen Nachfolgereiche drohten dem Druck der Reconquista, der Wiedereroberung Spaniens durch die christlichen Staaten, zu erliegen. Sie riefen gezwungenermaßen die Berber ins Land, die als eifernde Muslime die ritterliche Kultur der Reyes de Taifas vernichteten. Die Berbertruppen der Almorawiden schlugen bei Zalaqa (1086) die Christen, vermochten sich aber nur sechzig Jahre in Spanien zu halten. Sie erlagen ihrerseits den gleichfalls berberischen Almohaden, den «Einheitsbekennern», die bis in das 13. Jahrhundert Südspanien verteidigten. 1269 mußten sie sich in Marokko den Meriniden ergeben. In Spanien konnten sich die Nasriden noch 250 Jahre als Vasallenstaat der Kastilier behaupten, bis 1492 Granada unterworfen wurde.

Die Portugiesen griffen seit dem frühen 15. Jahrhundert Marokko an, und auch Spanien setzte sich an der nordafrikanischen Küste fest. Erst das Eingreifen der Osmanen verhinderte im 16. Jahrhundert die Ausdehnung der Reconquista auf Nordafrika.

Mit der Berberherrschaft begann die maurische Phase der maghribinisch-andalusischen Kultur, die sich deutlich von der Kunst des arabischen Ostens unterschied.

1. Al-Murabitun – Die «Leute vom Kloster»

Die «Schleierträger» · Die Lehren des Abdallah ibn Yasin · Das Kloster auf der Insel · Das Massaker an den Zenata · Yusuf ibn Taschfin · Die Eroberung Marokkos · Cid Campeador · Imperator Toledanus · Die Kamele der Almorawiden · Die Schlacht vor Zalaqa · Das Exil in Aghmat · Der Emir in Ketten · «Das Schicksal hat die Farbe des Chamäleons» · Avenzoar · Die Moschee der Ziriden · Die Moscheen der Almorawiden · Universität der Qarawiyin · Die Qubba der Sa'adier · Die Aljaferia · Alcázar von Sevilla · Paläste und Burgen · Die Reconquista

Im 11. Jahrhundert breitete sich der Islam durch die südwestlichen Senhadscha, die Lemtuna (die «Schleierträger»), weiter nach Afrika hin aus.

Nach einer Pilgerfahrt führten Nomadenführer einen Rechtsgelehrten mit sich, Abdallah ibn Yasin (1039), der sich zu der Auslegung des islamischen Rechts nach den Grundsätzen des Malik ibn Anas bekannte. Jedoch behagten den ungezähmten Nomaden die von ihm verkündeten rigorosen Lebensregeln der malikitischen Orthodoxie nicht (vgl. S. 189). So zog er sich mit einer Gruppe Schüler auf eine Flußinsel zurück, entweder im Niger oder im Senegal, vielleicht auch auf eine kleine Insel vor der Küste Mauretaniens. Hier formierte er um ein Ribat, ein befestigtes Kloster, eine fanatische Kämpferschar aus zu ihm stoßenden Schülern. Sie standen bald im Rufe der Heiligkeit, der die Senhadscha-Stämme dem neuen Sektenführer zuführte, hofften sie doch bei einem ausbrechenden Glaubenskrieg gegen die Bauern und Städter des Nordens rasch Beute zu gewinnen. Die «Leute vom Kloster» (al-murabitun), die Almorawiden, zogen bis zum Niger und zerschlugen das alte Ghanareich. Audaghost, die Hauptstadt, wurde ein Stützpunkt des Islams. Grabungen haben unter anderem eine Moschee aus jenen Jahren nachgewiesen.

Im Norden besetzten die Almorawiden Sidschilmasa und brachten Tausende Zenata um (1055). Drei Jahre später fiel Ibn Yasin, und die Macht übernahm der Militärführer des Nordens, Yusuf ibn Taschfin, der bis zu seinem Tode (1087/88) unbestrittene Führer der Almorawiden. Er legte im Herzen Marokkos um 1060 eine Residenzstadt an, das heutige Marrakesch. Als religiöses Zentrum entstand die große Hofhallenmoschee, die Qutubiya. Von hier aus zogen die Heere nach Norden. 1069 fiel Fès, und der Rif wurde besetzt. Nach der Eroberung Marokkos zogen die Almorawiden ostwärts, nahmen Tlemcen, Oujda, Oran, Ténès und belagerten Algier (1082). Weiter nach Osten stießen sie nicht vor, da die Ereignisse in Spanien sie zum Rückmarsch nach Marrakesch veranlaßten.

Ferdinand I. hatte León, Galicien und Kastilien vereinigt und griff die schwachen Staaten des spanischen Islams mit aller Macht an. Sevilla, Badajoz, Toledo und Saragossa mußten seine Oberhoheit anerkennen. 1063 rief Papst Alexander II. zum Kreuzzug gegen die spanischen Muslime. Auch Aragón schloß sich der antiislamischen Front an. Ferdinand starb 1065. Alfons VI. von Kastilien setzte sich nach der Ermordung seines Bruders Sancho als Herr Nordspaniens durch, nicht ohne unter seinen Rittern auf Widerstand zu stoßen. Der Heerführer seines Vorgängers, Rodrigo Diaz de Vivar, zwang ihn zu schwören, am Tode Sanchos nicht beteiligt gewesen zu sein. Rodrigo ist als der Cid Campeador (Sayyid Campi ductur – der «Herr, der Führer im Feld») berühmt geworden. Sein König verbannte ihn, und er ging nach Saragossa zu den islamischen Fürsten aus dem Hause der Beni Hud.

Im Jahre 1085 erstürmten die Kastilier Toledo, und Alfons nannte sich «Imperator Toledanus». Vom Herrn Sevilias, al-Mu'tamid, forderte er doppelten Tribut. Saragossa wehrte sich verzweifelt gegen die Christen von Aragón und Barcelona. Die Reyes de Taifas des Westens mußten Tribut zahlen, und schließlich blieb ihnen nur die Wahl der Unterwerfung oder der Emigration. In Sevilla entschieden sich die Versammlung der Ulema und der König mit Unterstützung der Herren von Granada und Badajoz, einen Hilferuf an Yusuf ibn Taschfin, den gefürchteten Almorawiden in Marrakesch, zu schicken. Der Sohn al-Mu'tamids warnte vergebens davor. Sein Vater aber erklärte: «Ich will noch lieber die Kamele der Almorawiden weiden als unter den Christen Schweine hüten.»

Am 30. Juni 1086 landeten die Almorawiden bei Algeciras. Al-Mu'tamid und al-Mutawakkil von Badajoz empfingen sie mit ihren Truppen. Alfons, der Saragossa belagerte, eilte mit seiner Armee nach Süden. Bei Zalaqa nahe von Badajoz trafen die Gegner aufeinander. Auf islamischer Seite

81
Granada, Spanien, Alhambra, 14. Jahrhundert

82
Granada, Spanien,
Alhambra,
Tor, 14. Jahrhundert

83
Granada, Spanien, Alhambra, Moschee, Korannische, 14. Jahrhundert

84
Granada, Spanien,
Alhambra, Myrtenhof,
Architekturdetail
der Sala de la Barca,
14. Jahrhundert

85
Granada, Spanien,
Alhambra, Eingang
zum Myrtenhof,
14. Jahrhundert

86
Toledo, Spanien,
«Sonnentor»,
arabisch-spanisch,
13.–15. Jahrhundert

87, 88
Toledo, Spanien,
Alcázar,
14.–16. Jahrhundert

89, 90
Toledo, Spanien,
Kathedrale,
Mudéjar-Einfluß,
14.–15. Jahrhundert

91
Fès, Marokko, die Medina (Stadt)

92
Fès, Marokko, Hof der Qarawiyin-Moschee, 16.–17. Jahrhundert

93
Fès, Marokko,
Medrese al-Attarine,
Dekordetails,
1323–1325

95
Fès, Marokko,
Medrese al-Attarine,
Hoffront, 1323–1325

94
Fès, Marokko,
Qarawiyin-Moschee,
Pavillon
der Sa'adierzeit,
16.–17. Jahrhundert

96
Fès, Marokko,
Hof der
Qarawiyin-Moschee,
16.–17. Jahrhundert

97
Marrakesch, Marokko,
Ben-Yusuf-Medrese,
Innenhof,
16. Jahrhundert

98
Die heilige Stadt Moulay Idris, Marokko,
16. Jahrhundert

99
Moulay Idris, Marokko, Grabmoschee Idris' I.,
16.–19. Jahrhundert

100
Marrakesch,
Marokko,
Qubba Lalla Mas'uda,
16. Jahrhundert

101
Marrakesch, Marokko, Grabmal der Sa'adier, Hauptraum, 16. Jahrhundert

102–104 *(folgende Seiten)*
Marrakesch, Marokko, Grabmal der Sa'adier,
Kapitell, Wanddekor und Stuckwand, 16. Jahrhundert

105
Fès, Marokko,
Medrese Charratine, 1670

106
Fès, Marokko, Funduq (Karawanserei) und Brunnen al-Najjarin, Merinidenzeit, 16. Jahrhundert

107
Meknès, Marokko,
Tür eines Wandschranks
aus dem Haus
eines marokkanischen Bürgers,
um 1690

108
Meknès, Marokko,
Kastenfenster aus der
dem Patio (Hof) zugewandten
Stirnwand eines Schlafraumes,
Obergeschoß eines
marokkanischen Bürgerhauses,
um 1690

109
Meknès, Marokko, Stadttor, 16.–17. Jahrhundert
110
Meknès, Marokko, Tor Djami al-Nur, 17. Jahrhundert

111
Meknès, Marokko, Bab al-Mansur, 1732

112
Tunis, Minarett der Yusuf-Dey-Moschee, 1616

113
Tunis, Minarett der Moschee der Qasba, 1235

114
Kairuan, Tunesien,
Tor und Minarett der
Zawiya Sidi Sahab,
17. Jahrhundert

115
Kairuan, Tunesien,
Blick in den Hof
der «Säbelmoschee»,
Zawiya mit dem Grab des
Marabut Amor Abbada,
1860

116
Matmata, Höhlenstadt in Südtunesien, 16.–19. Jahrhundert

117
Kabao, Tripolitanien, Ruinen einer Speicherburg, bis in das 20. Jahrhundert benutzt

118
Qasr al-Hadsch, Tripolitanien, Ruinen einer Speicherburg, bis in das 20. Jahrhundert benutzt

119
Tafraout im Tal der Ammeln, Marokko

120
Schöpfrad zwischen Meknès und Fès, Marokko

121
Telouet, Südmarokko, Qasba, 17.–19. Jahrhundert

122
Marrakesch, Marokko, Gartenpalast, 19. Jahrhundert

123
Oase im Dades-Tal, Marokko

kämpften die Armeen von Sevilla, Granada, Málaga, Almería und Badajoz sowie die Almorawiden, die aber erst in die Schlacht eingriffen, als die Andalusier dem christlichen Heer zu erliegen drohten. Den türkischen Bogenschützen und der schwarzen Garde der Afrikaner entkamen nur einige hundert Ritter nebst ihrem König. Angeblich sollen 80000 Ritter und 20000 Fußsoldaten gefallen sein.

Dann zogen die Almorawiden wieder ab. Nur 3000 Reiter blieben dem König von Sevilla, al-Mu'tamid. Auf diese Nachricht hin sammelten die Christen sich erneut zum Angriff und stießen auf Murcia und Almería vor. Al-Mu'tamid mußte die Almorawiden erneut um Intervention bitten. Ein erster Vorstoß scheiterte (1089), da Teile der Andalusier Verrat übten. Im Jahre darauf kamen die Almorawiden zurück, voller Haß auf die aus ihrer Sicht verkommenen Aristokraten, die den reinen Islam verraten hätten. Die Könige wurden abgesetzt, nur Sevilla verteidigte sich verzweifelt, bis die Berber eine Bresche in die Mauern schlugen und die Stadt plünderten. Al-Mu'tamid verteidigte sich in der Burg, mußte aber schließlich gegen Zusicherung seines Lebens kapitulieren. Er wurde mit seiner Familie deportiert und im Hohen Atlas in Aghmat interniert. Klagend verabschiedete ihn sein Volk am Ufer des Guadalquivir, wie es der Dichter Ibn al-Labbanah von Denia beschrieb:

«Nicht vergessen kann ich jene Schar am Flusse,
Als man sie in Schiffe verlud wie die Toten in ihre Gräber.
An beiden Ufern drängte sich das Volk, um jene Perlen
Auf dem Schaum des Flusses dahintreiben zu sehn.
Jungfrauen ließen ihre Schleier selbstvergessen fallen,
Und Gesichter zerrissen wie Gewänder.
Der Augenblick kam: Tumult von Abschiedsrufen;
Mädchen und Jünglinge schrien um die Wette.
Von Seufzern begleitet, fuhren die Schiffe dahin,
Gleich einer trägen Karawane, vom Gesange des Treibers angestachelt.
Ach wieviel Tränen fielen da ins Wasser!
Wieviel gebrochene Herzen führten mit sich jene unerbittlichen Boote!»

Als al-Mu'tamid in Tanger anlangte, suchten ihn die Dichter des Landes auf, und er verschenkte an sie seine letzte Barschaft, die er in einem seiner Stiefel aufbewahrt hatte, mit seinem Blute getränkt. Alle Leiden und Qualen der Gefangenschaft hinderten ihn nicht am Dichten, ja seine schönsten und tiefsten Gedichte sind in dieser Not geschrieben. Als man ihn in Ketten schlagen ließ, dichtete er:

«Daß doch diese Eisen nicht glühen,
Und die Hände der Schergen versengen,
Aus Furcht vor dem, von dessen Gnade,
Mutige Männer lebten, und dessen Schwert,
Jene zum Himmel und jene zur Hölle gesandt!»

Auf sein Leben zurückschauend, schrieb er:

«Jegliches Ding hat seine Frist,
Der Tod selbst stirbt der Dinge Tod.
Das Schicksal hat die Farbe des Chamäleons,
Sein Zustand selber ist Veränderung.
Wir sind in seiner Hand dem Schachspiel gleich.
Und vielleicht wird um den Bauer der König verspielt.
Drum schüttle ab die Welt von dir und ruhe,
Denn Erde wird zu Wüste und Menschen sterben.
Und sprich zu dieser niedrigen Welt:
Der höheren Welt Geheimnis verbirgt
Aghmat ...»

(nach Burckhardt, 1970, S. 131).

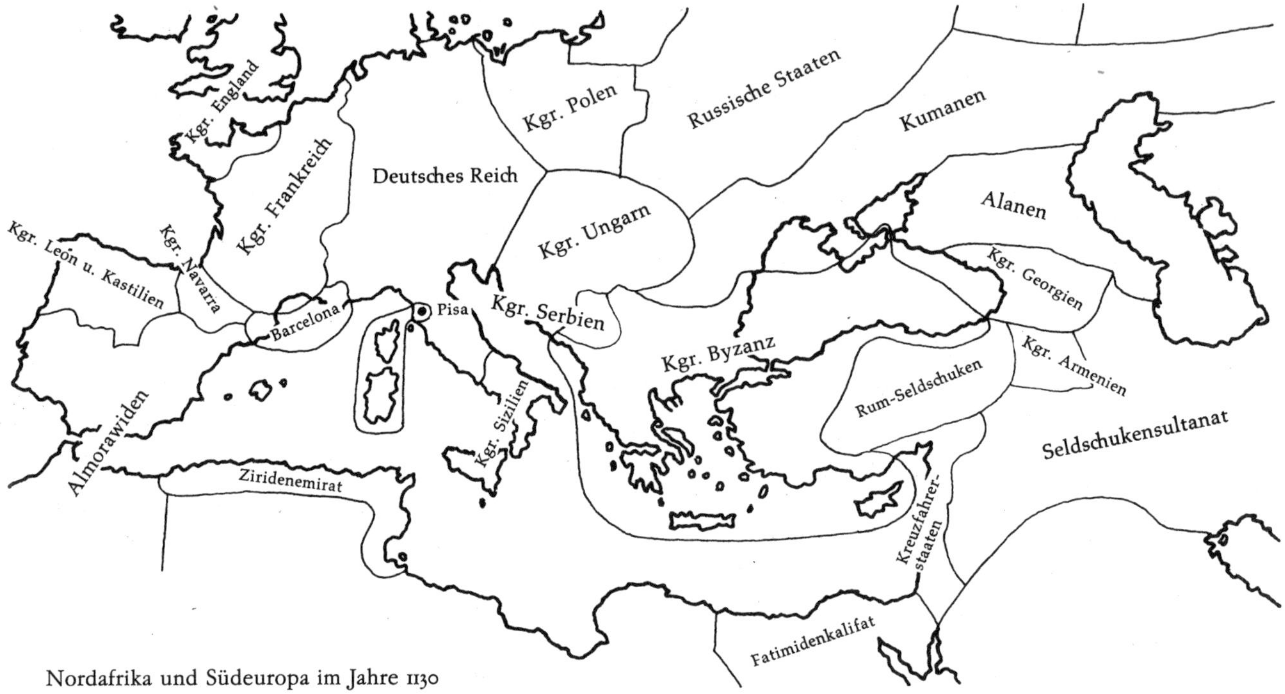

Nordafrika und Südeuropa im Jahre 1130

Saragossa blieb als Pufferstaat erhalten, und in Valencia behauptete sich der Cid bis zu seinem Tode (1099). Die Stadt ergab sich drei Jahre später den Almorawiden. Als Yusuf ibn Taschfin 1106 starb, hinterließ er seinem Sohn Ali ein afrospanisches Reich.

Die Almorawiden setzten in Spanien Gouverneure ein, unter denen die spanische Kultur erhalten blieb, ja sogar auf Marokko zurückwirkte. Spanische Handwerker wurden nach Fès verpflanzt und bildeten dort ganze andalusische Wohnviertel.

In Spanien lebten in jener Zeit bedeutende Wissenschaftler, so die Medizinerdynastie der Ibn Zuhr, die als Avenzoar in die europäische Wissenschaftsgeschichte eingegangen ist. Die Architektur wurde in den Traditionen des westlichen Islams weitergeführt.

Die Große Moschee von Granada wurde für die Ziriden erbaut (1055). Sie wurde später in eine Kirche umgewandelt, die noch erkennen läßt, daß es sich um eine elfschiffige Hallenmoschee gehandelt haben muß. Die Kapitelle stammen offenbar zum Teil aus einem umaiyadischen Palast.

Die Almorawiden waren große Bauherren. In Marrakesch fanden sich Reste der Moschee Yusuf ibn Taschfins. In Algerien sind drei Moscheen aus dieser Zeit erhalten: die Moschee von Nedroma, die Moschee von Tlemcen und eine Moschee in Algier. Der Bau in Algier ist 1096 entstanden. Der Bau von Nedroma trägt eine Inschrift des Yusuf ibn Taschfin. Die Anlage von Tlemcen weist eine Inschrift von 1136 auf. Es ist ein Bau von dreizehn Schiffen. Die Qarawiyin-Moschee in Fès, das Hauptheiligtum und die Universität des Westens, entstand in drei Etappen 859, 956 und 1135. Der Bauplan gleicht östlichen Formen. Die Gründerin war Fatima, die Tochter des Mohammed al-Fihri. 956 ließen die Zenata den Bau erweitern. Unter den Almorawiden erhielt er seine heutige Form.

Die Qubba der Sa'adier in Marrakesch wurde unter Ali ibn Yusuf gebaut. Sie ist ein rechteckiger Kiosk mit Waschanlage und Toiletten.

Palastbauten der Reyes de Taifas stehen in Saragossa, so die Aljaferia, die für die Beni Hud errich- *Tafel 54–58* tet wurde. Die alten Teile des Alcázar von Sevilla gehen auf die Residenz der Abbasiden in Bagdad zurück und sind von einem rechteckigen Hof mit Bassin und zwei Galerien gekennzeichnet. In Málaga sind Wohnhäuser in der Qasba entdeckt worden.

Der Palast von Málaga (11. Jahrhundert) schließt sich mit seinem Empfangssaal mit dreifachem Ein- *Tafel 59–62* gang an Formen der umaiyadischen Kunst an. Bei Murcia stehen auf einer Bergkuppe die Ruinen einer Burg der Merdemich-Dynastie (1147–1171). In Marrakesch befinden sich die Ruinen des Almorawidenpalastes aus dem frühen 12. Jahrhundert. Drei Höfe mit Wasserbassins sind von Säulen umgeben.

Aber die Almorawidenmacht sollte nicht von langer Dauer sein. Die Christen setzten zu neuen Angriffen an. Saragossa fiel 1118 an Aragón, und in Nordafrika entstand den Almorawiden ein tödlicher Gegner (1121), die Almohaden. Die Christen nutzten die Stunde. 1125 und 1126 stießen die Aragonier tief nach Süden vor, und 1133 schlossen sich ihnen die Kastilier wieder an. 1144 und 1145 zwangen Aufstände die Berber zum Abzug, und bis 1170 regierten nochmals Kleinkönige Südspanien.

2. *Al-Muwahhidun – die «Einheitsbekenner»*

Der Sturm der Masmuda · «Gott ist der Erste und der Letzte» · Der Imam in Tinmal · Der Fall von Fès · Der Sieg vor Alarcos · «Die blühendste Stadt des Maghrib» · Die zweite Qutubiya · Die Ruine der Hasan-Moschee · Farbiger Dekor · Hufeisenbögen · Die Rebellion des Ibn Dschania · Der Abfall der Hafsiden · Der «König von Tunis» · Die Entscheidungsschlacht bei Las Navas de Tolosa

Um 1130 brach aus den Bergen des Hohen Atlas eine neue Welle von fanatisierten Glaubenskriegern hervor. Die Masmuda, Halbnomaden der Hochebenen, hatten sich um den Religionsgelehrten Ibn Tumart als ihren Mahdi vereinigt, der in Córdoba, Alexandria, Mekka und Bagdad studiert hatte. Er war von der Mystik al-Ghazalis beeinflußt und stellte die Einheit Gottes, den Tauhid, ins Zentrum seiner Lehre. Er predigte in Berber, so daß er den Stammesmitgliedern verständlich war: «Es gibt keinen Gott außer dem, auf welchen alles Dasein hinweist und von dem alle Geschöpfe bezeugen, daß er unbedingt und unendlich ist, frei von aller Bestimmung durch Zeit, Raum, Richtung, Grenze, Art, Form, Gestalt, Maß, Verhältnis oder Zustand. Er ist der Erste, dem nichts nachfolgt, der Letzte, dem nichts vorausgeht. Einzig ist er, ohne irgendwo zu sein, erhaben, ohne irgendwie zu sein, liebenswert, ohne etwas zu gleichen. Der Verstand kann ihn nicht erfassen, die Phantasie nicht vorstellen, die Gedanken nicht erreichen, die Vernunft nicht beschreiben ...» (nach Burckhardt, 1960, S. 26)

Ibn Tumart hatte den Sittenverfall im Almorawidenstaat scharf kritisiert und war vor den Verfolgungen der Ulema in die Berge zu den Stämmen der Hochebenen geflohen. Den Masmuda erschien er als der Mahdi, der Rechtgeleitete. Er lebte als Asket und berief sich auf die von den Schiiten nach Nordafrika getragene Lehre des auf Erden weilenden Vertreters des Propheten, des gottgleichen Imams. Im Hochtal von Tinmal sammelte der Imam seine Anhänger, die Einheitsbekenner (al-muwahhidun), verstarb aber vor dem Beginn der Expansion nach Nordafrika. Sein Nachfolger Abd al-Mu'min zog mit seinen Berbern durch Nordafrika und eroberte 1144/45 Oran

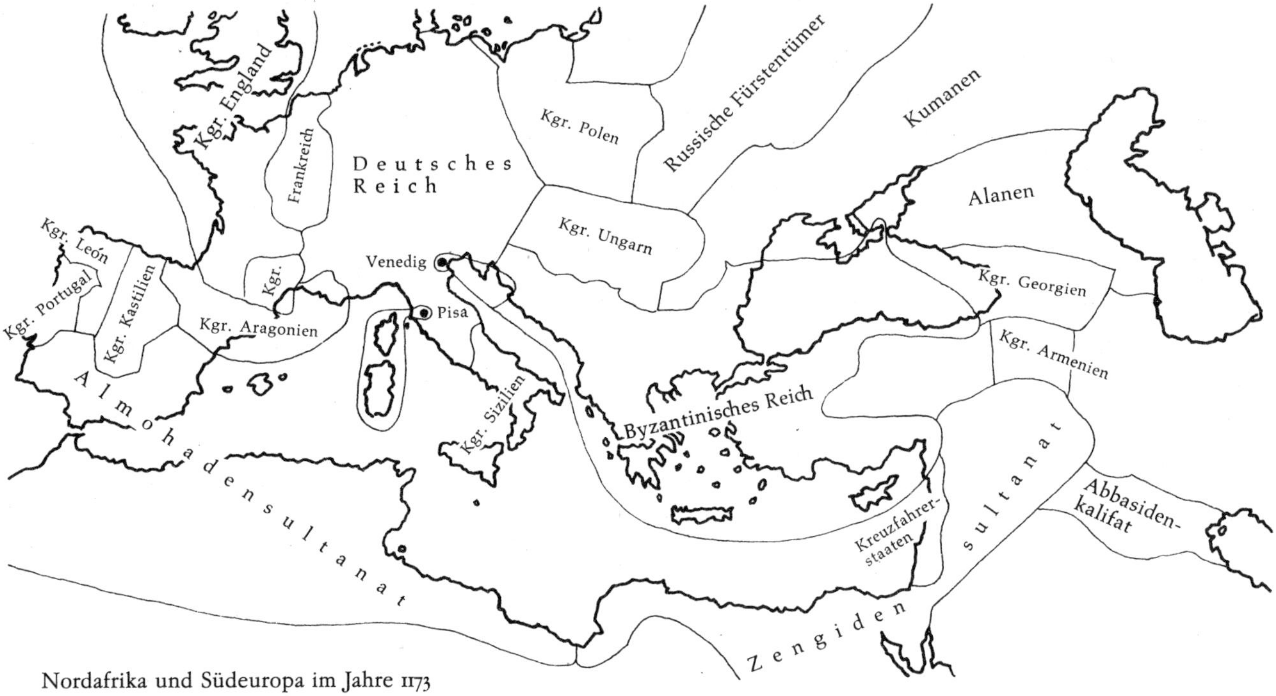

Nordafrika und Südeuropa im Jahre 1173

und Tlemcen, 1146 Fès und Marrakesch. Ein Jahr darauf erhoben sich die Spanier gegen die Almorawiden und riefen Abd al-Mu'min zu Hilfe. Die erste Stadt, die almohadisch wurde, war Sevilla (1171/72). Der Almohadenkalif Abu Yaqub Yusuf fiel 1184 vor Santarém bei Lissabon. Sein Nachfolger al-Mansur handelte mit Kastilien und León einen Waffenstillstand aus, um sich Zeit für die Entscheidungsschlacht zu verschaffen. Vor Alarcos errangen die Almohaden nochmals einen triumphalen Sieg gegen die Kastilier. Das islamische Spanien schien im Bunde mit Nordafrika nochmals aufzuleben.

Zum äußeren Zeichen des Anbruchs einer neuen Zeit ließ der Kalif Abu Yusuf Yaqub al-Mansur anstelle der traditionellen runden Geldstücke quadratische Münzen prägen. Sie sollten das Ende des geschichtlichen Kreislaufes anzeigen, da mit dem Auftreten des Mahdi die Endzeit begonnen habe.

Die Almohaden haben viele Prunkbauten hinterlassen. Der Chronist Ibn Abi Zar berichtete in seiner «Raud al-Qartas»: «Es war zur Zeit der Almohaden, daß Fès im höchsten Glanze seines Reichtums und seiner Pracht erstrahlte. Damals war es die blühendste Stadt des Maghrib. Unter der Herrschaft von al-Mansur dem Almohaden und seinen Nachfolgern zählte man in Fès siebenhundertfünfundachtzig Moscheen und Ordenshäuser, zweiundvierzig Häuser der Reinigung und achtzig Brunnenanlagen, die alle mit dem Wasser aus Quellen und Bächen gespeist wurden. Es gab dreiundneunzig öffentliche Dampfbäder und vierhundertzweiundsiebzig Mühlen innerhalb und längs der Mauern, ohne jene zu zählen, die sich außerhalb der Stadt befanden.» Derselbe Chronist zählt über neunundachtzigtausend Wohnhäuser, an die zwanzigtausend Lagerhäuser, Hunderte von Herbergen für Kaufleute, Reisende und Obdachlose, über neuntausend Läden, zwei Handelsviertel (Qaisariya), eines im Stadtteil der Kairuaner und eines im Stadtteil der Andalusier, und außerdem Tausende von Werkstätten, darunter Gerbereien, Färbereien, Kupferschmieden, öffentliche Backöfen und Waschanstalten auf. In seinem Werk heißt es: «Die Färbereien befanden sich in der Nähe des Wassers zu beiden Seiten der Landzunge, die den Hauptfluß scheidet. Die Krapfenbäcker, Zuckerbäcker und Garköche bauten ihre kleinen Öfen in derselben Gegend, und über ihnen, im zweiten Stock, ließen sich die Tuchweber nieder ... Es gab in Fès auch vierhundert Papierfabriken, doch wurden sie alle zur Zeit der Hungersnot unter der Regierung von al-Adil und seinen Brüdern al-Ma'mun und al-Raschid in den Jahren 618 (1221) bis 638 (1240/41) vernichtet. Diese Fürsten, die während jenen zwanzig Jahren des Unglücks und der Armut herrschten, wurden dann von den Meriniden verdrängt, welche das Land emporbrachten und die Sicherheit der Wege wiederherstellten.» (nach Burckhardt, 1960, S. 60)

Tafel 63 64 In Tinmal steht eine Hofmoschee mit prachtvoller Ausstattung. Zu ihr gehört auch das Grab Ibn Tumarts. Neu war im Verhältnis zu den Säulenhallen der Umaiyadenmoscheen die Verwendung gemauerter Pfeiler, die tiefansetzende, schwere Hufeisen- beziehungsweise Spitzbögen trugen.

Abd al-Mu'min ließ in Marrakesch kurz nacheinander zwei Qutubiya-Moscheen bauen. *Tafel* 68–72 Erhalten ist eine Anlage mit siebzehn Schiffen. Vergleichbar war ihr die spätere Moschee von Sevilla, die Abu Yaqub 1171 an der Stelle einer umaiyadischen Moschee erbauen ließ. Heute erhebt sich an ihrer Statt die Kathedrale. Nur das Minarett, die Giralda, blieb als Glockenturm erhalten. Es gleicht dem Minarett der Qutubiya. Der Aufbau stammt aus christlicher Zeit. Ein drittes Minarett dieser *Abb. S. 178, Tafel* 65, 66 Form und Höhe (44 Meter) befindet sich vor der Ruine der Hasan-Moschee in Rabat, einem Bau von 180 mal 139,40 Meter Fläche mit vierzig Toren. In Marrakesch ist in der Qasba eine Moschee al-Mansura erhalten, und auch die Andalus-Moschee in Fès wurde in almohadischer Zeit errichtet.

In Spanien überstanden drei kleinere Moscheen die Reconquista, da sie in Kirchen umgewandelt wurden. Es sind die Qasba-Moschee von Badajoz, die Ermita d'Almonaster la Real in der Provinz Huelva und eine Kirche bei Sevilla.

Unter Yaqub al-Mansur wurden in Spanien und Nordafrika die ersten Medresen (religiöse Hochschulen) errichtet, denen jedoch die im Osten oft reizvolle Planung fehlt. Es sind in der Regel reine Zweckbauten im Hofhausstil, denen nur der baugebundene Dekor künstlerischen Wert verleiht.

Im Wehrbau ersetzte seit den Almohaden der Ziegel den Haustein. Die Tore erhielten künstlerischen Schmuck und gewannen größere Bedeutung als Befestigungsanlagen. Berühmt sind das Bab Agenaou in Marrakesch, das «Sonnentor» in Toledo und zwei Tore Rabats. *Tafel* 73, 86 Den besten Eindruck almohadischer Festungsbaukunst vermittelt die Sperrfestung Alcala de Guadaira an der Straße nach Sevilla. Weitere Festungen gab es im Rif, an

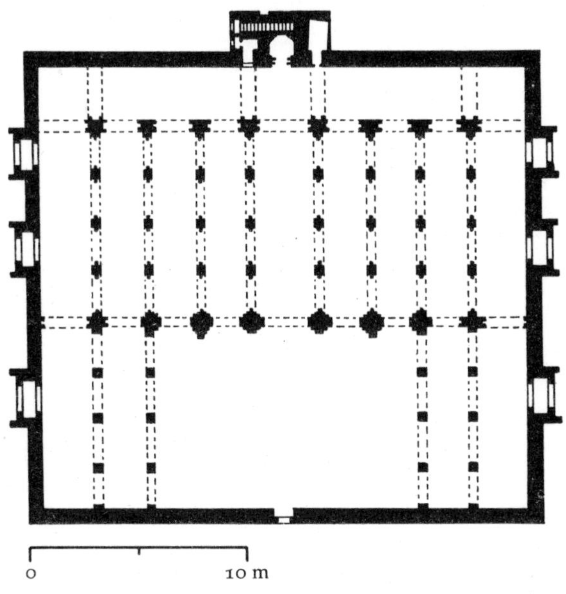

Die Moschee von Tinmal, Almorawidenzeit, Grundriß

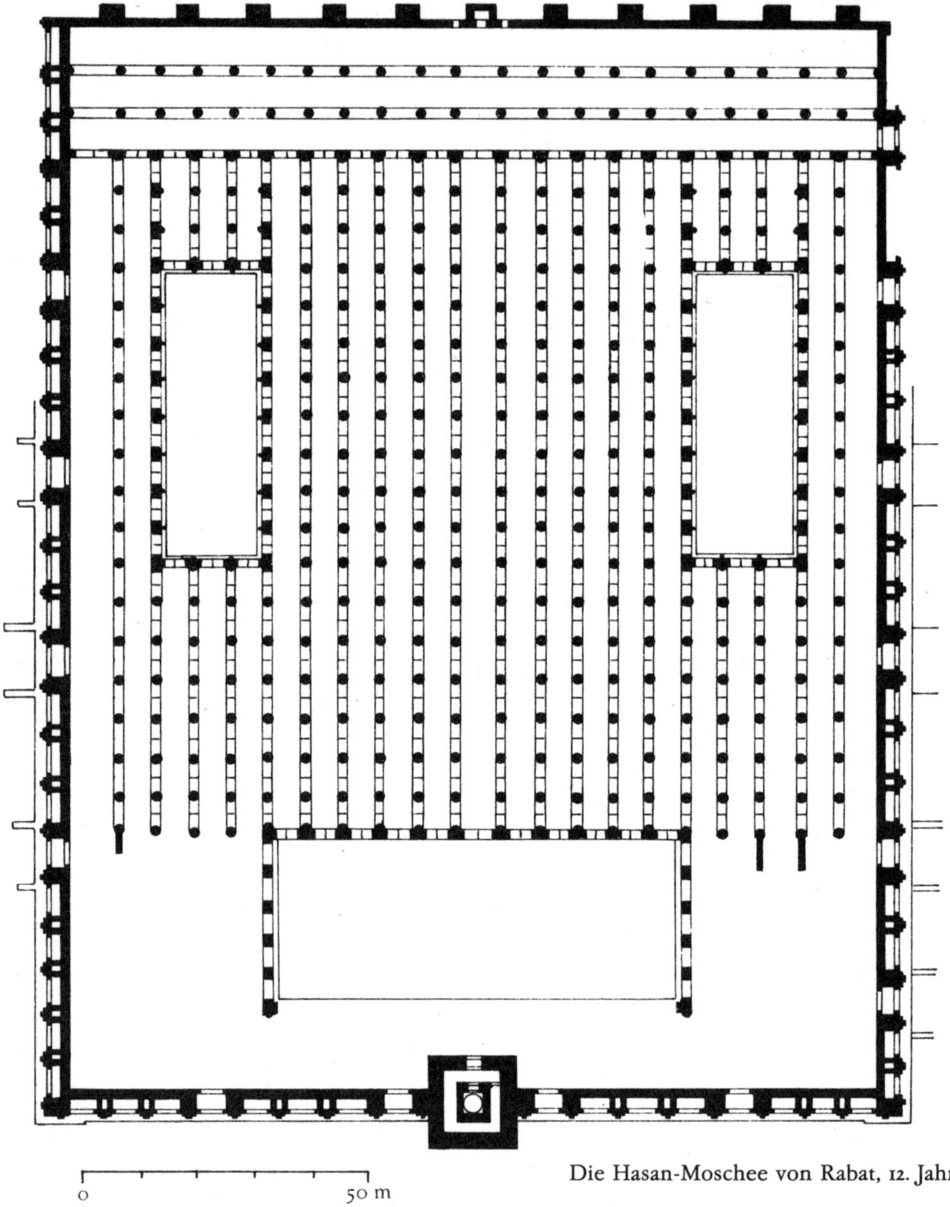

Die Hasan-Moschee von Rabat, 12. Jahrhundert, Grundriß

den Küsten Marokkos und am Guadalquivir, die nur in Ruinen erhalten blieben. Die Städte Marokkos und Spaniens wurden ebenfalls befestigt, so Taza, Sevilla, Rabat und Córdoba. Kanalbauten entstanden in Rabat, Staudämme und Aquädukte in Marrakesch.

Bäder nahmen im islamischen Stadtleben einen großen Raum ein. Daher sind in Spanien und Marokko mehrere reizvolle Bauten dieser Art erhalten. Yaqub al-Mansur war auch der Bauherr eines der bedeutendsten Krankenhäuser des Maghrib. Es entstand in Marrakesch.

Im Baudekor war die Polychromie aufgegeben worden. An ihre Stelle trat der Schmuck durch Ziegelmuster, Keramikplatten und Stukkaturen. Mit den Almohaden begann die Entwicklung der maghribinischen Stukkatur, die immer mehr verfeinert und mit der die Ziegelarchitektur verkleidet wurde. Ein Musterbeispiel frühen Almohadendekors ist der Mihrab von Tinmal.

Farbige Terrakottafriese nach persischen Vorbildern schmücken mehrere Bauten, so den Turm der Qutubiya in Marrakesch. Als Dekorformen dienten große Hufeisenbögen und ausgeschnittene Hohlbögen.

Im Osten ihres Reiches sahen die Almohaden schon unter Abu Yaqub Yusuf ihre Herrschaft bedroht. Tunesien war relativ leicht an die Almohaden gefallen. Aber dann rebellierte Gafsa, und aus Ägypten drang ein Mamluk des Sultans Saladin nach Ifriqiya vor und bedrohte zehn Jahre lang die Almohaden. Als er vertrieben war, herrschte Hunger im Lande, Räuber und Nomaden verheerten die Bauernregionen. Von Mallorca aus versuchte ein Nachkomme der Almorawiden, Ali ibn Ishaq ibn Dschania, der sich dort behauptet hatte, eine Wiedereroberung Nordafrikas. Er landete mit 4000 Mann in Bujaya, sammelte um sich versprengte Hilalis und Hammaditen und gewann die Banu Solaim und die Truppen Saladins für sich. Der Kalif griff ein und drängte die Rebellen nach Süden ab (1188). Nach dem Tode Ali ibn Dschanias eroberte sein Bruder Yahya Mahdiya, Tunis, Annaba und Kairuan (bis 1203). Er unterstellte sich dem Kalifat von Bagdad. Der Almohadenführer al-Nasir (1198–1213) nahm als erstes die Basis der Rebellen, die Balearen, ein und landete dann mit überlegener Truppenmacht bei Tunis. Die Araber Ifriqiyas fielen ihm zu, und Yahya floh nach Süden. Bei Gabes erlagen die Rebellen einer Armee unter Abd al-Walid ibn Abi Hafs, den al-Nasir zum Dank dafür als Gouverneur Ifriqiyas einsetzte.

Im Jahre 1227 ließ sich der Almohadenprinz Idris al-Ma'mun ibn Yaqub al-Mansur ibn Yusuf ibn Abd al-Mu'min in Sevilla zum Emir ausrufen und traf in Marokko auf erbitterten Widerstand. Der König von Kastilien stellte ihm eine Armee von angeblich 12000 Reitern zur Verfügung, mit der er Marokko unterwarf. Ein Blutbad raffte die Almohadenfamilie hinweg, und Idris al-Ma'mun sagte sich von der Lehre Ibn Tumarts los, die er nun als Ketzerei bezeichnete. Als äußeres Zeichen ließ er die quadratischen Münzen des Kalifen Yaqub al-Mansur wieder einschmelzen.

Stämme rebellierten, und Aufstände brachen aus. 1228/29 fielen die Hafsiden von Marrakesch ab und beherrschten für drei Jahrhunderte Ifriqiya. Den Vorwand dafür lieferte die Abkehr des Almohadenherrschers von der Lehre Ibn Tumarts. Der Emir Abu Zakariya ließ die Gebete bis 1237 im Namen eines machtlosen Gegenkalifen leiten. Seit dieser Zeit berief er sich auf den «orthodoxen» Kalifen. Den christlichen Staaten galt er als «König von Tunis». Während er seinen Staat organisierte, brach in Spanien die Herrschaft der Almohaden zusammen. Im Jahre 1212 erlagen die Muslime bei Las Navas de Tolosa dem gemeinsamen Angriff der Könige von León, Kastilien, Navarra und Aragón. Die Almohaden mußten Spanien räumen.

1269 beendeten die Meriniden die Herrschaft der Almohaden in Marrakesch. In Granada hatten 1237 die Nasriden die Macht an sich gerissen und sich 1246 den Kastiliern als Vasallen unterstellt. Ein Zeitalter ging zu Ende, das vor allem in der Geistesgeschichte Großes geleistet hatte.

3. Al-Andalus als Zentrum der Weltkultur

Al-Andalus · Die Lehrmeister Europas · Die «Besitzer des Buches» · Muslime – Christen – Juden · «Leuchte der Könige» · Sprache der Gebildeten · Märtyrer · Bischof Elipandus und die

Adoptionslehre · Die Apokalypse des Johannes · Mosche ben Maimun · Der «Führer der Verwirrten» · Das Judentum der Sephardim · Die neuhebräische Literatur in Spanien · Der Leibarzt der Kalifen · Der jüdische Chan der Chasaren · Salomon Gabirol · Slawen in Spanien · «Das Halsband ohnegleichen» · Gedichte der Wallada · Die mystische Dichtung · Die Malerei in Worten · Die Furcht des Dichters · Die Zadschaldichtung · Die verschleierte Geliebte · Die Robinsonade des Ibn Tufail · Das Regime der Malikiten · Die Zahiriden · Die Mystik des Ibn Masarra · Der Protest des Philosophen Averroes · Der Kommentar zu Aristoteles · Die Ewigkeit der Welt · Die Allheit des Geistes · Al-Arabi aus Murcia · Die Hülle der Wahrheit · Die Wissenschaft im islamischen Spanien · Zidsch al-Sindhind · Azarquiel · Die Übernahme der «Null» · Abenar, der Mathematiker der Juden · Der Arzt Avenzoar

Das islamische Spanien und der mit ihm verbundene Maghrib bildeten für Jahrhunderte ein höchst fruchtbares Zentrum der Weltkultur, in dem orientalische und griechische Traditionen ineinander verwoben, höher entwickelt und schließlich in das christliche Europa und später nach Amerika weitergetragen wurden. Auch Sizilien und Italien dienten als Vermittler orientalischer Kultur nach Europa, aber es waren hier vorwiegend Techniken und Kunstformen, während der spanische Beitrag weit darüber hinausging und wesentliche Grundlagen europäischer Philosophie, Dichtkunst und Wissenschaften schuf, vergleichbar der Rolle von Byzanz, das von ähnlicher Wirkung gewesen ist. Bis in das 13. Jahrhundert war der Mittelmeerraum der Lehrmeister des Nordens, und einer der führenden Präzeptoren Europas war das Spanien des Islams. Offenbar war das Zusammentreffen christlicher, jüdischer und islamischer Kulturen mit der Polyglottie der Städte, in denen Arabisch, Romanisch, Berber, Hebräisch, Griechisch, Slawisch und Germanisch gesprochen wurde, ein fruchtbarer Nährboden im Wettstreit der verschiedenen Religionen, Philosophien und Literaturen.

Zwar scheiterte der Versuch der gebildeten Umaiyadenkalifen Abd al-Rahman III. und al-Hakam II., durch die Schaffung der größten Bibliothek ihrer Zeit in Europa der Wissenschaft ein festes Fundament in Córdoba zu geben. Aber selbst die fanatischen Ulema ließen Medizin und Mathematik gelten, und der große Anteil nichtmuslimischer Bevölkerung zwang zur Einhaltung der schon von Mohammed gebotenen Toleranz gegenüber den «Besitzern des Buches», den Juden und Christen, sosehr auch immer wieder Rivalität und Fanatismus durchbrachen. Sie erreichten nie den Wahn der Inquisition, die nach der Reconquista Juden und Muslime mit Feuer und Schwert aus Spanien vertrieb und damit die Blüte des Landes knickte.

Schon die Eroberung im 8. Jahrhundert war von Verträgen begleitet, die Juden und Christen ihre Gotteshäuser sowie den persönlichen Besitz ließen. Die Auflösung des gotischen Großgrundbesitzes und die Freisetzung seiner Sklaven müssen ebenfalls als Befreiung aufgenommen worden sein, genauso wie die Beseitigung der harten Unterdrückung der Juden durch die zum Katholizismus übergetretenen Goten und die Kirche der Romanen. Jüdische und christliche Gemeinden waren nun autonom; sie hatten ihre eigenen Gerichte, Priester und «Grafen».

Die Tendenz zur Askese wurde besonders von gläubigen Muslimen begrüßt. So pries der Rechtsgelehrte Abu Bakr Mohammed ibn al-Walid al-Turtuschi in seinem Fürstenspiegel «Siradsch al-Muluk» (Leuchte der Könige) das Vorbild christlicher Anachoreten.

Arabisch wurde zur Sprache der Gebildeten und zur Hauptliteratursprache. Christen wie Juden sprachen sie, so daß Kirchenedikte ins Arabische übersetzt werden mußten, um im Süden verstanden zu werden. Die Mozaraber und die führenden Geister der Juden, wie Ibn Gabirol oder Maimonides, schrieben in der Sprache Mohammeds.

124
Granada, Spanien, Alhambra, Generalife, der Park der Damen, 14. Jahrhundert

125
Granada, Spanien, Alhambra, Hof des Comares-Palastes, Nordseite des Myrtenhofes, 14. Jahrhundert

126
Granada, Alhambra, Hof des Comares-Palastes, Südseite des Myrtenhofes, 14. Jahrhundert

127
Granada, Spanien, Ostfassade der Alhambra, Tor «Puerta del Vino», 14. Jahrhundert

128
Granada, Spanien, Alhambra, Blick in den Löwenhof, 14. Jahrhundert

129
Granada, Spanien, Alhambra, Löwenhof, Ostseite, 14. Jahrhundert

Die Emire bemühten sich, die Kirche unter Kontrolle zu halten. So beriefen sie die Konzile ein und griffen auch unmittelbar ein, wenn auftretende Fanatiker den Frieden im Lande störten. Unter Abd al-Rahman II. suchten beispielsweise christliche Schwärmer den Märtyrertod, indem sie Mohammed vor den muslimischen Kadis öffentlich schmähten, ein Vergehen, das mit der Todesstrafe geahndet wurde (um 850). Als etwa ein Dutzend Männer und Frauen trotz des guten Zuredens der betroffenen muslimischen Richter auf diese Weise ihr Leben verloren hatten, verbot ein Dekret des Emirs den Märtyrertod und veranlaßte ein Konzil (852), das freiwillige Martyrium dem als unchristlich empfundenen Selbstmord gleichzusetzen. Der konsequente islamische Monotheismus, für den Gott als das Wesen der Welt keine Gefährten haben kann, verstärkte in der spanischen Kirche die alte Diskussion um das Wesen Jesu. Auf dem Konzil von Sevilla (784) trat das Oberhaupt der gotischen Kirche, der Erzbischof Elipandus, mit einer Adoptionslehre auf. Die Gottessohnschaft bestehe im Logos, im Geist, im Wort. Ansonsten sei Jesus nur ein Adoptivsohn Gottes, ein Mensch wie die anderen Heiligen.

Er fand erbitterten Widerspruch in Asturien, außerhalb des islamischen Staates. Beatus von Liebana schrieb einen Kommentar zur Apokalypse des Johannes gegen Elipandus, ein Werk, das weit verbreitet wurde und von den fränkischen Synoden durch scharfe Erklärungen gegen die Adoptionslehre unterstützt wurde. Es sind mehrere Handschriften erhalten, deren Buchmalerei islamische Einflüsse mit antiken Traditionen zu höchst eigenartigen Gebilden verbindet.

Tafel 131–135

Unter den Juden, die bis zum Triumph der Almohaden relativ ungestört lebten und zeitweise – wie unter Abd al-Rahman III. – Wesire stellten, hinterließ die Auseinandersetzung mit dem islamischen Monotheismus, vor allem in seiner mystischen Ausprägung, deutliche Spuren. Berühmt wurde Mosche ben Maimun, der Maimonides der Lateiner, der in Córdoba wirkte, dann aber nach Marokko und schließlich nach Ägypten fliehen mußte und Leibarzt Salah al-Dins (Saladins) wurde. Sein «Führer der Verwirrten», in hebräischer und arabischer Sprache verfaßt, gehört zu den Hauptwerken arabisch-griechischer Philosophie. Maimonides hatte in Bahya ben Pakuda im 11. Jahrhundert einen Vorgänger, dessen «Einleitung in die Pflichten der Herzen» die Grundlage sephardischen Judentums wurde. Er hat die jüdische Mystik bis nach Rußland hin geprägt.

Die Juden erlebten ihre dritte kulturelle Blütezeit im 11. und 12. Jahrhundert. Die Gemeinden in Saragossa, Granada, Málaga, Murcia, Córdoba und Sevilla trugen die Renaissance hebräischer Literatur. Ihre Grundlagen sind seit dem 10. Jahrhundert faßbar, so in Gestalt der ersten Grammatik, der des Gaon Sa'adya (892–942). Ein Förderer der Wissenschaft war Hasday ben Jishaq Schaprut, der Leibarzt Abd al-Rahmans III. und al-Hakams II. Er unterstützte den ersten hebräischen Lexikographen Menahem ben Seruq und den Dichter Dunasch ben Labrat, der die arabischen Versmaße ins Hebräische einführte. Hasday wurde als Unterhändler mit den Boten Ottos I. bekannt. In seinem Auftrag ist auch der Brief an den Chasarenchan Joseph geschrieben worden, dessen Antwort erhalten ist und zu den wenigen Quellen über die zum Judentum übergetretenen Türken an der Wolga gehört.

Im 11. Jahrhundert spielte der Han-Nagid (Fürst) Samuel Hallevi ben Naghrallah als Wesir des Fürsten Habbus in Granada eine bedeutende Rolle. Als Hofdichter beschäftigte er Salomon Gabirol (1021/22–1070), dessen Lehrgedicht die hebräische Mystik stark beeinflußt hat. Das jüdische Zentrum in Granada wurde 1066 in einem Aufstand der isla-

130
Sevilla, Spanien, Palast Don Pedros des Grausamen, Innenhof, Stuckdekor, 14. Jahrhundert

mischen Städte blutig beseitigt. Ibn Gabirol floh nach Saragossa.

Die Westgoten waren relativ rasch in den christlichen Mozarabern und den muslimischen Muwalladun aufgegangen. Nur einzelne Personennamen lassen auf die germanische Herkunft einiger Literaten Spaniens schließen. Besonderheiten sind nicht zu erkennen. Ähnlich verhält es sich mit den Saqaliba, den slawischen Leibgarden und ihren Nachkommen. Zwar hat unter Hischam II. ein Habib al-Siqlabi ein Buch über die slawischen Dichter Andalusiens geschrieben, aber auch sie verfaßten ihre Werke arabisch und nicht in ihren heimischen Idiomen.

Die Saqaliba stammten ursprünglich aus dem ostelbischen Slawenland und vom Balkan. Später galt diese Bezeichnung für alle Sklaven. Sie haben zweifellos untereinander noch einige Generationen Slawisch gesprochen; so ließ beispielsweise der fatimidische Kalif al-Mu'izz al-Muzaffar den Gouverneur von Tripolis für einen slawischen Fluch hinrichten. Es wird berichtet, er habe eigens, um diesen Ausruf seines hohen Offiziers zu verstehen, Slawisch gelernt.

Aber die Saqaliba waren des Lesens und Schreibens in ihrer Muttersprache unkundig und assimilierten sich als Minderheit rasch. Die Beherrschung des Arabischen gehörte zu den Voraussetzungen, daß sie am Hof Karriere machen konnten. So waren Saqaliba Generäle, wie Ghalib, der Feldherr al-Hakams, oder Dschauhar, der Gründer Kairos. Andere beaufsichtigten die Arsenale und Werkstätten, beispielsweise als Sahib al-Tiraz, als Aufseher der Textilmanufakturen des Hofes. Sie traten wohl samt und sonders zum Islam über und wurden Araber.

Auch als einige Saqaliba zu Reyes de Taifas aufstiegen, ließen sich keine slawischen Kulturelemente fassen, die auf sie zurückgehen könnten. Vielleicht hängen bestimmte Züge der fatimidischen figurativen Kunst oder die Vorliebe für dunkle Farben im spanischen Textilgewerbe mit ihnen zusammen. Der Kunsthistoriker Ernst Kühnel verglich die nordische Ziertechnik, zum Beispiel des Osebergschiffes, mit den islamischen Ornamenten und verwies auf die Parallelen zwischen skandinavischer und fatimidischer Kunst (Kühnel, 1934, S. 288–289).

Die spanisch-islamische Dichtung setzte in der Umaiyadenzeit mit Klageversen Abd al-Rahmans I. und Gedichten umaiyadischer Prinzen ein. Aber selbst das Kompendium des Ibn Abd Rabbih (860–940), «Das Halsband ohnegleichen», bietet überwiegend Proben orientalischer Poeten. Neu war nur die im 10. Jahrhundert entstandene Muwaschschah-Dichtung, die Verbindung arabischer beziehungsweise hebräischer Gedichte mit romanischen Schlußversen.

Erst die Zeit der Kleinkönige, der Muluk al-Tawa'if (nach 1030), hinterließ eine Fülle von Gedichten und literarischen Sammelwerken. Noch in der Umbruchsphase schrieb Ibn Hazm (994–1064) seinen «Ring der Taube». Oft zitiert wurden die Verse der Prinzessin Wallada und ihres Geliebten Ibn Zaidun (1003–1070), der seine unglückliche Liebe in Versen besang.

Die arabische Dichtung setzt eine hohe Bildung in der komplizierten Grammatik voraus, und so fehlt das einfache Volkslied weitgehend. Beherrschend war das kunstvolle Gedicht, in dem sich der ganze Kunstsinn einer Kultur auslebte, der die malikitische Orthodoxie die bildende Kunst nahezu völlig versagte. Hinzu kam ihre mystische Grundlage, die ein Wein- oder Liebesgedicht auch als Hingabe an Allah und den Islam verstehen ließ.

Der Abbaditenhof in Sevilla war eine Pflegestätte der Poesie, an der auch die Könige in Versen ihr Schicksal besangen. Die Formen waren so reich wie die im Deutschen nicht wiederzugebende Feinheit der sprachlichen Gestaltung. Der Geheimschreiber des al-Mu'tamid von Sevilla

(1012–1069), Abu l-Hasan Ali ibn Hisan, malte geradezu in Worten:

«Nichts betrübte mich so sehr wie die Taube, die auf einem Zweige gurrte,
zwischen der Insel und dem Fluß.
Pistazienfarbig war ihr Kragen, von Lapislazuli ihre Brust, schillernd ihr
Hals, und kastanienbraun ihr Rücken und das Ende der Schwingen.
Über die Rubinen ihrer Augen senkten sich Lider von Perlen mit einem goldenen Rande.
Schwarz war die Spitze ihres Schnabels, ein silbernes Schreibrohr in Tusche getaucht.
Sie lehnte sich auf ihrem Aste zurück wie auf einem Throne, den Hals unter den Flügel geborgen.
Doch als sie meine Tränen rinnen sah, schreckte sie mein Weinen, und sie reckte sich empor auf dem Zweige,
Öffnete ihre Schwingen und flog davon, mein Herz mit sich führend.
Wohin? Ich weiß es nicht.»

Typischer für die andalusische Dichtung sind ganz knappe Beschreibungen wie diese des Richters Iyad (1083–1149):

«Im Winde wogt die reife Saat,
Mit Ähren, die sich heftig drängen,
Gleich Reiterscharen, die zur Flucht sich wenden,
Und Wunden klaffen rot von wildem Mohn.»

Die spanisch-arabische Dichtung scheut sich auch nicht vor krassen Bildern wie dieser Beschreibung eines Schlachtfeldes von Abu Tammam ibn Rabbah von Toledo:

«Leichen siehst du wie Sand am Meer,
Und Geier, die ihre Eingeweide zerfleischen,
Befleckt von ihrem Mahl, gleich alten Weibern,
Mit von Henna geröteten Zöpfen.»

(nach Burckhardt, 1960, S. 92)

Der Enthusiasmus der Araber für die Beherrschung ihrer Sprache konnte mitunter gefährliche Formen annehmen. Als dem Dichter und Philosophen Abu Bakr ibn Badschdscha, den die Juden und Christen Avenpace nannten, der gerührte Herrscher schwor, er solle auf Gold nach Hause gehen, fürchtete der Poet die baldige Reue des Königs und ließ sich Goldmünzen nur in seine Schuhe stecken, um so den Schwur des Herrn zu erfüllen und ihn dennoch nicht auszunützen.

Bedeutung erhielt das Kurzgedicht, das Zadschal. Al-A'ma al-Tutili galt im 12. Jahrhundert als einer seiner Meister. Bei einem Treffen der Poeten trug er die folgenden Verse vor:

«Ein Lachen, Perlen enthüllend,
Ein Gesicht, schön wie der Mond.
Die Zeit ist zu eng, das zu fassen,
Mein Herz aber faßt es.»

(nach Burckhardt, 1960, S. 93)

Die Gefährten waren davon überwältigt und zerrissen ihre eigenen Poeme.

Ein der europäischen modernen Liebesdichtung fremder Zug ist die abstrakte Behandlung der Geliebten. Sie wird gewissermaßen verschleiert und nicht beschrieben. Die abstrakte Idealisierung der weiblichen Schönheit wurde zum Urbild des Frauenideals der Minnesänger. Die lyrische Stimmung war aber dadurch nicht ausgeschlossen. So schrieb Abu Bakr ibn al-Sabuni:

«Ich schwör bei der Liebe derer, die mich verschmäht:
Gefroren ist die Frühe, fließt sie denn nicht?
Ach Nacht, ich glaub, du kennst keinen Morgen.
Ist es wahr, o Nacht, daß du ewig bist?
Oder sind die Schwingen des Adlers beschnitten,
So daß die Sterne des Himmels nicht mehr wandern?»

(nach Burckhardt, 1960, S. 93)

Weltkarte des al-Idrisi, 12. Jahrhundert,
nach einem arabischen Manuskript und einer französischen Kopie

Viele der gern gelesenen Enzyklopädien dienten der moralischen Erziehung wie der Fürstenspiegel des Abu Bakr al-Turtuschi oder des Yusuf ibn al-Scheich aus Málaga (1132–1207). Erhalten sind Anthologien und Maqamensammlungen (Erzählungen in Versen). Unter den Legenden und Erzählungen ist die Robinsonade «Hayy ibn Yaqzan» des Ibn Tufail von großer Nachwirkung gewesen. Sie erzählt die Geschichte eines Menschen, der bereits als Säugling allein auf eine einsame Insel verschlagen wird. Tiere ernähren ihn, und er entwickelt alle Vorstellungen und Fähigkeiten bis zur Erkenntnis Gottes als des Wesens der Welt. Ibn Tufail wollte demonstrieren, daß die natürliche Vernunft allein so gut sei wie alle Lehren der Ulema.

Die traditionell vorherrschende Strömung im Islam Spaniens waren die in der Regel von den Regierungen geförderten Malikiten, die den Koran und die islamische Tradition sehr streng interpretierten, so daß sich in Spanien eigentlich niemals wie in Nordafrika islamische Sekten entwickelten. Daher pflegten sie beispielsweise die Biographie Mohammeds wie der Religionsgelehrte Ibn Abd al-Barr (978–1071), der die Studien höher schätzte als die fromme Autoritätsgläubigkeit.

Die Malikiten sind die Anhänger einer der vier orthodoxen (sunnitischen) Rechtsschulen im Islam und werden nach dem Juristen Malik ibn Anas benannt. Diese Rechtsschulen, oft auch als Riten bezeichnet, spielen eine bedeutende Rolle im sunnitischen Islam, da Staat und Kirche nicht getrennt sind und das gesellschaftliche Miteinander durch das aus dem Koran abgeleitete Recht geregelt wird. Die Malikiten halten konservativ an den Traditionen fest, die das als vorbildlich betrachtete Handeln des Propheten Mohammed in Medina beschreiben.

Die Hauptgestalt der Almorawidenulema war der Kadi Iyad (1083–1149), der in Ceuta geboren wurde und in Córdoba studierte. Er arbeitete als Richter in Ceuta, Granada und Córdoba. Schließlich blieb er in Marrakesch und schrieb Biographien malikitischer Juristen.

Die Malikiten bekämpften die Lehren Ibn Tumarts und die Anhänger al-Asch'aris sowie die Mystik des Ghazali. Der Richter Iyad ließ die «Wiederbelebung der religiösen Wissenschaften» des Ghazali als ketzerisch verbrennen. Die Malikiten zählten zu den Zahiriden, Nominalisten, denen die Begriffe abgeleitete Bezeichnungen vorhandener Realien waren, eine Einstellung, die zur Förderung der Wissenschaften führte.

Die Philosophie war eng mit der Theologie verbunden. Der erste Spanier, der als Philosoph tätig war, war Mohammed ibn Masarra (883–931), der im Orient studiert hatte und als Mystiker zurückkehrte. Zur Zeit Abd al-Rahmans III. lebte er in der Sierra von Córdoba. Er war tief von der Metaphysik Plotins und der Urstofflehre des Empedokles beeinflußt. Nach seiner Meinung sei in allem Erschaffenen etwas Empfangendes vorhanden, der Stoff der Welt. Ihm entgegengesetzt sei die schöpferische Tat. Diese beiden Pole bestimmten das endliche Dasein. Sie seien das Licht und der Urstoff.

Die spanisch-islamische und jüdische Philosophie setzten den endlosen Raum mit dem göttlichen Wissen gleich. Ihr Kosmosverständnis ließ sich in Analogie zum ptolemäischen Weltbild in Kreisen oder Kugelschalen darstellen. Die äußere Schale sei der Geist, die nächste die allheitliche Seele, die folgende die Natur und die innere der Leib. Ibn Gabirol lehrt in seinem Gedicht über die Natur: «So wie das körperliche Dasein in seinem Wesen und in seiner Form das geistige Dasein spiegelt, so entspricht auch das Umfassen der geistigen Substanzen einem körperlichen Umfassen, weil ja das Niedrigere stets das Abbild des Höheren ist … Man kann deshalb von der geistigen Substanz sagen, daß sie die körperliche umhüllt, weil diese dem Dasein nach von ihr enthalten wird, ähnlich wie alle Körper in dem einen Körper des Himmels enthalten sind. Die Rückwendung der geistigen Substanz auf sich selber, in der Ewigkeit und der reinen Dauer, aber spiegelt das in sich geschlossene Kreisen des Himmels.» (nach Burckhardt, 1960, S. 136) Es ist das geistige Weltbild des Ptolemäus als Philosophie, wie es für die europäische Mystik zum Vorbild wurde.

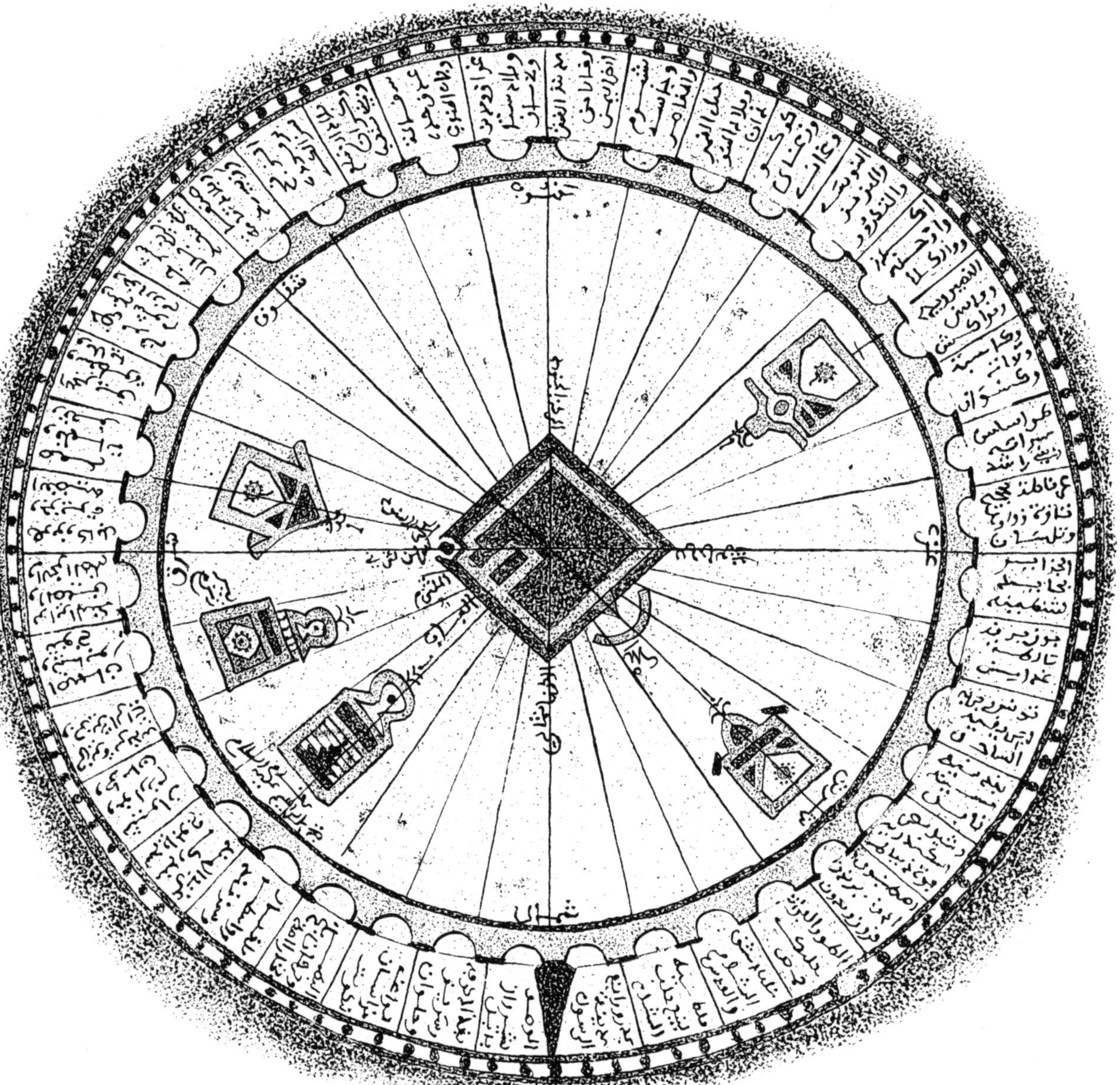

Die Kaaba von Mekka
in einer als Rad dargestellten Welt des Islams, nach einem Atlas des Jahres 1551 aus Sfax

Der Mystik nahe stand auch Ibn Badschdscha (gestorben 1138) aus Saragossa, der in Sevilla und Granada lebte und schließlich in Fès von seinem Arzt vergiftet wurde. Er predigte den moralischen Protest gegen die weltlichen Unsitten der Herrschenden und lehrte den Rückzug von der Welt. Der Gebildete suche in der Welt der Ideen seine Erfüllung. In seiner Tradition standen die Almohaden, die als Schüler Ibn Tumarts Anhänger al-Ghazalis waren. Sie förderten unter anderem Ibn Tufail, den die Juden Abubacer nannten. Er war der Hofarzt Abu Yaqub Yusufs. Seine Lehre der natürlichen Vernunft, die auch ohne Prediger zu Gott führe, sprach als philosophische Religion die herrschende Elite an, die wenig Hochachtung vor den ihr feindlich gesonnenen Ulema der Malikiten aufbringen konnte.

Der Kalif Abu Yaqub Yusuf wurde auch zum Schutzherrn des wohl bedeutendsten Philosophen des islamischen Westens, Ibn Ruschd, des Averroes der europäischen Philosophiegeschichte. Er war mit Ibn Tufail befreundet, der ihn auch bei Hofe einführte (1153). Der Philosoph fand den Kalifen im Schrifttum der griechischen Philosophen bewandert, er kannte Platon und Aristoteles. Ibn Ruschd wandte sich gegen al-Ghazali, der gefordert hatte, den Koran mystisch zu erfassen, und eine «Widerlegung der Philosophie» geschrieben hatte. Ibn Ruschd setzte ihr eine «Widerlegung der Widerlegung der Philosophie» entgegen und forderte eine Erfassung des Korans mit der Vernunft. Er unterschied drei Arten von Menschen: Die Mehrheit könne den Gedanken nur in dinghaft-konkreten Vorstellungen begreifen; für sie gelte der Wortlaut des Korans. Einige Menschen seien der Überredung zugänglich, den Lehren der Ulema, und nur wenige seien lediglich durch schlüssige Beweise zu überzeugen. Diese Haltung ließ die Ulema zu seinen erbitterten Feinden werden. Als sein Schutzherr starb, mußte dessen Nachfolger dem Druck der Religionsgelehrten nachgeben und Averroes aus seinem Richteramt entlassen. Seine Bibliothek wurde verbrannt. Den Philosophen selbst brachte der Kalif nach Marrakesch in Sicherheit, wo der Gelehrte seine berühmten Kommentare zu Aristoteles schrieb, den er materialistisch interpretierte. Der Hauptstreitpunkt jener Zeit war die Frage, ob die Welt ewig oder von Gott geschaffen sei. Al-Ghazali hatte gelehrt, die Zeit sei mit der Welt von Gott geschaffen. Ibn Ruschd vertrat die Meinung, dem Philosophen bedeute die koranische Lehre der Erschaffenheit der Welt nur die Abhängigkeit im Sein. Nur in der Logik gebe es einen Anfang, dies sei aber nicht anschaulich gemeint. Gott habe sein Wesen nie geändert und sei von Anfang an der Schöpfer. Das lief auf die Reduzierung Gottes auf die Idee und auf die Auffassung von der Ewigkeit des Kosmos hinaus.

Nicht nur in dieser Frage unterschied sich Ibn Ruschd von den Lehren des Platonikers Ibn al-Sayyid aus Badajoz, dem alle Wesensformen schon als Unterscheidung, als Urbestimmungen im ungeschriebenen Geist angelegt waren. Ihre Unterscheidung geschehe durch die Brechung des Geistes von der allheitlichen Seele.

Aber schon die Verbannung Ibn Ruschds deutete den Sieg der Mystiker und der Malikiten über die Philosophen an. Von den Malikiten, die im allgemeinen in ihren Lehrmeinungen unfruchtbar blieben, ist nur Ibn Sab'in zu nennen, der 1270 in Mekka starb. Ihm werden schriftliche Antworten auf Anfragen des Kaisers Friedrich II. zugeschrieben.

Der führende Mystiker des Westens war Abu Bakr Mohammed ibn al-Arabi al-Hatimi Muhyi al-Din (1165–1240) aus Murcia. Er wurde in Sevilla zum Mystiker und ging dann in den Orient. Er erstickte den Platonismus im mystischen Islam der Sufis und schrieb im Sinne eines monistischen Pantheismus. Ihm war der Logos Mohammed. Auch das wörtlich formulierte Glaubensgesetz, die Schari'a, sei nur eine äußere Hülle der Wahrheit. Die Betrachtung betreffe die Form des Wesens, das bekannt sei, und verberge sie zugleich. Das Kundgeben sei zugleich ein Begrenzen, und Gottes Wahrheit sei doch unbegrenzt. Den Weg (Tariq) weise die Religion, deren Dogmen jedem Muslim bekannt seien, jedoch nicht deren Kern. Die Einsicht vermittle nur der Meister, der unabhängig von der Schari'a die Wirklichkeit vermittle. Abu Bakr al-Arabi soll über achthundert Schriften hinterlassen haben. Seine Grabmoschee steht in Damaskus.

Auf al-Arabi baute die Schule von Almería auf, deren Anhänger den einfallenden Almorawiden in den Bergen Südportugals zwanzig Jahre erbitterten Widerstand leisteten. Die Tradition der Sufi-Mystik lebte in den marokkanischen Bergen fort, bei den Einsiedlern und Heiligen («Marabuts») der Stämme.

Die im islamischen Spanien und Nordafrika gepflegten Wissenschaften beruhten weitgehend auf der griechischen und orientalischen Literatur. Der Agronomie lagen die Schriften Columellas und die «Landwirtschaft der Nabatäer» des Ibn Wahschiya (9. Jahrhundert) zugrunde. Die Astronomen kannten Ptolemaios und die Lehren der indischen Trigonometrie, die ihnen zu recht beachtlichen Ergebnissen in der Berechnung der Planetenbahnen verhalfen. Sie stießen auf die Widersprüche des griechischen Systems mit der Praxis und disputierten viel über diese Fragen. Sie verwandten die aus Indien entlehnten astronomischen Tafeln, die Zidsch al-Sindhind, die unter anderem Maslama von Madrid bearbeitete. Abu Ishaq al-Sarqali, der Azarquiel des europäischen Mittelalters (gestorben 1100), verfaßte die toledanischen astronomischen Tafeln. Die Tafeln des Irakers al-Battani wurden in Spanien häufig benutzt, ebenso die Astronomie des al-Choresmi. Abu Ishaq al-Sarqali schrieb über die Bewegung der Fixsterne und konstruierte verbesserte Astrolabien. In Handschriften der Mathematiker erschienen im 9. Jahrhundert die indischen Zahlen einschließlich der Null, die in Toledo in die Wissenschaft des Westens eingeführt wurden. Im 12. Jahrhundert wirkte auch der jüdische Mathematiker Abraham ben Esra (Abenar), der unter anderem über Kalender arbeitete. Der Arzt Abu Marwan Zuhr (Avenzoar) vertrat die Spezialisierung in der Medizin, die Trennung in Chirurgen, innere Mediziner und Pharmazeuten. Allgemein verbreitet waren die Schriften der Mediziner und Mathematiker des islamischen Orients.

Zu den von den orthodoxen Malikiten bewahrten Traditionen gehören die Verwerfung des Bildes und die Pflege geometrischer Ornamente. In dieser Hinsicht wie in anderen Zügen der Kultur unterschieden sich besonders die Schiiten des Fatimidenstaates, die «Parteienkönige» des 11. und 12. Jahrhunderts und die mystisch geprägten Almohaden von der strengen Orthodoxie. Die Mehrheit figurativer Kunstwerke des islamischen Westens geht direkt oder indirekt auf derartige heterodoxe (abweichende) Strömungen im Islam zurück.

V

Die Christen als Schüler der Muslime

Die orientalische Mode · Die Gewänder der Kaiser · Minnesänger · Die Übersetzer · Die «Göttliche Komödie» und ihre Vorbilder · Der entrückte Imam · Normannen und Muslime

«Macht mich nicht zu eurer Feindschaft Ziel.
Denn fürwahr, Christus und Mohammed gelten mir gleich viel.
Nützt der Morgenschein etwa dem Nachtdurchwaller?
Oder ist Finsternis das gemeinsame Los aller?»

Abu l-'Ala al-Ma'arri

Seit in Südeuropa Muslime, Juden und Christen aufeinandertrafen, zeigte sich die kulturelle Überlegenheit der Muslime über die Christen westlich der byzantinischen Grenzen. Deutsche und angelsächsische Könige prägten Münzen nach dem Vorbild der arabischen Dinare. Europas Adel und sein Bürgertum trugen orientalische Seiden und Baumwollstoffe, importierten orientalische Teppiche und setzten kopierte arabische Segenssprüche auf die Wände ihrer Kirchen. Normannische Könige und deutsche Kaiser trugen (bis 1806) mit arabischen Texten bestickte Prunkgewänder. Der Minnesang Frankreichs und Deutschlands wurzelte in der mystischen Dichtung der spanischen Muslime. Jahrhundertelang unterrichteten Europas Universitäten nach in Spanien übersetzten islamischen Lehrbüchern der Medizin, und der Aufstieg der mittelalterlichen Philosophie ist ohne die aus dem Arabischen übersetzten Texte der Griechen und die dazu geschriebenen Kommentare der Muslime undenkbar. Dantes «Göttliche Komödie» wie die deutsche Friedrichsage haben ihre Wurzeln tief im Islam, ebenso wie die sich entwickelnde Mathematik des christlichen Mittelalters. Aus dem westlichen Islam führten zwei Wege in das christliche Europa – von Spanien sowie von Sizilien und Apulien aus. Beide Wege unterschieden sich wesentlich voneinander. Sizilien und Apulien vermittelten vor allem Techniken sowie die schiitische Hoffnung auf die Wiederkehr des entrückten Imams, des Mahdi. Spanien ging viel weiter. Neben technischem Wissen und künstlerischen Anregungen war es eine großartige Folge geistiger Güter, Werke der Philosophie, der Medizin und Mathematik, der Literatur und der Theologie, die dort in das Hebräische, Kastilische und Lateinische übertragen wurden und Europa geistig befruchteten.

Wahrscheinlich war diese Differenz sozial bedingt. Sizilien und Apulien waren Frontprovinzen und fielen den recht barbarischen Normannen in die Hände, die kurz zuvor zur Staatsbildung gekommen waren und vor denen arabische Gebildete lieber emigrierten. In Spanien lebten für Jahrhunderte Muslime, Juden und Christen Seite an Seite in Großstädten mit großen Bibliotheken, in denen viele tausend Manuskripte das erhaltene Wissen des Altertums und Asiens bargen. Sie gelangten Schritt für Schritt in den Besitz damals noch lernbegieriger Fürsten, die die Wissenschaften und die Literatur anzuregen strebten. Das Übersetzungswerk von Italienern, Franken, Romanen, Deutschen und selbst Schotten unter führender Beteiligung der einheimischen Juden und Muslime setzte die Übernahme einer intakten Kultur durch die Eroberer voraus.

1. Muslime und Normannen auf Sizilien und in Süditalien

Die Araber auf Sizilien · Palermo, Großstadt Europas · Seide, Orangen, Zuckerrohr · Der Kampf vor Salerno · Normannenflotten im Mittelmeer · Harald Hardrada auf Sizilien · Der Sturm auf Palermo · Das sizilianische Königtum der Normannen · Die Regentin · Der Papst und die Normannen · Der Griff nach Nordafrika · Der Normanne als «König von Ifriqiya» · Arabische Studien auf Sizilien · Cappella Palatina · «Der durch Gott Hochgeehrte» · Die Krönungstracht · Al-Aziza, die «Ruhmreiche» · Die silberne Weltkarte des Idrisi · Vorbilder für Genua, Pisa und Venedig · Holz, ein strategischer Rohstoff · Levantehandel · Die Kreuzzüge · Venedig triumphiert · Die manufakturtechnische Revolution · Der Mathematiker Fibonacci · Adelard von Bath · Die Heirat der Konstanze · Die Hohenstaufen auf Sizilien · Die Übersetzung der Kommentare · Logik des Aristoteles · Die Falkenjagd · Castel del Monte · Der entrückte Kaiser

Nach wiederholten Flottenangriffen im 8. Jahrhundert fiel das bis dahin von Byzanz beherrschte Sizilien in die Hände der Aghlabiden. Zwar zogen sich die Kämpfe von 827 bis 842 hin, aber dann behaupteten die Araber bis in die Mitte des 11. Jahrhunderts die Insel und griffen immer wieder nach Süditalien hinüber. Sowohl unter aghlabidischen wie unter fatimidischen Gouverneuren blühten die Städte und Dörfer Siziliens. Allein Palermo beherbergte mit dreihunderttausend Einwohnern mehr Menschen als alle Städte des damaligen Deutschlands zusammen. Sizilien geriet nicht unter die Herrschaft der im 11. Jahrhundert nach Nordafrika vorgedrungenen Hilalistämme, aber die Normannen waren vielleicht noch gefährlicher als diese.

Unter den Muslimen war Sizilien eine blühende Insel mit einer florierenden Landwirtschaft. Sie hatten den griechischen Großgrundbesitz zerschlagen und den Kleinbauern den Anbau von Orangen, Zuckerrohr, Baumwolle und Datteln beigebracht. Sie importierten als Grundlage der Seidenproduktion die Kultur von Maulbeerbäumen. Die Muslime bildeten nur in Teilen des Landes die Mehrheit der Bevölkerung. Die Einheimischen blieben stets Christen und auf der gesamten Insel in der Überzahl. Es gab dennoch relativ selten Aufstände gegen die arabische Vorherrschaft, so 947 in Palermo. 1016 sollen die sizilianischen Muslime vor Salerno zum ersten Mal mit den Normannen zusammengestoßen sein, mit einer von der Pilgerfahrt zurückkehrenden Gruppe. Sie kamen damit dem Fürsten Guaimir IV. zu Hilfe und fochten so energisch, daß der Fürst sie nach ihrem Abzug zur Rückkehr aufgefordert haben soll. Schon seit dem 10. Jahrhundert stießen normannische Flotten nach Spanien und ins Mittelmeer vor. Sie traten als Söldner in den Dienst jedes Herrn, der gut bezahlte. Als 1034 die Byzantiner Sizilien angriffen, zog mit ihnen Harald Hardrada mit seiner Gefolgschaft, der spätere König Norwegens. Andere Scharen folgten, da sie von der Schwäche der reichen Länder des Südens gehört hatten. Sie traten in den Dienst der Kleinfürsten Süditaliens, griffen die Besitzungen der Byzantiner an und begannen mit dem Aufbau eigener Herrschaften.

Als Führer taten sich die Söhne Tancreds von Hauteville hervor, als erster Wilhelm mit dem eisernen Arm. Ihm folgten 1048 sein Bruder Drogo,

1051 ein dritter Bruder Guiscard und schließlich der vierte Bruder Roger. Roger begann mit dem Angriff auf Sizilien im Jahre 1060. Ein Jahr später fiel Messina, und nach dreißig Jahren waren die Normannen die Herren Siziliens. Schon 1072 war Palermo gefallen, jedoch hatten seine Bürger einen günstigen Kapitulationsvertrag ausgehandelt, der auch den Muslimen freie Religionsausübung zusagte.

Roger organisierte Sizilien und Süditalien als einen Feudalstaat westeuropäischer Prägung, in dem die Normannen als Grundherren und Besitzer der Lehnsgüter fungierten. Unter Roger stieg Sizilien rasch zu einer in Europa geachteten Macht auf, die der Papst stark umwarb.

Roger war ein fähiger Herrscher und Diplomat, der die Muslime seines Staates selbst gegen die Kirche beschützte. Er starb 1101. Seine Witwe Adelaide regierte wenig glücklich als Regentin für ihre Söhne Símon und Roger II. (bis 1103 und 1111). Sie heiratete später Balduin von Jerusalem und hinterließ Roger II. den (ephemeren) Anspruch auf den Thron von Jerusalem.

Rogers II. Regierung von 1111 bis 1134 war die glänzendste Zeit des normannischen Reiches im Mittelmeerraum. Der Papst Analectus II. dankte ihm die Unterstützung bei seiner Wahl mit der Ernennung zum König Siziliens, Kalabriens und Apuliens sowie der Herrschaft von Capua, Neapel und Benevent. Roger II. konnte sich stets auf die muslimischen Truppen seines Staates verlassen. Zwei griechische Admirale leiteten die Normannenflotte in einem jahrelangen Seekrieg gegen Nordafrika, der zur Besetzung der Insel Dscherba führte (1135). 1146 okkupierten die Normannen Tripolis, 1148 Sousse, Sfax und Gafsa und 1153 Annaba. Nahezu alle Küstenstädte Ifriqiyas zahlten ihnen Tribut. Roger nannte sich daher auch «König von Ifriqiya». Mit den Fatimiden in Ägypten hielt er Frieden und förderte den Fernhandel mit Vorderasien.

Roger II. war tolerant aus Prinzip und suchte Recht und Gesetz in seinen Ländern zu sichern. Er umgab sich mit Arabern und nahm in seinen Harem arabische und berberische Frauen auf. Er suchte die Nähe islamischer Gelehrter und trieb selbst arabische Studien. Von seinen fünf führenden Beamten waren drei Griechen und zwei Araber.

Die Kirche suchte er durch großzügige Bauten zu gewinnen. Die bedeutendsten Kirchenbauten waren die Palastkapelle von Palermo (1132–1143) und die Kathedrale von Cefalú (begonnen 1131), die sowohl in ihrer Architektur wie in ihrem Dekor starke islamische Einflüsse zeigen. Besonders die Cappella Palatina ist mit ihrer reich bemalten Stalaktitenholzdecke ein eigenartiges Denkmal christlich-islamischer Mischkultur mit stark fatimidischen Zügen. *Tafel* 138–141, 160

Roger II. und seine Nachfolger Wilhelm I. (1154–1166) und Wilhelm II. (1166–1189) führten arabische Ehrennamen. So nannte sich Roger «al-Malik al-Mu'azzam wa l-Qiddis» (der «große und heilige König») sowie «al-Mu'tazz bi-llah» (der «durch Gott Hochgeehrte»). Wilhelm I. ließ sich als «al-Hadi bi-Amri-llah» (der «auf Befehl Allahs Leitende») und sein Sohn «al-Musta'izz bi-llah» (der «von Allah Hochgeschätzte») anreden. Die Hofurkunden sind in Latein, Griechisch und Arabisch abgefaßt worden. Die Regierungsdevisen waren Koranversen entlehnt. Münzen Rogers II. tragen seine arabischen Titel, die denen der Fatimiden nachgebildet waren. Seine Krone folgte byzantinischen Vorbildern. Für seine Krönung ließ er in seiner Palastwerkstatt einen Emirsmantel fertigen, den eine Palme und auf beiden Seiten ein Löwe über einem niedergeworfenen Kamel schmückten. Der Mantelsaum trägt in Kufi die Inschrift: «(Das ist von dem, was) in der königlichen Kammer (Hofwerkstatt) angefertigt wurde, (welche) gediehen ist mit Glück und Ehre, mit Eifer und Vollkommenheit, mit Macht und Verdienst, *Tafel* 161 mit (seiner) Zustimmung und (seinem) Wohlergehen, mit Großmut und Erhabenheit, mit Ruhm und Schönheit, sowie der Erfüllung der Wünsche und Hoffnungen, und mit glücklichen Tagen und Nächten ohne Unterlaß und ohne Änderung, mit Ehre und Fürsorge, mit Wahrung und Schutz, mit Erfolg und Sicherheit, mit Triumph und Tüchtigkeit. In der (Haupt) stadt Siziliens im Jahre Fünfhundertachtundzwanzig» (= 1133/34). (Tarif al-Samman, 1982, S. 34)

Auch andere Teile des auf dem Erbwege an das deutsche Kaiserhaus gefallenen Krönungsornats tragen arabische Inschriften ihrer Verfertiger, die teils für Roger, teils für Wilhelm II. gearbeitet haben.

Wilhelm II. war auch der Bauherr zweier erhaltener Paläste in Palermo, der Qubba mit einem Kuppelsaal und der Ziza (von al-Aziza = die «Ruhmreiche»), eines Rechteckbaus nordafrikanischen Baustils. *Tafel* 79, 80

In den Prunkbauten der Normannen wurden neben der Malerei die von Byzanz angeregte Mosaikkunst, maurische Springbrunnen, maghribinische Spitzbögen und Kuppeln verwendet. Die Normannen übernahmen auch die arabische Parkkunst, die Gärten und Pavillons vereinigte. Tierfiguren und Phantasiewesen schmückten Parks und Paläste. Ähnliche Motive zierten sizilianische Elfenbeine jener Zeit. *Tafel* 78 *Tafel* 179 –186

Die Kunst Siziliens vermittelte offenbar viele Anregungen an Handwerker und Künstler Genuas, Pisas und Venedigs, der großen Nutznießer aus dem Niedergang des westlichen Islams.

Unter den Normannen wirkte auf Sizilien der Dichter Mohammed ibn Abi Mohammed ibn Mohammed ibn Zafar. Er schrieb Werke über Religion, Grammatik und einen Fürstenspiegel, der später ins Englische, Italienische und Türkische übersetzt wurde. Mehrere arabische Gelehrte Siziliens, die sich mit den Traditionen des islamischen Rechts befaßten, blieben auf der Insel, während arabische Juristen, die als Kadis (Richter) tätig gewesen waren, nun keine Arbeitsmöglichkeiten mehr sahen und es vorzogen zu emigrieren. Wissenschaftler fanden gute Aufnahme in Palermo, so der Geograph al-Scharif al-Idrisi, der für Roger II. eine silberne Weltkarte schuf und sie in einer umfangreichen Weltbeschreibung kommentierte. *Abb. S.* 188 Astronomen und Mathematiker wirkten am Hof. Hingegen blieben nur wenige arabische Poeten im Lande, die meisten ließen sich in anderen Staaten nieder.

Der Verlust Siziliens nahm den Muslimen den Zugang zum Schiffsbauholz. Die Seeherrschaft fiel endgültig an die christlichen Staaten, die den Muslimen trotz päpstlicher Verbote bald Schiffsholz und auch Schiffszimmerleute verkauften. Es waren hauptsächlich die genannten Handelsstädte Norditaliens, die im 11. Jahrhundert bereits Nordafrika angriffen und den Levantehandel monopolisierten. In den syrisch-palästinensischen Häfen waren Pfeffer und Seide, Baumwolle, Zucker, Glaswaren und Prunkgerät zu haben, Waren, die zum Teil aus Südostasien, Indien und dem Iran kamen.

Die Seeherrschaft der Normannen und der italienischen Seestädte war die Voraussetzung jener Raubzüge im Zeichen des Kreuzes, in denen die Handelsherren Italiens die Militärmacht ihrer Kunden ausnutzten, um die Häfen des Orients selbst zu besetzen. 1096 bis 1099 führte der erste Kreuzzug zur Gründung des Königreiches Jerusalem, eines feudalen Vorpostens der nun von den Italienern beherrschten Häfen. Der zweite Kreuzzug fiel in die Zeit Rogers II. und sollte die Eroberungen sichern (1147–1149). Der dritte Kreuzzug war bereits ein Fehlschlag, und der vierte offenbarte vollends das Wesen dieser angeblichen Verteidigung des Heiligen Landes. Mit venezianischen Schiffen und auf Drängen des Dogen fiel das Kreuzheer über die älteste christliche Hauptstadt Europas – Byzanz – her. Venedig übernahm den Hafen und die Arsenale der alten Handelsmetropole, von der aus die Karawanenwege durch Kleinasien und den Nordkaukasus ostwärts führten.

Aus Asien holten die Italiener ihre Waren und die Anregungen für die eigenen Werkstätten, die im 12. Jahrhundert mehr und mehr dazu übergingen, selbst im orientalischen Stil zu arbeiten, ihn zu verfeinern und schließlich zu überbieten. Zuletzt verkauften sie ihre qualitativ überlegenen Waren selbst in Ägypten, Syrien und Kleinasien und ruinierten das lokale Handwerk.

Tafel 188

Für die italienischen Handelsstädte war Sizilien ein willkommener Schild gegen die Muslime des Maghrib und ein Lieferant von Rohseide, Kupfer und Eisen. Die italienischen Handelsmächte übernahmen auch bald geistige Güter der islamischen Welt aus dem Osten und aus Spanien: die leicht zu verwendenden Zahlen, die Geographie und Mathematik, Astronomie und Medizin. Genannt sei nur der auf arabischer Bildung aufbauende italienische Mathematiker Fibonacci, der in seiner «Praktischen Geometrie» unter anderem den Wert für π berechnete. Auch in die bildende Kunst drangen orientalische Elemente ein. Die Kunstschulen von Siena und Florenz verwandten arabische Inschriften als Zierform und schufen ganze Szenen in islamischer Tracht.

Nach Sizilien kamen auch christliche Wissenschaftler, so Adelard von Bath, der Begründer der arabischen Studien in England, der auf Sizilien die «Elemente des Euklid» übersetzte.

Den Nachfolgern Rogers II. fehlte das Talent des großen Königs. Sie brachen mit der klugen Politik der Toleranz und griffen auch mehrmals Ägypten an. Wilhelm II. starb, ohne Nachkommen zu hinterlassen, und das Reich fiel durch die Heirat der Tochter Rogers, Konstanze, mit Kaiser Heinrich VI. an die Hohenstaufen (1194).

Die Muslime litten schwer unter den Kämpfen zwischen dem Adel Siziliens und den Hohenstaufen. Sie flohen in Scharen und wurden zu Tausenden umgebracht. Friedrich II. (1212–1250) wuchs in der noch immer arabisch geprägten Atmosphäre Palermos auf und bildete aus Muslimen seine Leibgarde und seinen Hofstaat. Aus Toledo siedelte zu ihm Michael Scotus über, der aus dem Arabischen Werke des Aristoteles und die Kommentare des Ibn Ruschd übersetzte. Auch ein Schüler des Maimonides, der spanische Jude Jakob ben Abbamari ben Simson ben Anatoli, lebte am Hofe Friedrichs. Er übertrug die fünf Bücher der Logik des Aristoteles aus dem Arabischen ins Hebräische.

Friedrich selbst sprach arabisch und korrespondierte mit muslimischen Wissenschaftlern in Syrien und Nordafrika, er entwickelte die Medizinschule von Salerno zur Universität von Neapel weiter und schenkte ihr arabische Handschriften. Er schrieb ein Buch über die Falkenjagd, das mit Miniaturen im arabisch beeinflußten Stil ausgeschmückt wurde. Die Baumeister seines Sommersitzes Castel del Monte (um 1240) legten dem Schloß Regeln der orientalischen Zahlenmystik zugrunde. Mit der Gestalt des «arabischen Kaisers» auf dem Thron des Römischen Reiches verbanden seine muslimischen Untertanen nach seinem Tode (1250) die aus der fatimidischen Schia entlehnte Legende vom entrückten Imam. Man wollte ihn gesehen haben, wie er in den Ätna geritten sei. Bald wanderte diese Legende nach Deutschland und blieb letztlich mit dem Kyffhäuser verbunden. Auch in Deutschland hofften die Bauern auf den gerechten Kaiser aus dem Berge, und des öfteren traten «falsche Friedriche» auf. Erst im 19. Jahrhundert verband sich die Sage mit der Gestalt Friedrich Barbarossas und diente dem deutschen Nationalbewußtsein.

Die arabische Leibgarde hielt den Hohenstaufen bis zuletzt die Treue. Mit dem Tode Konradins (1268) war die islamische Ära Italiens beendet.

2. Das Werk der Übersetzer

Miteinander der Kulturen · Die Juden, Vermittler zwischen Muslimen und Christen · Raimondo von Toledo · Domenicus Gundisalvi · Gerardo di Cremona · Der Almagest des Ptolemaios · Robert von Chester · Mathematiker, Astronomen, Philosophen · Medizin und Kosmologie · Die Sprachschulen der Kirche · Orientfakultäten an den Universitäten Europas · Die Auseinandersetzung mit dem Koran · Alfons X., der Weise · Übersetzungen in die Volkssprachen · Die Alfonsinischen Tafeln · Azarquiels Berechnungen · Die Übersetzungen des Talmud und des Korans · Die Fabeln des Bidpai · Miradsch-Nameh und «Die Göttliche Komödie»

Spaniens größter Beitrag zur Weltkultur waren die aus dem Miteinander von Muslimen, Juden und Christen hervorgegangenen Übersetzungen der Werke des Altertums und des arabisch-persischen Orients in Sprachen, die der Christenheit vertraut waren. Begonnen hatte diese Arbeit schon unter den großen Umaiyadenkalifen, als 951 in Córdoba ein christlicher Mönch, ein spanischer Jude und arabische Ärzte die Übersetzung der Pharmakologie des Dioskurides durch den Syrer Hunain gemeinsam einer Revision unterzogen. Als sich die neuhebräische Literatur entwickelte, begannen die Juden mit der Übersetzung arabischer Schriften ins Hebräische, das seinerseits den bibelkundigen Gebildeten unter den Christen verständlich war. Bei den Juden gingen bald wissensdurstige Christen in die Lehre. Bekannt ist das Beispiel des Gerbert de Aurillac, des späteren Papstes Silvester (999–1003). Er weilte drei Jahre in Katalonien (967–970), um Mathematik und Astronomie zu studieren. Die Legende will wissen, er habe in Córdoba im Hause eines arabischen Lehrers eine romantische Liebesgeschichte erlebt und zur geistigen Bildung benutzt. Es wird auch behauptet, er sei in der Qarawiyin-Universität Marokkos gewesen.

Nach dem Fall von Toledo (1085) wurde die unversehrt von den Christen übernommene Großstadt zum Zentrum des Übersetzungswerkes. Sie war bis in die Renaissance mit ihrer jüdischen und muslimischen Gemeinde ein Ort kluger Toleranz und das Zentrum der Aneignung orientalischen Wissens durch die Christen.

Der Erzbischof von Toledo, Raimondo (1125–1151), erwies sich als großherziger Förderer der Wissenschaften. In der Regel wirkten ein Jude und ein Christ zusammen. Der erstere übersetzte den arabischen Urtext in das gebräuchliche Romanisch, und der Christ formulierte die lateinische Fassung. Der Domherr Domenicus Gundisalvi (Domingo Gonzalvo) arbeitete mit Johannes Hispanicus zusammen. Sie übersetzten zwischen 1130 und 1170 die Werke al-Farabis, al-Ghazalis, Ibn Sinas (Avicennas) und Ibn Gabirols.

Viele Gelehrte kamen nach Toledo, so Gerardo di Cremona (1114–1187), der hier etwa siebzig Werke ins Lateinische übertrug, in erster Linie die Schriften des Aristoteles, den Almagest des Ptolemaios, al-Kindis Arbeit über den Intellekt, Galens gesammelte Werke und die «Grundsätze der Heilkunst» des Ibn Sina. Seine Übersetzungen der Werke des Sevillaners Abu Mohammed Dschabir ibn Aflah (Geber) zur Astronomie machten Europa mit der Kritik am ptolemäischen Weltbild und mit der sphärischen Geometrie bekannt. Michael Scotus, der später nach Sizilien ging, übersetzte die Astronomie Abu Ishaq al-Bitrudschis, der, auf Aristoteles aufbauend, eine neue Physik zu entwickeln suchte. Hermann der Deutsche schuf die lateinischen Fassungen der Ethik des Aristoteles und verschiedener Abhandlungen von Ibn Ruschd und al-Farabi. Robert von Chester verbreitete mit seiner Übertragung der Algebra al-Choresmis die indisch-«arabischen» Zahlen in Europa. Der spanische Mathematiker Abu l-Hasan Ali al-Ridschal (um 1040) fand seinen Weg als Abenragel nach Europa. Gleichfalls im 12. Jahrhundert übersetzt wurden die Mathematik des Maslama al-Madjriti (des «Madriders») und die Astro-

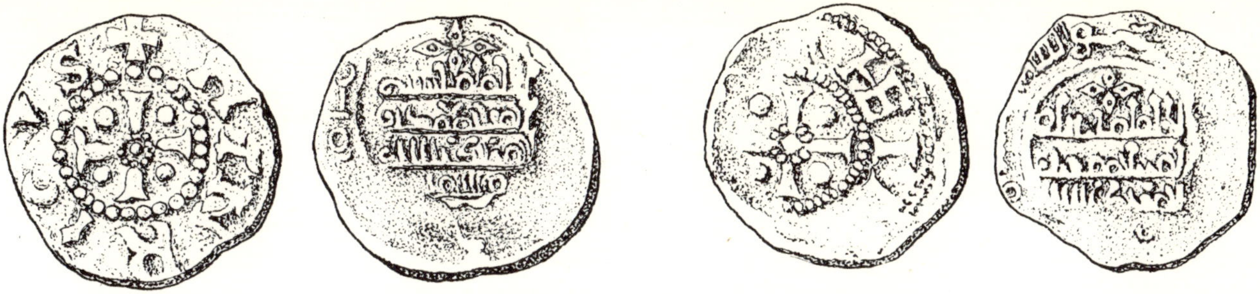

Silberne Nachprägungen spanisch-islamischer Dirhem aus dem Jahre 1002

nomie al-Farghanis, die medizinischen Schriften des Abu l-Qasim Chalaf ibn Abbas al-Zahrawi, den die Übersetzer Abulcasis nannten, und die Werke der Medizinerdynastie der Avenzoar, deren Begründer Abu Marwan Abd al-Malik ibn Abu l'Ala ibn Zuhr in Sevilla gewirkt hatte.

Der Katalone Raimondo Llull überzeugte den Papst anhand der spanischen Erfahrung von der Notwendigkeit, Fachschulen für orientalische Sprachen zu gründen, an denen Arabisch, Aramäisch und Hebräisch gelehrt werden sollten. Das Konzil von Vienne empfahl den Universitäten von Rom, Bologna, Paris, Oxford und Salamanca, orientalische Fakultäten einzurichten. Bald hielt man die Vorlesungen für Medizin bis nach Deutschland hinein nach dem Kanon des Avicenna, und Ibn Ruschd fand in Siger von Brabant zu Paris einen begeisterten Schüler. Der Averroismus zog sich von Paris bis nach Padua. Ibn Ruschds Werke wurden in Venedig zwischen 1481 und 1500 mehrfach gedruckt, und noch 1553 und 1557 erschienen Gesamtausgaben seiner Bücher.

Aristoteles eroberte in seinem arabischen Gewand Europas Hochschulen, und Ibn Sina fand in Roger Bacon, der in Spanien studiert hatte, einen letzten großen Nachfolger. Aber auch Michael Scotus und selbst Thomas von Aquino standen unter dem Einfluß der Übersetzungen griechischer und muslimischer Philosophen. Thomas hielt sich an mehreren Stellen fast wörtlich an die «Widerlegung der Widerlegung der Philosophie» des Ibn Ruschd. Die Übersetzungen der religiösen Schriften, besonders die des Korans, dienten der antiislamischen Religionspropaganda und der Abfassung von Widerlegungsschriften, so denen des Petrus Venerabilis (um 1142).

In Salerno schrieb der Jude Donnola im 10. Jahrhundert hebräische Werke zur Astronomie. Im 11. Jahrhundert lebte im Kloster von Monte Cassino Konstantin der Afrikaner, ein Araber, der über die medizinische Schule von Salerno dorthin gekommen war. Seine Übersetzungen medizinischer Werke der Muslime legten die Fundamente für die europäische Medizin.

Die Auseinandersetzung mit dem Islam und vor allem der Mystik stand auch an der Wiege der Ordensgründung des Franziskus von Assisi. Hugues de Payns (gest. 1070), der Gründer des Templerordens, setzte drei «Sarazenen»köpfe ins Wappen als «Köpfe der Weisheit», nicht als Siegeszeichen.

Eine neue Etappe der Übersetzungen begründete Alfons X., zu Recht der «Weise» genannt. Er gründete in Kastilien eine Schule der Übersetzer und ließ auch Schriften in die kastilische Volkssprache übertragen. In den Wissenschaften war er hauptsächlich an Werken zur Mineralogie, Kosmologie und Alchemie interessiert. Unter seinem Namen laufen die astronomischen «Alfonsinischen Tafeln» zu den Bewegungen der Himmelskörper. Die grundlegenden Beobachtungen und

Berechnungen für diese Tabellen waren das Werk des Abu Ibrahim ibn Yahya al-Nikkasch al-Sarqali (Azarquiel), der im 11. Jahrhundert in Toledo arbeitete. Noch Kopernikus benutzte seine Schriften. In Kastilien wurden auch die Schriften des Mediziners al-Razi und wiederum Abu Mohammed Dschabirs übertragen wie auch pharmakologische Schriften. Alfons X. ließ nicht nur wissenschaftliche Werke übersetzen, sondern auch die Bibel, den Talmud, die Kabbala und den Koran in eine kastilische Fassung bringen, desgleichen die mystische Legende über die Himmelfahrt Mohammeds, das Miradsch-Nameh, von dem bald auch eine provenzalische und eine toskanische Fassung zu haben waren.

Es folgten die Fabeln «Kalila wa Dimna», die ursprünglich indischen Tiergeschichten des Bidpai, die Abenteuer des Sindbad und die Erzählungen aus Tausendundeiner Nacht. Die in die Volksliteratur eingehenden Übersetzungen bildeten eine Grundlage der spanisch-italienischen Novellendichtungen. Sie waren die Voraussetzung der Werke Boccaccios und Dantes, der vermutlich eine der Übersetzungen des Miradsch-Nameh gekannt hat und ihr die Grundidee seiner Höllen- und Himmelfahrt entlehnte. Die islamische Liebesdichtung mystischen Gehalts wanderte über kastilische und provenzalische Vermittlung bis nach Deutschland, wo sie den Minnesang anregte. Ibn Tufails «Hayy ibn Yaqzan» wurde im 14. Jahrhundert ins Hebräische übersetzt, danach verfaßte Pico della Mirandola im 15. Jahrhundert eine erste lateinische Version und Edward Pocock 1671 eine zweite Fassung, auf der dann holländische, deutsche und englische Robinsonaden aufbauten.

3. Der Orient in Europa

Orientalische Vorbilder · Levantehandel · Mudéjarkunst · Der Palast Pedros des Grausamen · Synagogen in Toledo Kleeblattbögen in St. Andreas · Buchmalerei der Beatusmanuskripte

Der Anteil spanisch-islamischer und maghribinischer Vorbilder an der im 11. und 12. Jahrhundert rasch zunehmenden Zahl orientalischer Anregungen für die Kunst Europas ist schwer abzugrenzen. Der anwachsende Levantehandel, die Pilgerfahrten und schließlich die Kreuzzüge mit ihren Plünderungen und ihrer Ansiedlung europäischer Bevölkerungsteile an Asiens Küste ließen fatimidische Bergkristalle und ihren Ersatz in Glas, syrische Gläser, iranische Seiden, ägyptisches Papier und Zucker sowie indische Baumwolle und südostasiatische Gewürze über die Küstenstädte Italiens und Nordostspaniens den Weg nach Europa finden.

Ebenso kamen orientalische Produkte über den Balkan und quer durch die Steppen Osteuropas an die Höfe und in die entstehenden Städte des feudalen Europas. So stand das 10. Jahrhundert im Zeichen der mittelasiatischen Händler aus dem Samanidenstaat, deren Münzen am Rhein, an der Ostsee, in Schweden und selbst in Schottland umliefen.

Spanisch-islamische Münzen und abbasidische Goldmünzen wurden in England und Deutschland imitiert, so unter anderem durch den König der Angelsachsen Offa.

Vergleichbare Imitationen spanischer Dirhems aus dem Jahre 1002 mit lateinischen und arabischen Bilinguen (zweisprachigen Aufschriften) *Abb. S. 199* fanden sich unter anderem in Polen bei Čichanow (Karabaček, 1870, T. VI, 1–2).

In Spanien nahm die Arabisierung der Kunst im Prozeß der Reconquista die Form der Mudéjarkunst an. Als Mudéjar bezeichnete man jene Araber, die im nun christlichen Machtbereich wohnen bleiben durften *Tafel* 89, 90 (von mudéjar = erlaubt zu bleiben) und deren Kunstfertigkeiten bald Allgemeingut der Städter wurden. Da die Mudéjar zu-

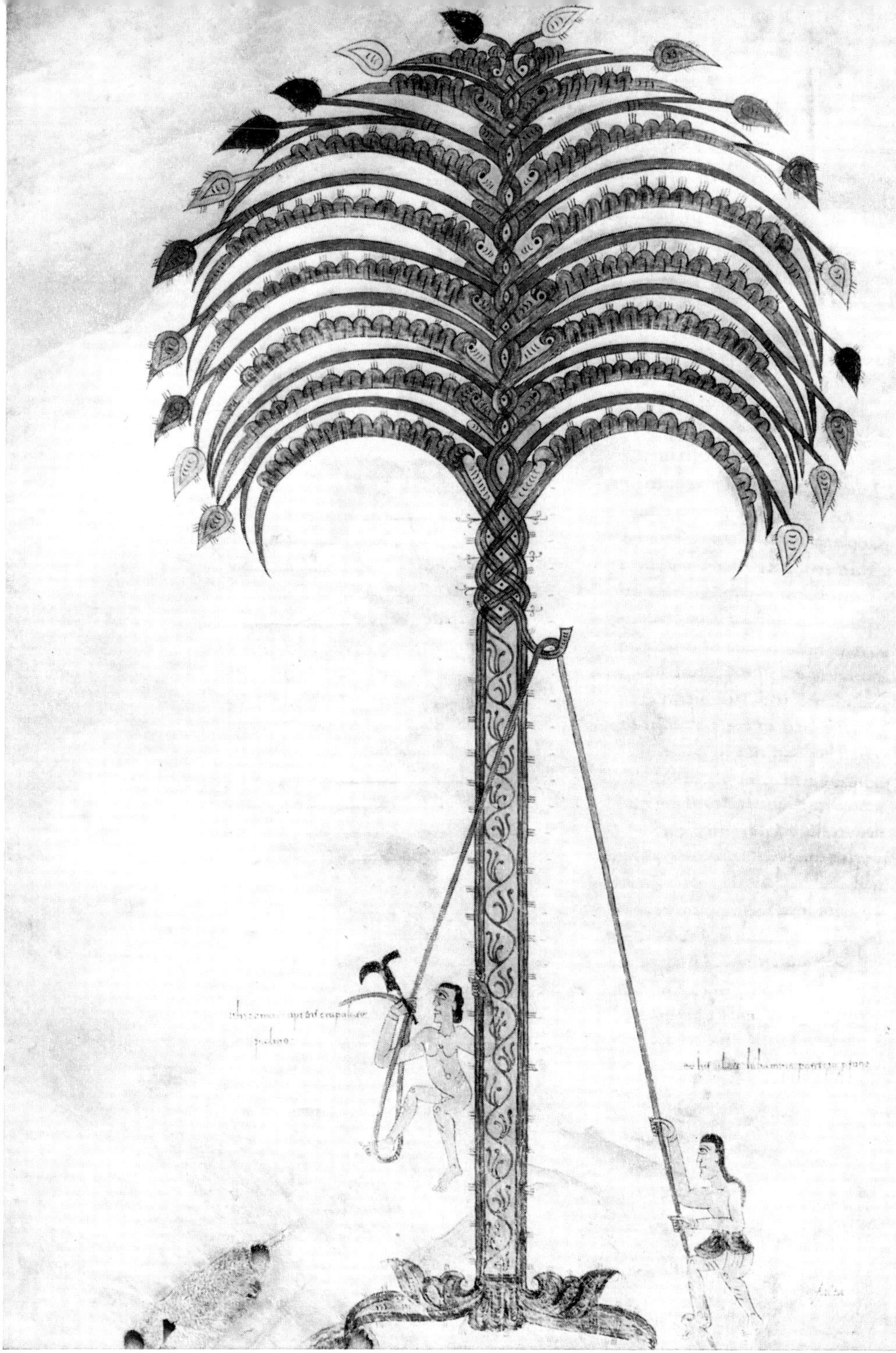

131
Der Palmbaum,
Miniatur
aus dem Kodex
der Apokalypse
des Johannes,
Beatus von Liebana,
Asturien, 975

132
(folgende Seite)
Johannes vor dem
Engel unter der
offenen Himmelstür,
unten: Johannes
und die sieben
Christengemeinden
Kleinasiens,
Miniatur
aus dem Kodex
der Apokalypse
des Johannes,
Beatus von Liebana,
Asturien, 975

133
(übernächste Seite)
Die Himmelfahrt der
zwei Zeugen,
Miniatur
aus dem Kodex
der Apokalypse
des Johannes,
Beatus von Liebana,
Asturien, 975

VBI IOHANNES ANGELUM ADORAT ET DICIT EI ANGELUS NE FECERIS
CONSERUUS TUUS SUM ET FRATRUM TUORUM DM ADORA

VBI VIDENTES EOS INIMICI EORU(M) ELIAS ET ENOC ASCENDE
RUNT IN NUBE
QUI IN TERRE MOTUM CECIDERUNT
SUAS

134
Das sechste Siegel, dargestellt vom «Archipictor» Magius in der Beatus-Handschrift, San Miquel de Escalada, um 962

135
Das Lamm auf dem Berge Zion, dargestellt vom «Archipictor» Magius in der Beatus-Handschrift, San Miquel de Escalada, um 962

136, 137
(folgende Seiten)
Maghribinische Miniaturen zu der Liebesgeschichte «Bayad wa Riyad», 12 (?). Jahrhundert

SENIORES
AGNUS STANS IN MONTE SION ET CUM EO CENTUM XL QUATUOR MILIA HABENTES CITHARAS
HII SECUNTUR AGNUM

فلما فرغ بياض من شعره قالت له رياض الله حسيبك من غدر وهجر
ولم ينصف مع امكان الوصل ووجود السبيل فقال بياض امثل الوفا قليل
ثم قالت السيدة يا بياض انت شاعر مغلق واديب اريب ونحن نقول ما
روينا وحفظنا وسمعنا من غيرنا وانت تقول من تلقا نفسك بارك الله
فيك ووقاك المحذور ولقاك بالخير والسرور فقضوا الكل اعجب الليل ومفرحون

ومشى في الزرائع وصيفة راشدة والبوابة على الباب والستر لا تفتح فما
لا منها وعنها تقول إن رفع الأمر على الحاجب فلا عذر لي عنده لأني جنيت
ما لم يجنه أحد من الخلق قبلي ولا بعدي

صورة شمول تكلم بياضا وهو بقرب

الجزيرة على النهر وقد دفع إليه كتاب رياض

138–141
Palermo, Sizilien, Palazzo Reale, Cappella Palatina, Teile der Malerei auf Holz, 1132–1140

142
Koranseite, Granada, Spanien, 14.–15. Jahrhundert

ان الله يعلم ما تفعلون ولا

تكونوا كالتي نقضت غزلها من بعد قوة انكاثا تتخذون
ايمانكم دخلا بينكم ان تكون امة هي اربى من امة
انما يبلوكم الله به وليبينن لكم يوم القيامة ما كنتم
فيه تختلفون ولو شاء الله لجعلكم امة واحدة ولكن
يضل من يشاء ويهدي من يشاء ولتسئلن عما كنتم تعملون
ولا تتخذوا ايمانكم دخلا بينكم فتزل قدم بعد ثبوتها
وتذوقوا السوء بما صددتم عن سبيل الله ولكم

عذاب عظيم ولا تشتروا

بعهد الله ثمنا قليلا انما عند الله هو خير لكم ان
كنتم تعلمون ما عندكم ينفد وما عند الله باق ولنجزين
الذين صبروا اجرهم باحسن ما كانوا يعملون من عمل
صالحا من ذكر او انثى وهو مومن فلنحيينه حيوة طيبة
ولنجزينهم اجرهم باحسن ما كانوا يعملون فاذا قرات
القران فاستعذ بالله من الشيطان الرجيم انه ليس له سلطان
على الذين امنوا وعلى ربهم يتوكلون انما سلطانه على

الذين يتولونه والذين هم

143
Lüsterfayence, Manises bei Valencia, Spanien, um 1400

144
Lüsterschale, Manises bei Valencia, Spanien, um 1400

145
Fayence in Blau, Manises bei Valencia, Spanien, um 1400

146
Fayenceschale, grün und manganviolett bemalt, Paterna oder Manises bei Valencia, Spanien, 14.–15. Jahrhundert

147
Albarello-Fayence mit Lüsterdekor, Valencia (Manises?), Spanien, um 1450

148
Ölkrug, polychrome Keramik, Fès, Marokko, 17.–18. Jahrhundert

149
Fayencevase, dichte Goldblumenmalerei,
Valencia, Spanien, um 1500

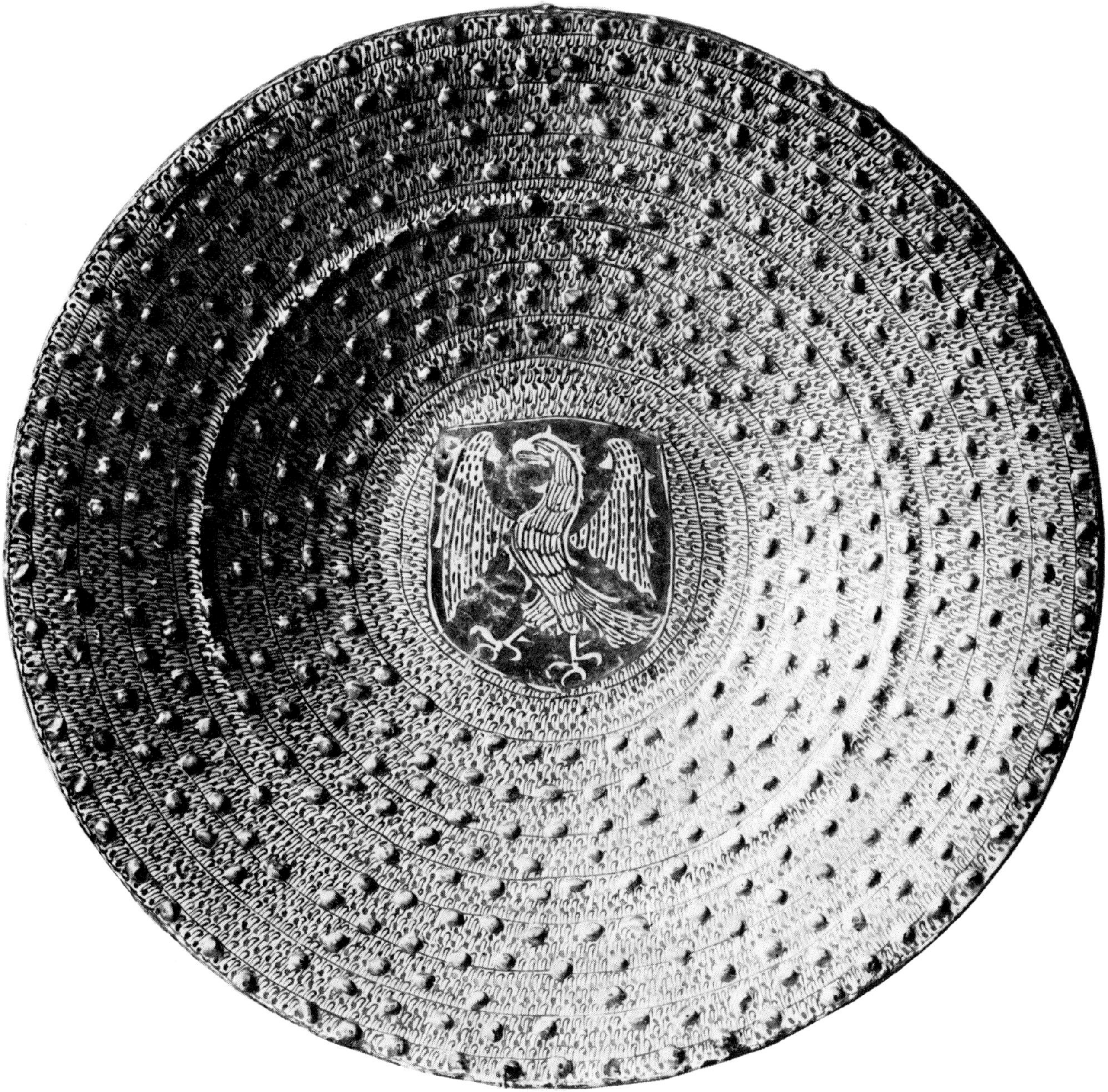

150
Fayenceschale mit Wappen (von Sevilla?), Lüstermalerei, Manises bei Valencia, Spanien, um 1500

151
Wassergefäß,
gebrannter Ton
mit grünen Glasurteilen,
Sevilla, Spanien,
14.–15. Jahrhundert

152
Fliese
mit Nasridenwappen,
Alhambra, Granada,
Spanien,
14. Jahrhundert

153
Henkelschale, Lüsterfayence,
Malaga, Spanien,
14. Jahrhundert

154
Majolikaschüssel, Goldmalerei mit Blaublattwerk, Valencia, Spanien, um 1450

155

Majolikaschale, Goldlüstermalerei, Wappenschild mit Adler (Wappen von Sevilla?), Valencia, Spanien, 16. Jahrhundert

156
Fayencefliese in Blau auf Gelb, Spanien, 16. Jahrhundert

157–159
Glasierte Wandfliesen mit farbiger Bemalung, Azulejos, Spanien, 16. Jahrhundert

nehmend zum Christentum übertraten, wenn auch nicht immer freiwillig, verschmolzen sie mit den Mozarabern und den Romanen zum spanischen Volk. Auch die Juden bewahrten die islamisch geprägten Kunstformen, so daß selbst Synagogen im Mudéjarstil entstanden.

Schon Alfons VI. besiedelte nach dem Fall Toledos die Hochebenen Zentralspaniens mit Nordspaniern und mit Franken, die durch Steuer- und Rechtsbegünstigungen angezogen wurden. Er konnte um Pfarrkirchen neue Städte gründen, so Avila, Segovia und Cuéllar. In León, Pamplona und Estella wuchsen fränkische Stadtviertel, die neben den Handwerkervierteln der Mudéjar standen.

Alfons der Weise griff wiederholt zugunsten seiner arabischen Untertanen gegen die Ritterorden ein. Mehrfach erließ er Verbote gegen den Aufkauf der Immobilien innerhalb der Mauern seiner Städte durch Kirchen, Klöster oder von der Steuer befreite Adlige. Er wollte die Handwerkerschicht erhalten und selbst die Steuern einnehmen. In gleicher Weise untersagte 1370 König Pedro IV. von Aragón der Kirche, in Barcelona Grundbesitz zu erwerben oder neue Kirchen zu bauen.

Die Handwerker nahmen christliche Symbole und die Wappen der Auftraggeber in ihre Kunst auf und prägten den eigenartigen Charakter spanischer Baukunst mit ihren Säulengängen, dem reichen Dekor und den Bögen islamischer Tradition, so in der Kirche S. Miguel de Escalada bei León, einer im Jahre 913 geweihten Basilika mit Hufeisenbögen.

Ein Meisterwerk granadischer Künstler war der Palast König Pedros IV., des Grausamen, der Alcá-
Tafel 87 88, 130
zar in Sevilla, dessen arabische Kalligraphien «Don Pedro» feiern.

Die älteste Phase der Mudéjarkunst repräsentieren zwei Synagogen in Toledo. Die ältere entstand um 1200 im almohadischen Stil, die jüngere um 1365 mit hebräischen Schriftfriesen und gotischen Stilelementen. Die mittlere Phase dieser Kunstrichtung dokumentieren die Bauten von Sevilla, und die jüngere Etappe gehört in die Zeit nach dem Fall Granadas.

Im 11. und 12. Jahrhundert drangen die spanischen oder maghribinischen Hufeisen- und Kleeblattbögen in die romanische Kunst West- und Zentraleuropas ein.
Abb. S. 226
So treten letztere an der Fassade der Kirche Petit-Palais in der Gironde, im Innenraum von St. Andreas in Köln (um 1200) und am Westportal des Halberstädter Doms (um 1230) auf. Die Vorhalle von St. Andreas erinnert an die großen Almohadenmoscheen Marokkos (Frankl, 1926, Abb. 313). Auch die Doppelkapelle von Freyburg an der Unstrut schmücken westislamische Zackenbögen (um 1220).

Es war kein Zufall, daß um 1100 in der Normandie das gotische Rippengewölbe entstand, saßen doch die Normannen in jener Zeit auf Sizilien und standen im engen Austausch mit den Muslimen Ägyptens und Spaniens. Die Vorhalle von Casale Monferato (um 1200) wird von zwei sich schneidenden Gurtpaaren getragen wie bei einer der Kuppeln der Bibi-Mardum-Moschee von Córdoba – und armenischen Kirchen des 12. und 13. Jahrhunderts.

Das Aufgreifen arabischer Schriftzeichen im Baudekor und in der Textilornamentik in Sizilien, Spanien und Frankreich (11.–12. Jahrhundert) und in Deutschland (13. Jahrhundert) wirkte auf die christliche Buchmalerei ein. Nur gelegentlich sind sie noch lesbar, zumeist werden sie nur als reizvolle Dekormotive benutzt und verschwinden schließlich ganz.

Die illustrierten Manuskripte der Apokalypse des heiligen Johannes, der Beatus-Apokalypse
Tafel 131–135
(s. Neuss, 1931), gleichen in vielen Zügen armenischen Miniaturen der Vaspurakanschule. Jedoch sind die Wahl der Farben und die Motive mozarabisch, grell und scharf in der Nebeneinanderstel-

Die Entwicklung des Zackenbogens

1 Samarra, Moschee, 846 2 Córdoba, Große Moschee, 962 3 León, San Isidoro, 1054 4 La Souterraine, Frankreich, um 1200
5 Clay Church, England, 14. Jahrhundert 6 Maulbronn, Kapelle, 14. Jahrhundert

lung von Gelb, Grün, Rot und Blau. Sie stammen zumeist aus dem 10. bis 13. Jahrhundert. Inhaltlich wurzeln sie in der afrikanischen Praevulgata, die die Donatisten benutzt hatten.

Sie werfen erneut die Frage nach älteren christlichen und auch jüdischen Miniaturen aus Nordafrika und dem islamischen Spanien auf. Die erhaltenen Handschriften stammen aus dem Herrschaftsbereich christlicher Fürsten – aber sowohl die Motive wie die Farbgebung schließen nicht an gotische oder byzantinische Traditionen an, sondern wirken «afrikanisch». Gewiß war die im spanischen Islam vorherrschende Orthodoxie streng «bilderfeindlich», aber das vorislamische Christentum Nordafrikas war vorwiegend «bildfreudig», wie die Mosaiken belegen. Auch die gotischen Kirchen trugen reichen Bildschmuck, wie mozarabische Kirchen in Toledo erschließen lassen.

VI *Der Islam des Westens auf dem Rückzug (1200–1500)*

Der Fall Siziliens · Die Reconquista · Das Emirat von Granada als Vasall Kastiliens · Meriniden und Wattasiden · Hafsiden · Der Umbruch des 12. Jahrhunderts · Europäische Konkurrenz und Nomadenstürme · Die Städte Italiens und der Feudalismus · Legnano und Venedigs Seemacht · «Stadtluft macht frei» · Genuesen und Venezianer im Orient

«Schwer waren die Gläser, als sie noch leer,
Gefüllt mit klarem Wein, aber wurden sie leicht,
So daß sie beinah emporflogen, samt ihrem Inhalt,
Gleich wie die Leiber leicht werden vom Geist.»
Idris ibn al-Yamani

Seit dem Untergang des Kalifats der spanischen Umaiyaden verlor der maghribinische Islam in schweren Kämpfen mehr und mehr an Boden. Politisch und militärisch kam dies im Fall des islamischen Siziliens und in der spanischen Reconquista zum Ausdruck. Neben Aragonien und Kastilien war Portugal zum Königreich aufgestiegen (1143) und entriß mit Kreuzfahrerhilfe den Muslimen Lissabon (1147). Weder das Eingreifen der Almorawiden noch der Vorstoß der Almohaden vermochten das Geschick zu wenden. Toledo war 1085 gefallen. 1212 schlugen die vereinigten Christenheere die Almohaden vernichtend vor Las Navas de Tolosa. Aragón und das mit León vereinigte Kastilien vertrieben die Almohaden. Die Balearen wurden erobert (1229–1235), 1236 fiel Córdoba an die Kastilier, 1238 nahm Aragón Valencia, und zehn Jahre darauf eroberten die Kastilier Sevilla und Cádiz. Das Emirat Granada unterwarf sich 1246 den Kastiliern und blieb nur als Vasallenstaat der Spanier bis 1492 bestehen.

In Marokko nutzte der Stammesverband der Meriniden die schweren Verluste der Almohaden in Spanien zur Übernahme der Macht (1269). Sie behaupteten Marokko und Teile Algeriens bis 1420. Dann mußten sie den Wattasiden weichen, die sich bis 1554 in endlosen Kriegen mit den Portugiesen und Spaniern verbrauchten. In Ifriqiya machten sich die Hafsiden selbständig (1228–1558). *Karte S. 228*

An der Wende zum 16. Jahrhundert schien Nordafrika einer neuen Reconquista zum Opfer zu fallen, als vom Osten her eine neue Macht in den Kampf eingriff, die Osmanen. Die Besetzung der nordafrikanischen Küste durch sie eröffnete den letzten Abschnitt der vorkolonialen Geschichte Nordafrikas.

Aber wie geschah es, daß die Länder des Islams im Westen wie im Osten im 12. und 13. Jahrhundert ihre Vorherrschaft verloren und zurückgedrängt wurden? Welche Kraft stand hinter den Kreuzzügen und der Reconquista? Die letzten Gründe dafür scheinen tief in den Bereichen der Produktion und gesellschaftlichen Organisation zu suchen zu sein.

Bis in das 13. Jahrhundert hinein nahmen die europäischen Händler dankbar die Prunkprodukte in

Seide, Elfenbein, Glas und Baumwolle oder Metall auf, die sie in den Hafenstädten des Maghrib und des Maschriq, des «Orients», gegen Gold, Stahl oder Sklaven erwerben konnten. Aus dem Orient und aus Spanien holten sie Papier, Zucker und Gewürze. Doch schon im 12. Jahrhundert begann eine Wende. Venezianer, Pisaner und Genuesen boten im Orient und im Maghrib reineres und haltbareres Papier an, brachten phantasievoll verzierte Seiden, in orientalisierender Weise dekorierte Metallgefäße, sehr reines und oft farbenfrohes Glas und Waffen. Hinzu kamen billige Wollstoffe und Leinen. Die Handwerksbetriebe des Maghrib, Ägyptens und Syriens erlagen immer mehr der Konkurrenz. Außerdem litten diese Länder unter den verheerenden Einfällen der Seldschuken, dem Mongolensturm und den Kriegen der Turkmenen im Osten sowie der ständigen Nomadenbedrohung im Westen.

Die Städte Italiens und Westeuropas blieben von derartigen Plünderungen verschont, die nahezu jedes Jahr über die Orientalen und Nordafrikaner hereinbrachen. Sie hatten sich mit den europäischen Feudalmächten auseinanderzusetzen, und ihre führenden Zentren traten bald selbst dem Kaiser mit bewaffneter Hand entgegen. Die Schlacht bei Legnano (1176) steht für viele andere. In ihr unterlagen die Ritterheere des Kaisers Friedrich I. der Armee des oberitalienischen Städtebundes. Die Handelsstädte waren in die Reihe der Weltmächte aufgestiegen, was in der Führungsrolle Venedigs im vierten Kreuzzug (1202–1204) gegen Byzanz deutlich wurde.

Die west- und südeuropäische Stadt war nicht die Residenz des Kaisers. Sie war von einem feudal organisierten Land umgeben, auf dem leibeigene Bauern lebten, die von einer erblichen Adelskaste abhängig waren. «Stadtluft macht frei», hieß es, und der flüchtige Leibeigene fand Zuflucht in der Stadt, die sich selbst verwaltete, aber kein Land erwerben konnte. Zugleich verlieh ihr die relative Stabilität der Feudalstruktur auf dem

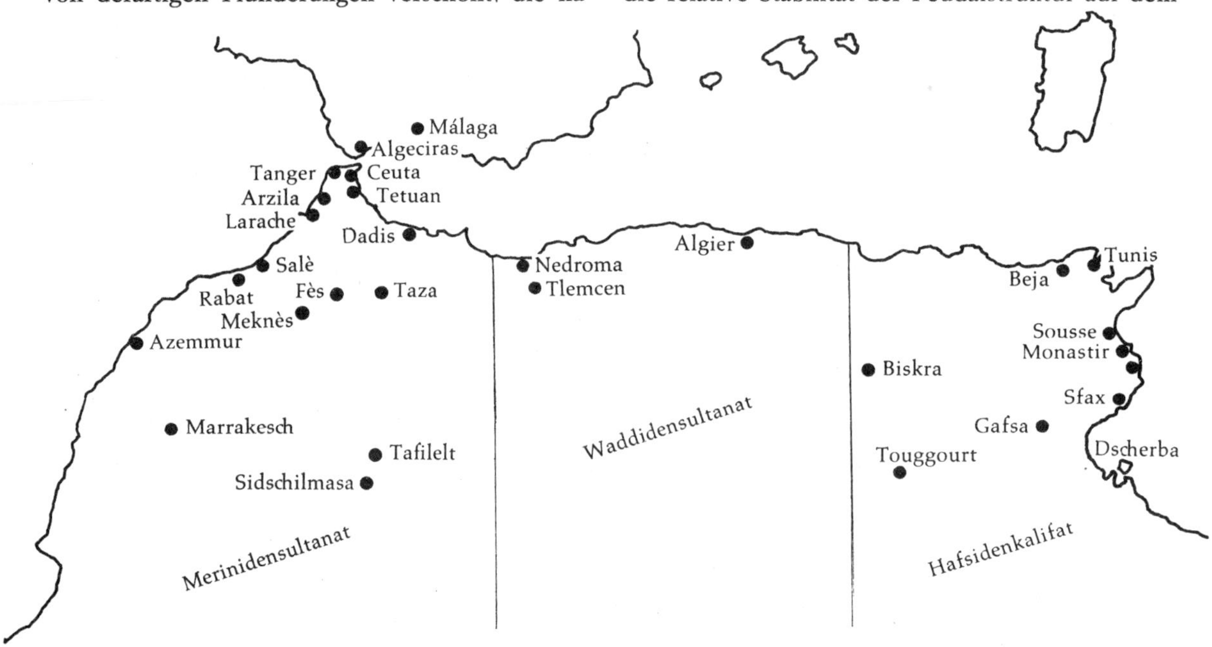

Der Maghrib und Granada zu Ende des 13. Jahrhunderts

flachen Land Handels- und Versorgungsaufgaben. Sie wurde zum Sitz der Handelsaristokratie und einer freien Handwerkerbevölkerung, die im Rahmen der Zunftbestimmungen ihre Produktion entfalten konnte. Die importierten orientalischen Luxusgüter ahmte man nach, wandte schließlich die Wassermühle bei der Zuckerverarbeitung, in der Textilproduktion, dem Metallgewerbe und bei anderen Arbeiten an und überbot die früheren Lehrmeister in der Technik, der Qualität und Produktivität.

Im ungehinderten Zugang zu Eisenerz, Kupfer und Schiffsholz wuchsen im 11. und 12. Jahrhundert die führenden Städte Norditaliens in ihre für drei Jahrhunderte meer- und handelbeherrschende Rolle. Der Kaiser war fern und in der Regel in feudale Konflikte verstrickt. Der Papst stützte sich gern auf das Bündnis der Städte, deren Haupthandelspartner im Orient lebten.

Sizilien fiel nach dem Untergang der Staufer 1268 mit päpstlicher Hilfe an das französische Königshaus, doch bereits 16 Jahre später übernahm Pedro III. von Aragón die Macht auf der Insel.

In Spanien verschafften die feudalen Machtkämpfe zwischen Grundherren und Städten, zwischen Kastilien und Aragonien den Mauren eine Atempause von zweihundert Jahren. Jedoch hatte der westliche Islam die Wälder und Erzgruben Siziliens und Nordspaniens verloren, konnte keine Flotten aufbauen und war ins Abseits von den Haupthandelswegen geraten. Die Flotten Venedigs und Genuas segelten nach Ägypten und Syrien. Der Karawanenzug von Ägypten nach Nordafrika verlor an Bedeutung.

1. Die Herren der Alhambra

Die «rote Burg» · Nasriden in Granada · Blüte eines kleinen Staates · Der Ort des Gerichts · Myrtenhof und Löwenhof · Meister der Stukkatur · «Kein Sieger außer Gott» · Der «Turm der Gefangenen» · Die Malereien im «Damenturm» · Seltene Miniaturmalereien · Das «Schachzabelbuch» · Miguel Alcañes · Die Azulejos · Lüstermajolika aus Valencia · Die Boabdil-Schwerter · Die Aushungerung der Residenz · Die Verbrennung der Bibliotheken · Die Austreibung der Juden und Moriscos

Noch in unseren Tagen gilt die Residenz der Nasriden-Emire in Granada, die Qal'at al-Hamra, als das Meisterwerk des spanischen Islams. Ihre Ziegelmauern, die ihr den Namen «die rote Burg» gegeben haben, umschließen einen glanzvollen Baukomplex, der in seinen Anfängen bis in das 9. Jahrhundert zurückgeht. Die Ziriden haben diese Felsnase hoch über dem Daro-Tal befestigt. Aber erst Mohammed ibn Yusuf ibn Ahmad ibn Nasr, genannt Ibn al-Ahmar, baute sie zur Residenz aus. Er hatte sich beim Zerfall der Almohadenmacht auf die Seite der Sieger, der Kastilier, geschlagen und sie bei der Beseitigung der anderen Kleinfürsten Spaniens unterstützt, so bei der Einnahme Sevillas. 1264 fiel als letzter der Emir von Murcia. Zum Dank für diese Unterstützung überließen die Kastilier Ibn al-Ahmar Granada, das er 1237/38 erobert hatte und in der Folgezeit als Vasall der kastilischen Könige regierte.

Ausschlagtafel

Granada war damals ein von Muslimen und Juden bewohntes Gebiet, während Mozaraber weitgehend fehlten. So war es den Nasriden ein leichtes, den Islam als Herrschaftsideologie zu nutzen. Nach mehreren vergeblichen Versuchen der in Marokko zur Macht gekommenen Meriniden, Granada zu besetzen, bildete sich ein ziemlich stabiles Verhältnis sowohl mit Kastilien wie mit Marokko heraus. Die innere Geschichte ist wenig bekannt, und die Außenpolitik wurde vom Lavieren zwischen den Spaniern und den Marokkanern bestimmt.

Im 14. Jahrhundert erlebte Granada seine Blütezeit (etwa 1344–1396) auf der Grundlage einer ertragreichen Bewässerungslandwirtschaft und eines traditionsreichen Handwerks. Auf den Bauern und Handwerkern lastete die Bedrückung durch den Schwertadel und die immer fanatischer werdenden Ulema.

Die bedeutendste Hinterlassenschaft der Dynastie und der Kunsthandwerker Granadas ist die Alhambra, errichtet in erster Linie unter Yusuf I. (1333–1353) und Mohammed V. (1353–1391). Nur drei Ausschlagtafel Bauteile sind noch in alter Pracht erhalten: 1. Meschuar, der Ort des Gerichts und der öffentlichen Regierungsaktionen; 2. der Thronsaal für die Empfänge mit dem Diwan und 3. der Harim, der eigentliche Wohnpalast.

Den glanzvollsten Bautrakt bildet im Bereich des Thronsaals der große «Myrtenhof», dem im Harim der «Löwenhof» entspricht. Die Gesamtanlage wirkt flüchtig und lässig hingeworfen und ist doch bis ins kleinste Detail geradezu raffiniert verfeinert. Nahezu unerreicht blieb seither die Meisterschaft der Stukkateure, die zwischen zierli- Abb. S. 241 che Marmorsäulen fast durchsichtige Bögen und Felder hängten, die geschickt die eigentlich tragende Konstruktion verbergen. Auch die Kuppeln sind von Stuckdekor ausgefüllt. Inschriften und ornamentale Muster überziehen die Wände, auf Tafel 81–85, 124–129, 142 denen die vermutlich auf christliche Vorbilder zurückgehenden Wappenbilder mit der Königsdevise Granadas «Kein Sieger außer Gott» immer wiederkehren.

Die Dynastie betonte wiederholt ihre mystische Rechtgläubigkeit. So heißt es auf der Wand des Gesandtensaales: «Das Wasserbecken in meiner Mitte gleicht der Seele des Gläubigen, der im Gedenken Gottes versunken ist.» Der Löwenhof ist ein Abbild des erhofften Paradieses. Vier Wasserläufe treffen sich am Brunnen, die Ströme des Paradieses. Der Löwe symbolisiert die Sonne, und ihrer zwölf tragen das Becken als die Vertreter der zwölf Monate. Nordöstlich ist der Alhambra ein Gartenpalast, Generalife, vorgelagert, dessen Parks und Pavillons noch erhalten sind.

Die Gesamtanlage umschließt eine Fläche von 740 mal 220 Metern. Ihre Mauern werden von Türmen mit farbigen Namen wie «Turm der Damen» oder «Turm der Gefangenen» bekrönt. Das Portal des «Damenturms» enthält auf weißem Grund Wandmalereien im Miniaturstil, Gemälde sicher eines muslimischen Künstlers, die Jagden, höfische Feiern und vielleicht Siegesszenen darstellen. Die Decke des Königssaals der Alhambra schmücken Gemälde mit der Wiedergabe eines islamischen Gastmahles. Aber sie sind wohl christlichen Malern, vielleicht Sevillanern oder Franzosen, zuzuschreiben.

Miniaturmalereien aus dem islamischen Westen sind überaus selten. So enthält ein Manuskript des 13. (?) Jahrhunderts, das sich im Vatikan befindet, die «Geschichte der Liebe von Bayad und Riyad», vierzehn Miniaturen, die in manchen Zügen an die Deckengemälde in der Cappella Palatina von Palermo erinnern. Reicher an Miniaturmalereien ist die Mudéjarkunst, so das Schachzabelbuch König Alfons' des Weisen von 1283.

Sehr spät, wohl schon im 16. Jahrhundert, entstand eine heute in Madrid befindliche Handschrift des Ibn Zafar al-Sikilli mit stark von christlicher Malerei beeinflußten Miniaturen. Vielleicht lebte der Künstler bereits als vertriebener «Morisco», wie die Spanier die unterlegenen Muslime nannten, in Marokko.

Orientalische Motive, Araber und Berber in ihren Trachten oder Seidenstoffe islamischer Herkunft erschienen im frühen 15. Jahrhundert wiederholt auf Werken spanischer und italienischer Maler. So arbeitete beispielsweise seit 1422 der Spanier Miguel Alcañes in Florenz. Er ist als «Meister des Bambino Vispo» bekannt geworden. Er arbeitete zuvor in Valencia und auf Mallorca und hinterließ unter anderem die Darstellung einer Reiterschlacht zwischen Muslimen, die heute im Altenburger Museum aufbewahrt wird. Sie dürfte Einband nach dem Augenschein gestaltet worden sein.

Wandmalerei im Turm der Damen, Alhambra, Granada

In der gleichen Zeit wirkte Gentile da Fabriano, der seiner Madonna (heute in Pisa) im Nimbus die Beischrift gab «La illah illa Allah» («Es gibt keinen Gott außer Gott»), den Anfang des islamischen Glaubensbekenntnisses. Sein Vorbild war vielleicht sein Zeitgenosse Masaccio (1401–1428), der seiner Madonna das volle islamische Glaubensbekenntnis in Spiegelschrift in den Nimbus setzte. Sein wahrscheinlicher Auftraggeber Felice Brancacci besuchte 1422 als Botschafter seiner Heimatstadt Florenz den Mamelukensultan Barsbay, und es wird vermutet, daß jene Inschrift auf diese Reise zurückgeht.

In der Alhambra und im Alcázar von Sevilla, den Granadiner Handwerker für Pedro IV. schufen, wurden neben Stuck auch sogenannte Azulejos verwendet, blauglasierte Tonfliesen, daneben polychrome Mosaikplatten und Medaillons. Sie zeugen von der Spätblüte islamischer Keramikkunst, die in Spanien mit Bleisulfidglasuren arbeitete. *Tafel* 152, 156–159

Sevilla produzierte große Tongefäße mit plastischem Dekor. *Tafel* 151 Málaga jedoch übertraf mit einer Lüstermajolika alle Werkstätten seiner Zeit. Auf Weiß oder Blau wurden Muster im Stil der Alhambrastukkaturen verwandt, hauptsächlich bei großen Vasen, die als Schmuck für Prunkräume hergestellt wurden. *Tafel* 153 Aus Málaga wurde diese Technik noch im 15. Jahrhundert in das Gebiet von Valencia übertragen. Hier lebte die Bevölkerung eines ganzen Dorfes, Manises, von der Produktion arabisierender Majolika, auf der bald Wappen, «gotische» Umschriften und Tierfiguren auftauchten. *Tafel* 143–147 Auch das Dorf Paterna bei Valencia lieferte Majolika, die wie die Manises-Ware nach Venedig, Brügge oder Ägypten exportiert wurde. Die Valencia-Ware wurde bald in Flandern und Italien nachgeahmt und steht somit am Ursprung der europäisch-christlichen Majolika. *Tafel* 149, 150, 154, 155

Goldbrokate kamen aus Almería, das den Granadiner Hof und die spanischen Granden versorgte. Sie wurden gleichfalls in Spanien und Ita- *Tafel* 167–175

Tafel 162 lien im Mudéjarstil imitiert. Teppiche sind weniger erhalten geblieben. Eine frühe Arbeit ist der sogenannte Synagogenteppich der Staatlichen Museen zu Berlin.

Berühmt waren die Waffen aus Toledo und Granada, besonders die geraden Schwerter mit prunkvollen Griffen aus Gold mit eingelegtem Email. Sie werden nach dem letzten Nasriden Abu Abdallah (Boabdil) Boabdil-Schwerter genannt. Die Parierstange ist in der Regel mit einem Drachenmotiv verziert. Tafel 187

Das Ende Granadas kam, als nach der Zerschlagung der feudalen Lokalmächte Kastilien und Aragón 1479 durch eine dynastische Heirat vereinigt wurden. Schon zwei Jahre danach griffen die überlegenen christlichen Spanier an. Mit 80000 Mann belagerte Ferdinand I. von 1491 bis 1492 Granada. Von einer Lagerstadt Santa Fe (Heiliger Glaube) aus wurde die letzte islamische Residenz ausgehungert. Der Erzbischof von Toledo, Ximenez de Cisnaros, befahl 1499 ganz im Geist der kurz zuvor begründeten Inquisition die Verbrennung aller arabischen Werke der Theologie. Zwangstaufen bildeten die Alternative zum Exil. Als erste wurden die Juden vertrieben, etwa 170000 Menschen. Als ein Aufstand der «Moriscos» ausbrach, wurden die Aufständischen vertrieben oder erschlagen. 1525/26 mußten auch die Mauren der anderen Provinzen auswandern. Mit den antiislamischen Gesetzen von 1566 war die islamische Periode Spaniens endgültig vorbei.

Die Flüchtlinge wandten sich nach dem noch überwiegend von Berbern bewohnten Marokko, das sie weitgehend arabisierten, sowie nach Ifriqiya, nach Tunesien, wo noch heute die Bewohner ganzer Regionen stolz auf ihre andalusische Herkunft sind. Es müssen viele Hunderttausende gewesen sein, zu denen sich 1609–1614 die als unzuverlässige Christen geltenden Mozaraber gesellten, von denen damals ungefähr eine halbe Million Spanien verlassen mußte.

2. Die Meriniden als Herren des al-Maghrib al-Aqsa, des «äußersten Westens»

Die Nomaden der Banu Merin · Sklaven, Beute und Kamele · «Wie ein Schwarm Heuschrecken» · Der Glanz der Hauptstadt · Die Mellah · Al-Qarawiyin · Mansura vor Tlemcen · Kriege und Prunkbauten · Die Medresen in Meknès und Fès · Spanier und Portugiesen greifen Nordafrika an · Die Häfen in der Hand der «Ungläubigen»

Den Niedergang der Almohadenmacht nutzten die Führer einer anderen Stammesgruppe, der Banu Merin, um die Macht an sich zu bringen. Sie gehörten zu den Zenata-Berbern, die im Gebiet der Oase Biskra nomadisierten. Schon bei der Errichtung des Almohadenstaates hatten sie sich mit anderen Zenata-Stämmen dieser Entwicklung mit Waffengewalt widersetzt. Sie waren aber geschlagen und in die Steppen am Sahararand abgedrängt worden. Dort behielten sie ihre Unabhängigkeit und beteiligten sich höchstens mit Freiwilligen am Heiligen Krieg, so in der Schlacht von Alarcos. Sie unterhielten ständige Kontakte zu den anderen Zenata-Stämmen, die bis an die Rifküste verteilt im Lande siedelten. Jede Schwächung der Almohadenmacht war den Nomaden willkommen, ihren Einfluß auszudehnen. 1215/16 griffen die Zenata die Almohaden nach deren vernichtender Niederlage bei Las Navas de Tolosa an vielen Stellen an. Der Chronist Ibn Ali Zur schrieb in seiner «Raud al-Qartas»: «Die Banu Merin lebten in einem Gebiet, das sich südlich des Zab bis nach Sidschilmasa erstreckt. Sie waren Nomaden und zogen zwischen den Berberstämmen in der Wüste umher. Sie kannten weder Geld noch Münzen

160
Palermo, Sizilien,
Palazzo Reale, Cappella Palatina, Kuppelgemälde, 1143
161
Krönungsmantel Rogers II., 1133/34

IC
XC

162
Sogenannter «Synagogen»-Teppich aus Spanien, 14. Jahrhundert

163
Maghribinische Miniatur zu der Liebesgeschichte «Bayad wa Riyad». Bayad liegt bewußtlos am Ufer, daneben ein Wasserrad, 12. (?) Jahrhundert

164
Fès, Marokko, Fußschale,
Keramik, 17. Jahrhundert

165
Meknès, Marokko, Fußschale,
Keramik, frühes 18. Jahrhundert

Sidy Hassan, late Bey of Tripoli.

und waren keinem Fürsten untertan. Stolz und verachtend von Natur, duldeten sie weder Angriff noch Bündnis. Sie wußten nichts von Ackerbau und Handel und gaben sich nur mit Jagd, Pferdezucht und Beutezügen ab. All ihr Besitz bestand in Pferden, Kamelen und Negersklaven. Sie nährten sich von Fleisch, Früchten, Milch und Honig. Ein Teil von ihnen kam jeden Sommer in den Westen, um die Pferde zu weiden und zu tränken. Im Herbst versammelten sie sich alle in Agersif und kehrten von dort in ihre Gegend zurück. Das war ihre Gewohnheit von alters her. Im Jahre 615 (1216) kamen sie wie üblich nach dem Westen und entdeckten, daß hier alles in Auflösung begriffen war. Sie vernahmen, daß das Heer (der Almohaden) in der Schlacht von 'Ukab (Las Navas de Tolosa) umgekommen war, und fanden überall verlassene, nur von Löwen und Schakalen besuchte Orte. Da ließen sie sich auf den verlassenen Ländereien nieder und benachrichtigten gleich ihre Brüder von der neuen Lage: ‹Kommt hierher›, sagten sie ihnen; ‹es gibt da in Fülle Gras und Korn; die Weiden sind weit und reichlich von Quellen und Bächen bewässert; die Bäume sind groß und die Früchte köstlich; überall gibt es Quellen und Flüsse. Kommt ohne Furcht; niemand wird euch hindern oder vertreiben.› Auf diese Nachricht hin machten sich die Banu Merîn sogleich auf den Weg nach dem Westen, nachdem sie sich Gott dem Allmächtigen empfohlen hatten. Sie kamen von Halt zu Halt, auf ihren Pferden und Kamelen, mit ihren Herden, ihrem Gepäck und ihren Zelten; sie nahten in so großer Zahl, daß ihre Schar einem Regenschauer oder den Sternen des Nachthimmels glich ...

Sie fanden, daß sich die Könige der Almohaden nicht mehr um ihre Pflicht und Aufgabe kümmerten, daß sie dem Wein, der Wollust und dem Wohlleben ergeben waren. So drangen sie mühelos in das Land ein und begannen, die befestigten Orte zu erobern. Denn es war Gottes Wille, daß sie über den Westen herrschen sollten. Wie ein Schwarm von Heuschrecken überzogen sie bald das ganze Land. Tätig und mutig im Kampf behaupteten sie immer mehr ihre Macht und eigneten sich ein Gebiet nach dem anderen an, bis sie endlich, im Jahre der Hidschra 613 (1216), das Heer der Almohaden schlugen.» (nach Burckhardt, 1960, S. 34)

Noch fast fünfundvierzig Jahre gingen die Kämpfe hin und her, und endlos waren die Leiden der Bauern und Städter. Die Kastilier nahmen sogar bereits im Handstreich den Hafen Salè (1260), verloren ihn aber kurze Zeit später wieder. Selbst als Marrakesch gefallen war (1266), führten die Almohaden mit Hilfe ihnen ergebener Bergstämme bis 1269 den Kampf fort. Dann siegten die Meriniden endgültig, und ihr Führer nahm den Titel «Emir der Gläubigen» an.

Als Hauptstadt diente wieder Fès. Westlich der *Abb. S. 228* Altstadt entstand die Residenzstadt Fes al-Jedid (Neu-Fès) mit der angeschlossenen Judenstadt Mellah, die zum Zentrum des Kunstgewerbes, des Fernhandels und des Bankgewerbes wurde. Es waren zumeist aus Spanien geflohene Juden, die hier eine neue Heimat fanden. Sie verwalteten sich selbst und hielten rabbinisches Gericht über ihre Glaubensgenossen. Gegen die Zahlung der Kopfsteuer waren sie frei, in den Mauern der Mellah nach eigenen Gesetzen zu leben.

Fès soll damals 785 Moscheen, 80 Brunnen und 93 öffentliche Bäder besessen haben. Der Basar der Stadt bildet noch in der Gegenwart einen eigenen Stadtteil, die Qaisariya, die des Nachts durch eigene Tore verschlossen war.

Unter dem Merinidensultan Abu Yusuf Yaqub wurde die großartige Moschee al-Qarawiyin in Fès vollendet. Sie steht im Viertel der Zuwanderer aus Kairuan, von denen sie ihren Namen hat. Zweihundertsiebzig Säulen tragen in sechzehn Schif-

166
Sidi Hasan, Bei von Tripolis, um 1790

fen je einundzwanzig Gewölbebögen. Sie soll 22000 Betern Platz bieten. Ihre Innengestaltung ist schlicht und wird von einem 600 Kilogramm schweren Leuchter beherrscht. Spanischen Einfluß verrät der Mihrab.

Die Qarawiyin diente schon im 10. Jahrhundert als Hochschule und wird oft als älteste des Westens bezeichnet. Hier lehrten Ibn Chaldun und al-Bitrudschi. Die Legende erzählt, Gerbert von Aurillac, der spätere Papst Silvester II., habe hier das Dezimalsystem, die arabischen Ziffern und die Null kennengelernt.

Noch im späten 15. Jahrhundert schrieb Abu l-Hasan Ali ibn Maimun in der «Salwat al-Anfas» über Fès: «Ich habe in meinem Leben noch nie seinesgleichen gesehen noch irgendwelche andere Gelehrte, die ebenso wie die von Fes das heilige Gesetz in Wort und Tat bewahrten und sowohl die Schriften ihres Lehrers, des Imâm Mâlik, als auch die übrigen äußeren Wissenschaften wie die Rechtskunde, die Überlieferung der Aussagen des Propheten und die Auslegung des Korans gleich gut beherrschten. In Fes findet man Kenner aller verstandesmäßigen Wissenszweige wie Grammatik, Erbrecht, Mathematik, Zeitbestimmung, Geometrie, Einheitslehre, Logik, Rhetorik, Musik und so weiter, die alle die einschlägigen Texte auswendig wissen. Wer nicht den grundlegenden Text zu

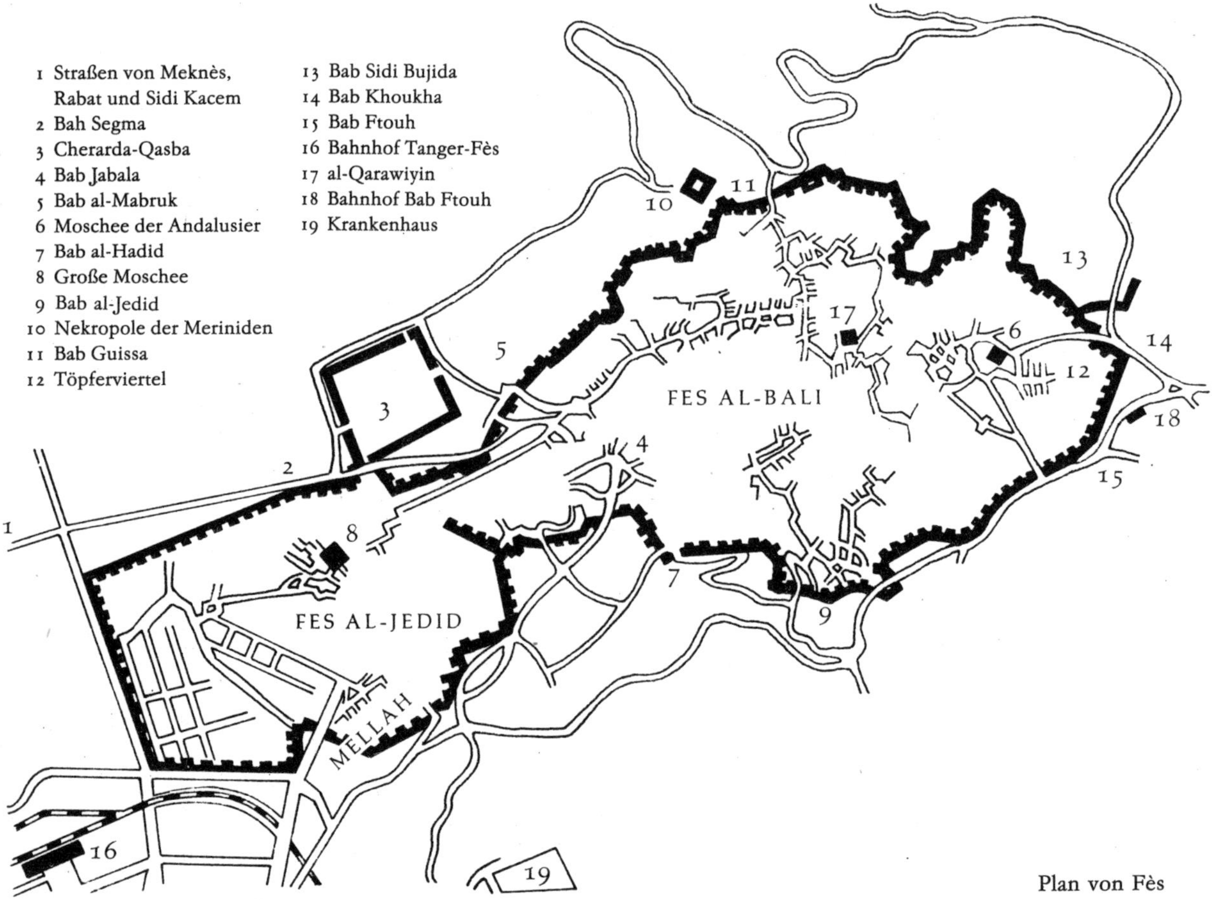

Plan von Fès

irgendeiner Wissenschaft, über die er spricht, gegenwärtig hat, so daß er ihn bei jeder Frage auswendig zitieren kann, auf den hört man nicht; er wird als Gelehrter nicht ernst genommen. Seitdem ich von dort weggereist bin – es war das im Jahre 901 (1495) –, habe ich nichts gesehen, was sich Fes und seinen Gelehrten vergleichen ließe, weder in den übrigen Städten des Maghreb wie Tlemcen, Budjaya oder Tunis noch in irgendeiner Gegend Syriens oder des Hedschas.» (nach Burckhardt, 1960, S. 93)

Verschwunden waren jedoch die Naturwissenschaften und die Philosophie. Gepflegt wurden hingegen islamisches Recht und Theologie.

Vorstöße nach Spanien scheiterten nach Anfangserfolgen, da immer wieder Kämpfe in der Zabregion ausbrachen, in der ein anderer Zweig der Zenata, die Banu Wadd, sich in Tlemcen festgesetzt hatte und Widerstand leistete. Zudem unterstützten die Granadiner ihre Lehnsherren gegen die Nordafrikaner und gewannen die Waddiden als Bundesgenossen. Da entschlossen sich die Meriniden zur endgültigen Eroberung Tlemcens. Sie legten 1299 vor der feindlichen Residenz Mansura, eine Lagerstadt mit eigener Moschee und großem Palast, an. Nach achtjähriger Belagerung bot Tlemcen die Kapitulation an, als in Ceuta ein von Granada unterstützter Aufstand ausbrach und der Sultan der Meriniden ohne Säumen abzog. Danach fand er ein unrühmliches Ende in einer Haremsintrige (1307).

Drei Jahre lang tobten erbitterte Kämpfe um die Thronfolge, bis Abu Said Othman (1310–1317) an die Macht kam. Er übte eine harte Herrschaft aus, gegen die sich selbst sein eigener Sohn im offenen Aufstand wandte (1315–1322). Auch nach seinem Verschwinden erlebte Nordafrika keinen Frieden. Die Kriege gegen Tlemcen flammten immer wieder auf, und es kam zur Auseinandersetzung mit den Ifriqiya beherrschenden Hafsiden, die 1384 vor Kairuan die Angreifer vernichtend schlagen konnten. Diese Niederlage besiegelte den Untergang der Merinidendynastie.

Die Meriniden hinterließen trotz ihrer vielen Kriege und Konflikte im Innern zahlreiche prunkvolle Bauten. Hervorzuheben ist die Große Moschee von Neu-Fès, ein Bauwerk aus dem 14. Jahrhundert. Sie ist eine Saalmoschee mit einer Fläche von 54 mal 34 Metern, deren Dach von Pfeilern getragen wird. In der Nordwestecke erhebt sich das Minarett. In der Moschee befindet sich das Grab des «Schwarzen Sultans», des Meriniden Abu Inan (1350). Ähnliche Moscheen stehen in Taza und Oujda, großzügig gebaute Hallenräume. Auch die Mansura-Moschee von 1303 ist hier einzureihen, ein Werk von 60 mal 85 Meter Grundfläche. Neben einer Reihe kleinerer Moscheen in Fès sind die Grabmoscheen der Merinidenfürsten in Chellah bei Rabat zu nennen, *Tafel* 67 Zeugnisse einer im Maghrib sonst ungewöhnlichen Bestattungsweise, die vielleicht mit den Derwischorden aus dem Osten übernommen wurde.

In Marokko entstanden unter den Meriniden zahlreiche Medresen, so die Bu Inaniya in Meknès (1350–1355), die Attarine in Fès (1323–1325) und die Medresen des Abu l-Hasan in Salè (1341) und *Tafel* 93, 95 Mesbahiya (1346). Es sind über dreißig Gebäude, in der Regel Hofbauten unterschiedlicher Größe. Weniger wissen wir von den Palästen der Meriniden, die dem Palast der Alhambra geglichen haben dürften. Auch im Dekor wirken spanische Vorbilder nach, *Tafel* 106 so in den Stukkaturen und Steinreliefs. Festungsbauten sind aus Fès, Salè, Chellah und Mansura bekannt.

Eine der bekanntesten Gestalten der Merinidenzeit ist der Reisende Abdallah Mohammed ibn Battuta. 1304 in einer Berberfamilie in Tanger geboren, reiste er durch die islamische Welt, quer durch Westafrika, über Tunis nach Kairo, über den Irak und Iran nach Indien und lebte in Delhi als Kadi. Anschließend besuchte er noch China. Nach seiner Heimkehr diktierte er einem

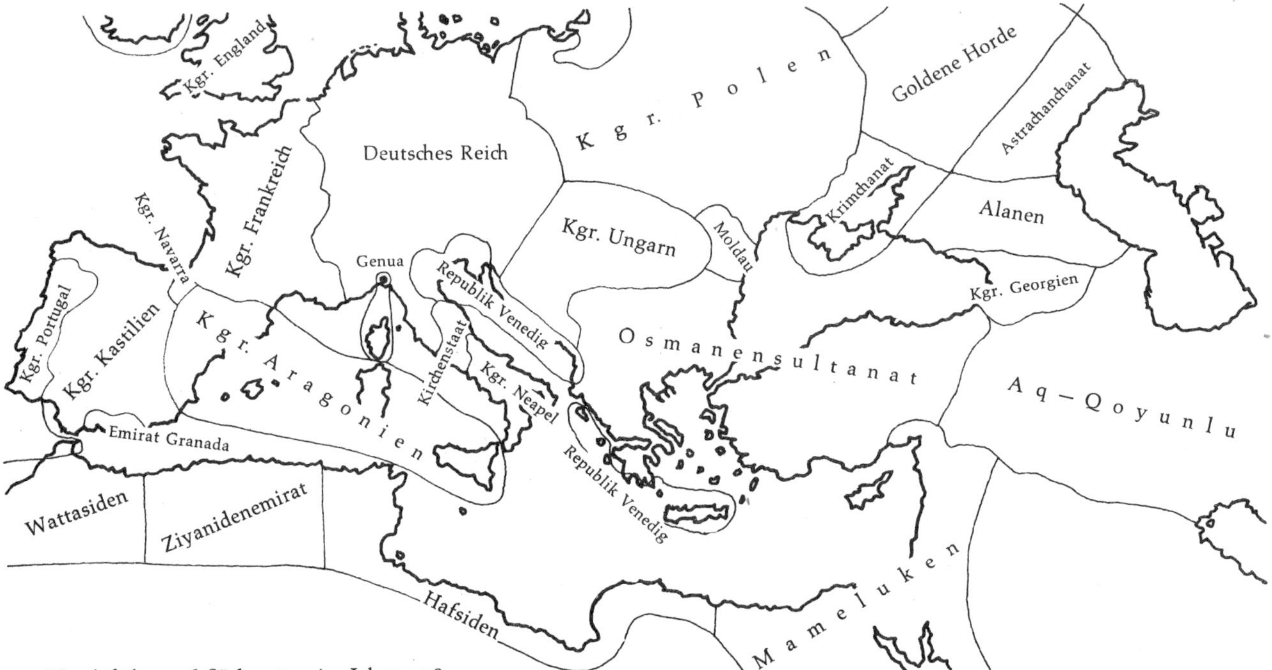

Nordafrika und Südeuropa im Jahre 1478

Schreiber des Sultans einen aufschlußreichen Bericht über seine Weltreise.

Der Zerfall des Merinidenreiches vollzog sich im Kampf zwischen den Adelsfraktionen, den 1401 die Kastilier zur Zerstörung Tetuans nutzten. 1415 begannen die Portugiesen mit ihren Eroberungen. Sie nahmen Ceuta und fuhren mit ihren Schiffen südwärts.

Innere Unruhen wechselten mit portugiesischen Angriffen, bis 1465 die Merinidenherrschaft endgültig zerbrach. In dem folgenden Chaos rissen die Portugiesen Arzila an sich (1471). Der nur das Gebiet der Hauptstadt Fès regierende Wattasidensultan vermochte nicht, den Fall Tangers zu verhindern. Dann folgten Safi (1508), Azemmur (1513), Mazagan (1514) und andere Küstenstädte. Die Spanier raubten 1497 Melilla. Die Wattasiden hatten jahrzehntelang die Regierung für die Meriniden geführt und stammten aus der Sippe der Idrisiden.

Die Unfähigkeit der Zentralregierung Marokkos, die Ungläubigen zu vertreiben, überließ den Kampf den Derwischen der regionalen Ordensburgen (Zawiyas).

3. *Das Sultanat von Tlemcen*

Die Zenata und Abd al-Wadid · Die 72 Kriegszüge des Sultans · Förderung der Künste und Wissenschaften

Im heutigen Algerien dominierten im 11. und 12. Jahrhundert die Zenata-Stämme. Unter Führung der Familie des Abd al-Waddid besetzten sie das alte Tlemcen und bauten es zur Residenz eines von 1235 bis 1554 unabhängigen Sultanats aus. Tlemcen lag günstig zwischen den Ackerbauregionen und den Steppen an den Handelswegen nach Süden und von Ost nach West. Zuvor erhob sich

Maghrebinische Prunkkapitelle

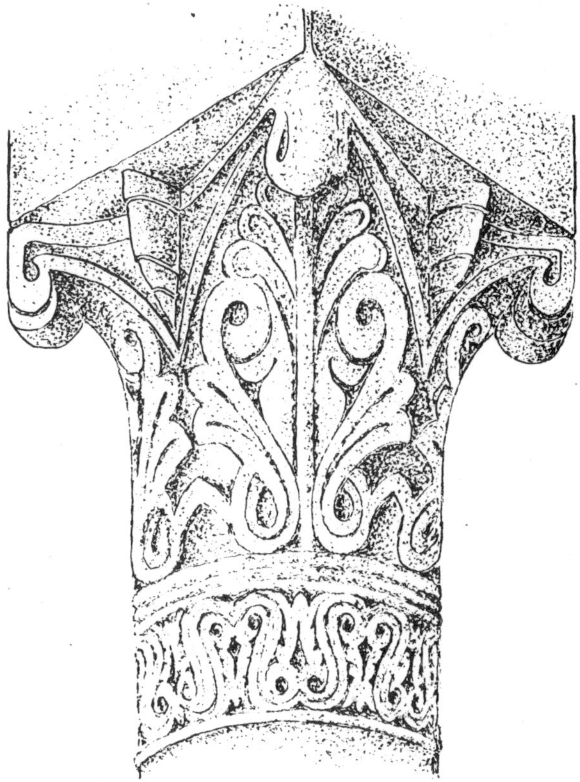

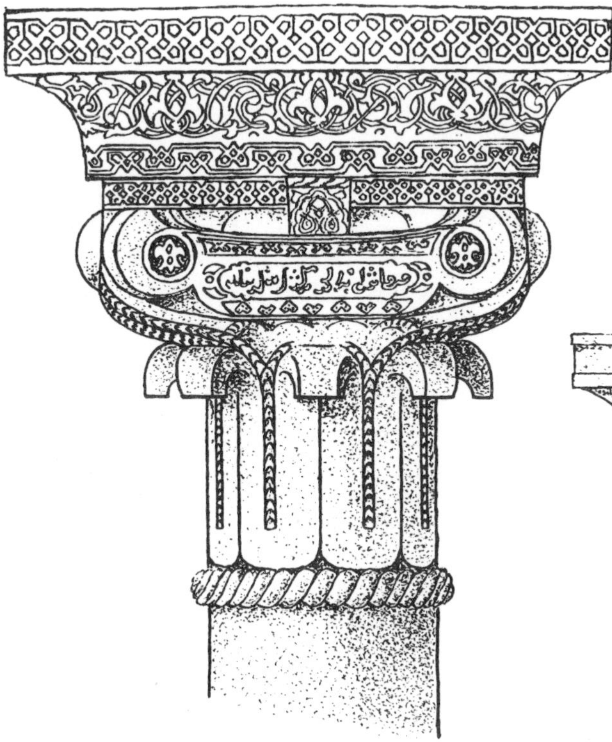

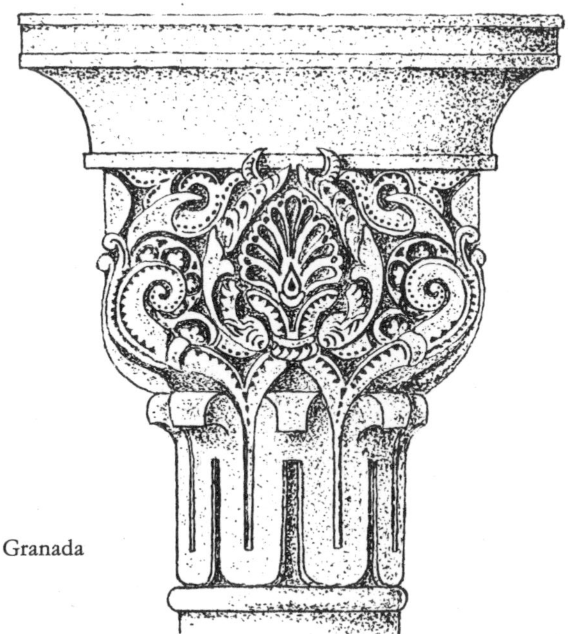

Kapitell der Senhadscha-Zeit, Kairuan

Kapitell aus dem Löwenhof der Alhambra, Granada

Kapitell vom Mihrab der Eubadmoschee, Tlemcen

auf der gleichen Anhöhe die Römerstadt Pomaria. Tlemcen exportierte Waffen, Bücher und Leinen und diente mit seinem großen Basar dem Transithandel. Die Nachbarn im Osten, die Hafsiden, und die Zenata-Fürsten des Westens, die Meriniden, bedrohten immer wieder die Unabhängigkeit Tlemcens und belagerten es mehrfach. Die Dynastie der Waddiden begründete Yachmorasan ibn Ziyah (1235–1283). In seiner Herrschaftszeit führte er zweiundsiebzig Unternehmungen gegen die Nomaden. Der Sultan suchte die Stämme durch Bündnisse oder den Terror der Strafexpeditionen an sich zu binden. Dieser Aufbau eines Nomadenstaates brachte ihn in Gegensatz zu den Herren Marokkos, die Armeen gegen die Waddiden sandten und schließlich zeitweise in Tlemcen geboten. Die Waddiden verdankten ihre Rückkehr auf den Thron ihren nomadischen Freunden.

Tlemcen war als islamisches Zentrum ein Ort der Arabisierung der östlichen Zenata. Bildung und Religion gingen Hand in Hand, und Tlemcen war für die Förderung der Künste und Wissenschaften berühmt. Die Waddiden stifteten Medresen und Moscheen, so in Tlemcen und Agadir. Von der Palastarchitektur ist wenig erhalten.

Abb. S. 241

Das Ende der Dynastie kam mit der osmanischen Eroberung. Seither hat Tlemcen sehr an Bedeutung verloren.

4. *Glanz und Untergang der Hafsiden*

Das Regime mit Feuer und Schwert · Das Erbe Ibn Tumarts · Das Kalifat der Hafsiden · Der Einfall der Kreuzfahrer · Die Epidemie · Meriniden und Genuesen · Die Korsaren · Plünderungen und Raubzüge · Verträge mit den italienischen Städten · Die Expansion der Osmanen · Die Pest und die Spanier · Arudsch, der Korsar · Der Einfall des Kaisers · Der rote Burnus · Dinar und Dirhem · Scheiche, Kaids, Amile · Berberburgen · Juden und Charidschiten · Habu, Suqas und Zawiyas · Die Einfuhr des Kaffees · Ibn Chaldun, der Historiker aus Tunis · Die Bauten der Hafsiden

Im frühen 13. Jahrhundert fiel die Herrschaft über Ifriqiya an die Dynastie der Hafsiden. Sie waren als Gouverneure der Almohaden aufgestiegen. Als aber 1228/29 der Almohadenkalif die Lehren Ibn Tumarts widerrief, fiel – wie bereits erwähnt – der Emir Abu Zakariya ibn Hafs (1228–1249) von ihm ab und erklärte sich letztlich zum «orthodoxen» Kalifen. Ihm gelang es, die Solaim zur Ansiedlung zu zwingen, indem er ganze Stämme, die sich dem widersetzten, vernichtete. Er beherrschte schließlich das Land von Algier bis nach Tripolis. Tunis entwickelte sich als Hafsidenresidenz zu einem ökonomisch-politischen Zentrum. Der Emir ließ die Moschee rekonstruieren und einen noch heute weitgehend erhaltenen Basar in ihrem Umkreis errichten. Seine Medrese in Tunis war streng der Lehre Ibn Tumarts verpflichtet. Viel Zuzug kam aus den Reihen der andalusischen Flüchtlinge. Die von der harten Regierung garantierte Sicherheit der Verkehrswege ließ die Wirtschaft und den Handel aufblühen. Es entwikkelte sich ein reger Seeverkehr mit Katalonien, Venedig, Pisa, Genua und Sizilien.

Der zweite Hafside, Abu Abdallah Mohammed al-Mustansir (1249–1277), fungierte als Kalif für den Maghrib, nachdem das Bagdader Kalifat untergegangen war. Abu Abdallah verbündete sich im Kampf gegen Frankreich, das ihn mit Intervention bedrohte, mit den Hohenstaufen Siziliens. Selbst noch die letzte Expedition Konradins, des letzten Staufers, begann an der Küste Tunesiens.

1270 brachen dann die Kreuzfahrer Ludwigs IX. ins Land ein, aber eine Epidemie traf beide Heere, so daß nach kurzen Kämpfen ein Kompromiß den Abzug der Franzosen brachte. 1277 und 1370 herrschten Bürgerkriege und Thronfolgekämpfe, wurden Stammesrivalitäten bewaffnet ausgetragen. Mehrmals landeten Truppen Aragoniens an der tunesischen Küste. Die Meriniden fielen aus Marokko ein, wurden aber von den Stämmen Zentraltunesiens vor Kairuan geschlagen (1346). Tripolis wurde von den Genuesen geplündert, und erneut kamen die Meriniden (1357). Tunis fiel, doch die Stämme rebellierten und zwangen die Marokkaner zum Abzug. Schließlich bestieg 1370 erneut ein Emir den Thron, der die Stämme teils für sich gewann, teils sie dezimierte. Unter seiner Herrschaft begannen die Expeditionen der bald gefürchteten Korsaren, die den Seeverkehr auf den Handelsstraßen zwischen Europa und Syrien ernsthaft gefährdeten. Im Gegenzug besetzten Genuesen, Pisaner und Venezianer 1388 die Insel Dscherba. Ein Jahr später griffen die Genuesen mit Unterstützung Karls V. Mahdiya an, die Korsaren plünderten als Vergeltung dafür Syrakus (1393). So ging es jahrelang weiter. Gegenseitige Plünderungen brachten vor allem Spanien in Gegensatz zu den Hafsiden, deren Freundschaft daher bald die italienischen Städte suchten. Verträge mit Tunis schlossen Florenz (1421), Venedig (1427) und Genua (1434). Nach dem Tod des Herrschers erschütterten erneut Thronfolgekämpfe das Land, fielen Städte ab und rebellierten Stämme. Trotz der Unsicherheit in Ifriqiya suchten die italienischen Kaufherren weiter gute Beziehungen mit Tunis, denn in Asien breiteten sich die Osmanen aus und eroberten eine Handelskolonie der Italiener nach der anderen. Venedig (1440) und Florenz (1458) schlossen Handelsverträge mit Tunis, und Genua importierte Weizen aus Ifriqiya. Aber Pestzüge und Unruhen zerrütteten das Land. Zu Beginn des 16. Jahrhunderts kehrten die Spanier wieder. 1510 nahmen sie Bujaya und Tripolis, 1511 landeten sie auf Dscherba und besetzten die Insel in der Bucht von Algier. Die Bewohner Algiers appellierten an Arudsch (1516), einen der Korsarenführer, der schließlich bei den Osmanen Rückhalt fand. So traten zu den spanischen Feinden die Osmanen, die 1522 Annaba und Bujaya besetzten und 1534 auch Tunis eroberten. Im folgenden Jahr landete Karl V. vor Tunis, und seine Armee vertrieb die Osmanen. Als spanische Vasallen kehrten die Hafsiden auf den Thron zurück. Sie regierten jedoch nur noch vierzig Jahre, denn 1574 begann die Zeit der osmanischen Oberherrschaft.

Der Hafsidenstaat folgte in seiner Struktur den regionalen Traditionen. Allerdings traten in den Symbolen immer stärker islamische Formen auf. Die Krone wich dem Turban (1310), und zur Dschubba, der Robe, gesellte sich der rote Burnus. Der Staatshaushalt war im Idealfall straff bewirtschaftet. Die Münze war Staatsmonopol. Der Golddinar wog 4,72 Gramm. Zehn Silberdirhem zu je 1,72 Gramm waren ihm an Wert gleich.

Die Provinzen standen unter Gouverneuren, während in den Stämmen erbliche Scheiche bestimmten. In den Städten waren jeweils zwei Kaids oder Amile eingesetzt, denen der Rat der Ältesten zur Seite stand. Eroberte Städte wurden von der Armee verwaltet.

Den Kern der Armee bildeten die Almohadenstämme, Berber und Araber, zu denen schwarze Rekruten und christliche Söldner kamen. Seit dem späten 13. Jahrhundert wurden Feuerwaffen benutzt, die sich im 15. Jahrhundert allgemein durchsetzten. Das Gießen von Kanonen soll ein Jude aus Deutschland nach Tunis gebracht haben.

Die Städte hatten sich selbst zu befestigen. Strategische Häfen wurden von der Regierung ausgebaut. Im Lande dienten die Berber-Qasbas als Befestigungen.

Die Gesellschaft war heterogen. Berber und Araber verschiedener Stämme und Wirtschaftsweise standen mehr gegeneinander als nebeneinander. Seit dem 11. Jahrhundert nahm die Arabisierung zu, die besonders durch den Zuzug der Andalusier verstärkt wurde. Regional gab es noch christliche Berberstämme. Auf Dscherba und im Süden bekannten sich mehrere Gruppen zu den Charidschiten. Die jüdischen Gemeinden hatten den Sturm der Hilali-Stämme überlebt. Sie waren im 14. Jahrhundert durch Zuwanderer aus Andalusien verstärkt worden und lebten zumeist in den

Städten. Nur in Südtunesien, bei den Nefzawa und in Dscherid gab es noch jüdische Bauern, die aber in der Folgezeit zum Islam übertraten.

Im Grundbesitz wurden vier Rechtsformen unterschieden – das Gemeinschaftsland der Stämme, das Staatsland, das Privateigentum und die Stiftungsländereien, die man in Ifriqiya «Habu» nennt. Das Handwerk war in den Suqs, den Basaren, organisiert, desgleichen der Kleinhandel.

Unter den Hafsiden breiteten sich in Ifriqiya die Zawiyas («Klöster») der Derwische aus, die sich um die Niederlassungen von Einsiedlern sammelten. Sie predigten mystische Sufi-Lehren. In Tunis kam die Schule des Sidi Abu l-Hasan Eschadoli zu nachhaltiger Wirkung. Er soll unter anderem in Ifriqiya den Kaffee eingeführt haben, um die Derwische bei den Nachtgebeten wachzuhalten. Zu seinen Schülern zählten auch Frauen, von denen einige den Schleier ablegten.

Der bekannteste Gelehrte des hafsidischen Ifriqiya war der Historiker Abd al-Rahman ibn Chaldun. Er war 1332 in Tunis geboren und begann seine Laufbahn als Sekretär des Hafsidensultans. 1354 berief ihn der Merinide Abu Inan nach Fès, ließ ihn aber bald als politisch Verdächtigen einsperren. Erst der Tod des Sultans gab ihm die Freiheit wieder. Er ging zu den Feinden der Meriniden, den Fürsten Granadas, und besuchte in ihrem Dienst Sevilla, jene Stadt, aus der seine Familie stammte. 1364 rief ihn sein Freund Abu Abdallah wieder nach Afrika zurück, um dessentwillen er einstmals eingesperrt worden und der nun zur Macht gekommen war.

1378 kehrte er nach Tunis zurück und vollendete seine «Weltgeschichte». Um politischen Schwierigkeiten auszuweichen, ging er als Pilger in den Osten. In Kairo erhielt er eine Professur und wurde selbst Oberkadi der Malikiten. Aber er mußte bald sein Amt niederlegen. Er pilgerte nach Mekka, lebte wieder in Ägypten und verhandelte 1401 für die Mameluken vor Damaskus mit Timur. Er starb 1406 in Ägypten.

Die «Weltgeschichte» Ibn Chalduns ist besonders durch ihre Einleitung bekannt geworden, in der er aus den Erfahrungen Nordafrikas die Geschichte als ein Gegeneinander der Nomaden und Städter erklärte. Er kam darin zu einer sehr nüchternen Einschätzung der Nomadenstürme der Berberzeit und ihrer Folgen («Muqaddima» VI,7): «Die Mittelpunkte der seßhaften Kultur im Westen waren Kairuan im Maghreb und Córdoba in Spanien. Als diese zerfielen, hörte die Pflege der wissenschaftlichen Bildung im Westen auf. Ein Rest davon lebte unter den Almohaden in Marrakesch weiter. Aber die seßhafte Kultur hatte dort wegen des ursprünglich beduinischen Charakters der Almohaden und wegen der geringen Dauer ihrer Dynastie keine tiefen Wurzeln ... Fès und die anderen Städte des Maghreb blieben seit der Zerstörung der wissenschaftlichen Überlieferung in Córdoba und Kairuan ohne gute Schulung.» (nach Burckhardt, 1960, S. 95)

Aus hafsidischer Zeit stammen in Tunis das Minarett der Qasba-Moschee und die al-Hawa-Moschee, die Stiftung einer frommen Prinzessin. Der Kairuan-Moschee wurde unter anderem das Tor Lalla Rihana hinzugefügt. *Tafel* 113

Die Medresen des 13. Jahrhunderts entsprechen den maghribinischen Anlagen. Die späteren Hafsidenmedresen übernahmen den östlichen Plan mit vier Iwanen am Hof. Kuppelgräber traten unter den Hafsiden häufiger auf und wurden des öfteren zu Zentren von Zawiyas. Bedeutende Handelsbauten sind die unter den Hafsiden errichteten Stoff- und Parfümbasare in Tunis. Erhalten sind dort Teile der hafsidischen Stadtbefestigung, vor allem das Bab al-Menara, desgleichen die Befestigungen von Monastir. Zur Versorgung von Tunis wurde der Aquädukt Hadrians restauriert und wieder benutzt.

VII *Stämme, Scherifen, Osmanen und Korsaren (1500–1800)*

Der Maghrib zwischen Osmanen und Spaniern · Die Portugieseninvasion · Marabut und Stammeskrieger · Die «Baraka» der Scheiche · Arabische Städte · Berberstämme

«Mein Herz ist aller Formen fähig geworden,
Eine Weide für Gazellen, ein Kloster für Mönche,
Ein Tempel für Götterbilder, eine Kaaba dem Pilger,
Die Tafeln der Thora und das Buch des Korans.
Meine Religion ist die Religion der Liebe, wohin auch immer
Ihre Reittiere sich wenden, dort ist meine Religion und mein Glaube.»

Muhyi al-Din ibn Arabi

Der Maghrib war zu Beginn des 16. Jahrhunderts im Verfall begriffen. Die Staaten lösten sich auf, und die großen Nomadenföderationen drangen wieder vor. An der Atlantikküste besetzten die Portugiesen einen Hafen nach dem anderen, und an der Nordküste herrschten die Spanier, bis die Osmanen mit Hilfe bedeutender Korsarenführer nach Nordafrika griffen. Sie blieben jedoch nur die Herren der Küstenstädte Ifriqiyas. In Marokko scheiterte ihre Intervention ebenso wie die der iberischen Mächte an der Kampfkraft der Stämme, die von Derwischen in den Kampf geführt wurden. Für sie hat sich in Europa der Begriff Marabut eingebürgert, eine genauere Bezeichnung wäre der Wali oder der Sufi-Führer. Die Sufis haben seit dem 9. und 10. Jahrhundert in der islamischen Welt einen mystischen Islam gepredigt, der dem Scheich «Baraka», göttliche Gnade und Weisheit, zusprach und seine Aussprüche dem Koran gleichsetzte. Unter den Araber- und Berberstämmen des Maghrib, die keinem Führer aus einem anderen Stamm zu folgen bereit gewesen wären, waren diese Männer die Organisatoren größerer Gemeinschaften, ohne die Stämme aufzulösen. Sie waren zumeist Hadschis, Mekkapilger, hatten im Orient oder in einer Zawiya Theologie studiert, gründeten eigene Lehrstätten und dienten als Schiedsrichter bei Stammesfehden. In Krisenzeiten vermochten sie sich an die Spitze zahlreicher Stammesaufgebote zu stellen und wie die Almorawiden oder Almohaden große Reiche zu gründen. Die Grundlage war die intakte Stammesordnung in den Steppen und Berggebieten des Maghrib. Die Städte und Küstenebenen waren zu Ende des 15. Jahrhunderts schon weitgehend arabisiert, ein Vorgang, der durch die Austreibung der Moriscos aus Spanien unterstützt wurde.

Noch heute stellen die Berber beträchtliche Teile der Bevölkerung Libyens, Tunesiens und Algeriens, auch wenn das im Abwehr- und Befreiungskampf gesteigerte Selbstbewußtsein der Araber dies oft leugnet. Der größte Teil der Berber lebt jedoch in Marokko in häufig gegenüber früher noch wenig veränderten Verhältnissen. Erst in den letzten Jahrzehnten lösen sich ihre Stammesgemeinschaften auf.

1. Berber und Araber unter den Scherifen Marokkos

Zenata · Senhadscha · Masmuda · Reste alter Religionen · Sippen und Familien · Ksar und Duar · Fechda und Qabila · Die Speicherburgen · Wohntürme und Sippenfestungen · Die Rolle der Frau · Die Sa'adier führen den Heiligen Krieg · Marrakesch als neue Residenz · Hinwendung zu England · Thronfolgestreit und Blutvergießen · Die Dreikönigsschlacht vor al-Ksar al-Kabir · Der Prunk der Residenz · Der Vorstoß an den Niger · Gold und Sklaven · Die Paschas und ihre Banden · Erneute Thronfolgekämpfe · Spanierburgen · Der Heilige Krieg des Abu Mahalli · Die Morisco-Republik von Rabat und Salè · Der Marabut al-Ayachi · Der Kaid von Azemmur · Die Marabuts von Dila · Der Marabut aus Tafilelt · Moulay Raschid erobert Fès · Die 700 Söhne des Sultans · 25 Jahre Krieg · Meknès als neue Hauptstadt · Die Armee als Rückgrat des Staates · Die Einnahme Tangers · Marokko im Welthandel · Ludwig XIV. als Partner · Sklaven bauen Meknès · Das Heiligtum Moulay Idris · Aufstände und Massaker · Der Ruin des Staates · Wahhabitismus gegen Marabuts · Der heraufziehende Kolonialismus · Der Kampf der Rifkabylen · Die Großbauten der Alawitenzeit

Im heutigen Marokko leben drei Gruppen von Berbern, die sich in ihrer Herkunft, ihren Sprachen und zum Teil in der materiellen Kultur unterscheiden.

Im Rifgebirge siedeln Nachkommen der Zenata, die vor dem Druck der arabischen Zuwanderer vom 8. bis 12. Jahrhundert aus ihrem ursprünglichen Siedlungsgebiet in Südtunesien und Tripolitanien in die nordwestlichen Berge abgezogen waren. Ihnen nahestehende Stämme leben in der algerischen Kabylei und im Ursprungsraum im Südosten. Der Rifdialekt wird als Tarifit bezeichnet. Die Rifkabylen bauen Getreide und Obst an und treiben Viehzucht.

Im mittleren Atlas, im östlichen Hohen Atlas sowie in den angrenzenden Hochebenen leben die Nachkommen der Senhadscha, die Beraber. Ihre Sprache ist das Tamazight. Sie treiben Ackerbau in einer Kombination mit Almwirtschaft. Ein Teil des Stammes bestellt die Felder im Tal, die anderen Stammesangehörigen wandern im Sommer mit den Herden ins Hochland, wo sie in Zelten leben. Im Winter kehren sie in die Dörfer zurück. Sie bezeichnen sich zur Abgrenzung von den Haratin, den Nachkommen der Sklaven und Leibeigenen, als Imazighen, die Freien.

Im Antiatlas und im westlichen Hochatlas herrschen die Schlöh vor, deren Sprache das Taschelheit ist. Bei ihnen handelt es sich um Nachfahren der Masmuda-Berber aus der Zeit der islamischen Eroberung. Sie sind Bergbauern, die durch eine kunstvolle Bewässerung selbst die Berghänge der Landwirtschaft erschlossen haben. *Tafel* 120

Die Ebenen Marokkos bewohnen heute arabisch sprechende Menschen, sicher zum großen Teil in den vergangenen Jahrhunderten arabisierte Berber.

Unter den Berbern sind noch Reste des Christentums verschiedener Herkunft zu finden. Die überwiegende Mehrheit der Berber sind jedoch seit langem Muslime. Es gibt auch noch jüdische Stämme, so in Taourirt. Im berberischen Islam haben sich alte Stammeskulte mit der Heilighaltung von Gegenständen, Symbolen oder Führungspersönlichkeiten mit den mystischen Lehren der Sufis verbunden, so daß seit dem Eindringen des Islams Religionsführer zu Volksführern werden konnten.

Die Berber halten in ihren Bergen zäh an den Sippen- und Familienstrukturen fest, die seit Jahrtausenden ihr Dasein bestimmt haben. In der Regel bilden mehrere Sippen ein Ksar (Dorf) oder ein Duar (Zeltlager). Die Männer entscheiden in der Dschemaa (Ratsversammlung) über die gemeinsamen Angelegenheiten und wählen den Amghar (Häuptling). Mehrere Dörfer gleicher Herkunft bilden einen Teilstamm, den Taqbilt oder Fechda, der zwischen 5000 und 10000 Menschen zählt und einen gemeinsamen Wochenmarkt abhält. In Kriegszeiten wirkt die Qabila, der Stamm, gemeinsam. Er kann bis zu fünfzehn Fechdas umfassen. In Marokko gibt es zur Zeit noch dreihundert Stämme, die sich jeweils nach einem fiktiven Stammvater benennen. Bei vielen Qabilen und Fechdas werden die Führer auf Druck der Regierung nicht mehr gewählt, sondern erbliche Kaids leiten den Stamm. Auch die Scheichwürde der Fechdas wird vererbt.

Das Zentrum der unbefestigten Dörfer bildet traditionell die Agadir, eine Wohn- und Speicherburg, die in Kriegszeiten als Festung dient. Ihre Architektur ist eine bäuerliche, deren Anfänge bisher nicht bekannt sind. Sie wurde anscheinend für viele islamische und christliche Burgen vom Typ der spanisch-islamischen Alcázarbauten zum Vorbild. Es sind in der Regel quadratische Türme mit fünf bis sechs Geschossen und vier Ecktür-

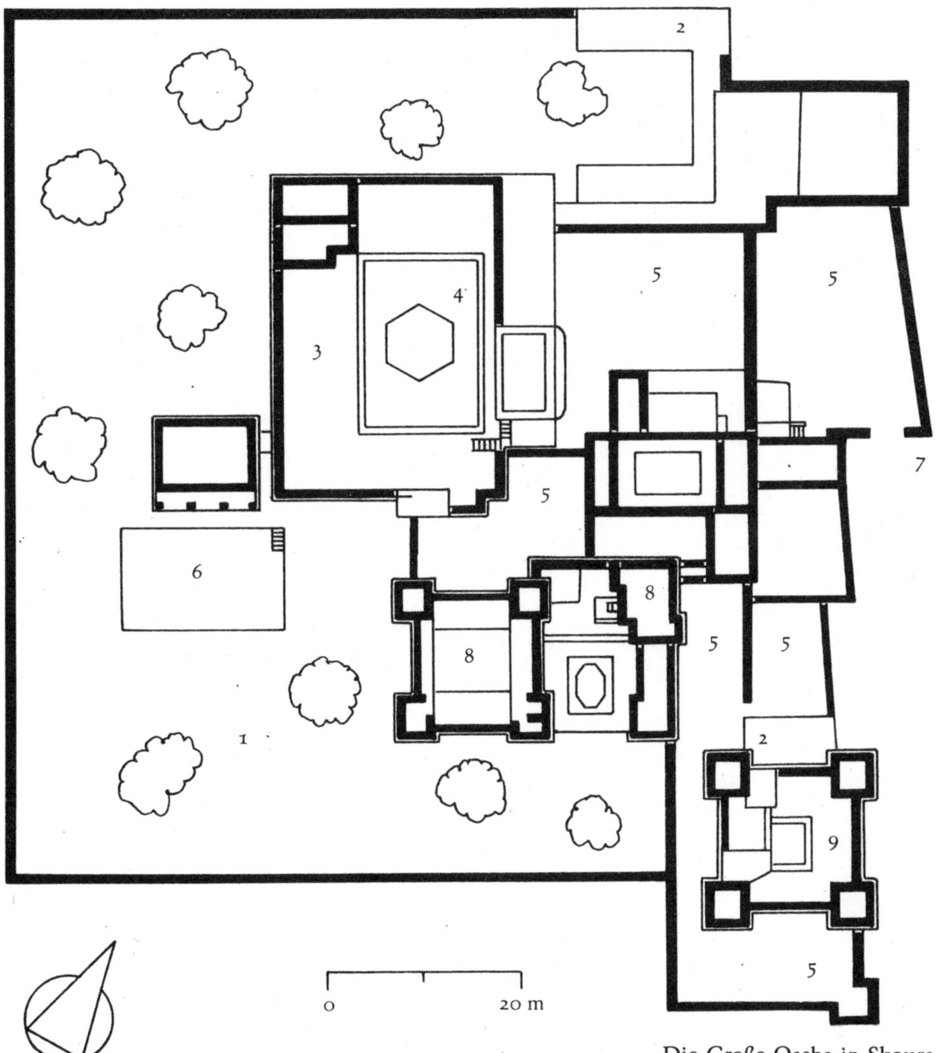

1 Garten
2 Ställe
3 Wohnbau
4 Innenhof
5 Höfe
6 Schwimmbecken
7 Tor
8 alte Wohnburg
9 alte Wehrburg

Die Große Qasba in Skoura

men, die Tigermatin (Sing. Tighremt). Sie bilden das Kernstück der vielgestaltigen Qasbas des Adels. Eine quadratische Mauer umschließt den Tighremt und schützt einen Hof, in dem im Notfall die Herden untergebracht werden konnten.

Die Ksour (Qusur) sind befestigte Gemeinschaftsdörfer, deren Tore als Versammlungs- und Empfangsort, Übernachtungsplatz für Fremde oder Lagerraum dienen. Ein Gemeinschaftshaus, die Dschemaa, ist der Treffpunkt des Dorfrats und das Lager von Gemeinschaftsbesitz. Es wird von der Moschee und dem Bad flankiert. Die Wohnhäuser sind bis zu vier Stockwerken hoch.

Tafel 119, 121, 123 Ein Ksar (Qasr) kann mehrere Sippenburgen umfassen, zu denen dann Wohnhäuser und andere Speicher treten. Gebaut wird mit Lehmziegeln, die in dem trockenen Klima mehrere Jahrhunderte überdauern können. Im Antiatlas sind die Befestigungen aus Steinen errichtet. Die Sitze der Kaids, die Qasbas, bildeten regelrechte Burgen, in denen Hunderte Menschen lebten.

Die im ariden Gebiet Südtunesiens wohnenden Berber heben nach uralter Sitte Schächte von 20 bis 25 Meter Durchmesser aus dem Boden aus und
Tafel 116 graben die Wohnungen in die Schachtwände. Diese Berber Südtunesiens haben eine spezifische Form des Gartenbaus entwickelt. Erddämme halten selbst in kleinsten Senken die Niederschläge und den Boden auf, so daß Palmen, Oliven, Feigen und Granatapfelbäume an den steilen Hängen wachsen. Sie werden zumeist in Verbindung mit einer weiträumigen Weidewirtschaft genutzt.

Geradezu den Gegensatz zu dieser Wirtschaft des Mangels im ariden Gebiet bilden die Oasen Südtunesiens, die sich in der Regel an Austrittsstellen unterirdischer Wasserläufe entwickelt haben. So wird die größte Oase Tunesiens, Nefta, von 152 Quellen gespeist, die auf 1100 Hektar zur Zeit 350 000 Palmen erhalten. Unter den Bäumen gedeihen Gemüse, Obst und Pflanzen, aus denen Rohstoffe für Textilien und Öl gewonnen werden

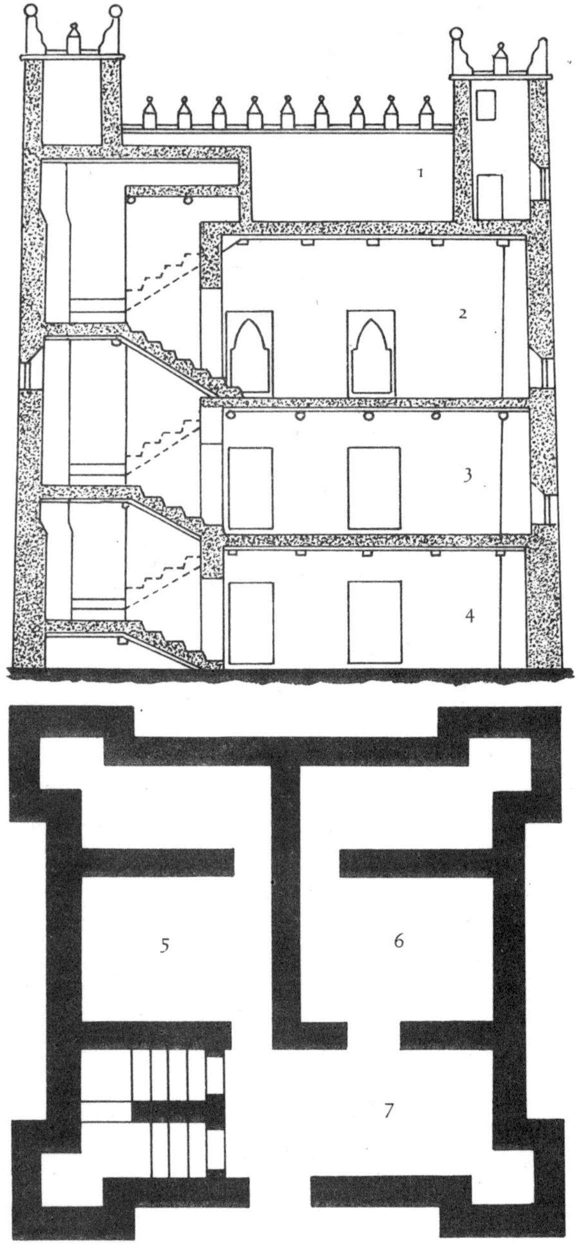

Berberburg des Sidi Moha ibn Ali in Simrir, Grundriß, Längsschnitt und (Seite 249) Ansicht

1 Dachgeschoß
2 Wohnräume
3 Speicher
4 Stall und Gerätekammer
5 Kammer für Pflüge und Reibmühlen
6 Winterstall
7 Flur

und die mit künstlicher Bewässerung beträchtliche Erträge bringen. Die Verfügungsgewalt über das Wasser entscheidet mehr als das Eigentum an Grund und Boden über die Macht in den Oasen. Die Eigentümer sitzen dort zumeist schon viele Generationen. Bis vor wenigen Jahrzehnten hatten schwarze Sklaven die schweren Arbeiten zu leisten. Hinzu kamen verarmte Nomaden, die sich in den Oasen als Tagelöhner verdingten.

Die in Südtunesien und Libyen lebenden Halbnomaden errichteten auf einzeln liegenden Bergkuppen Speicherburgen, in der jede Familie einen *Tafel* 117, 118

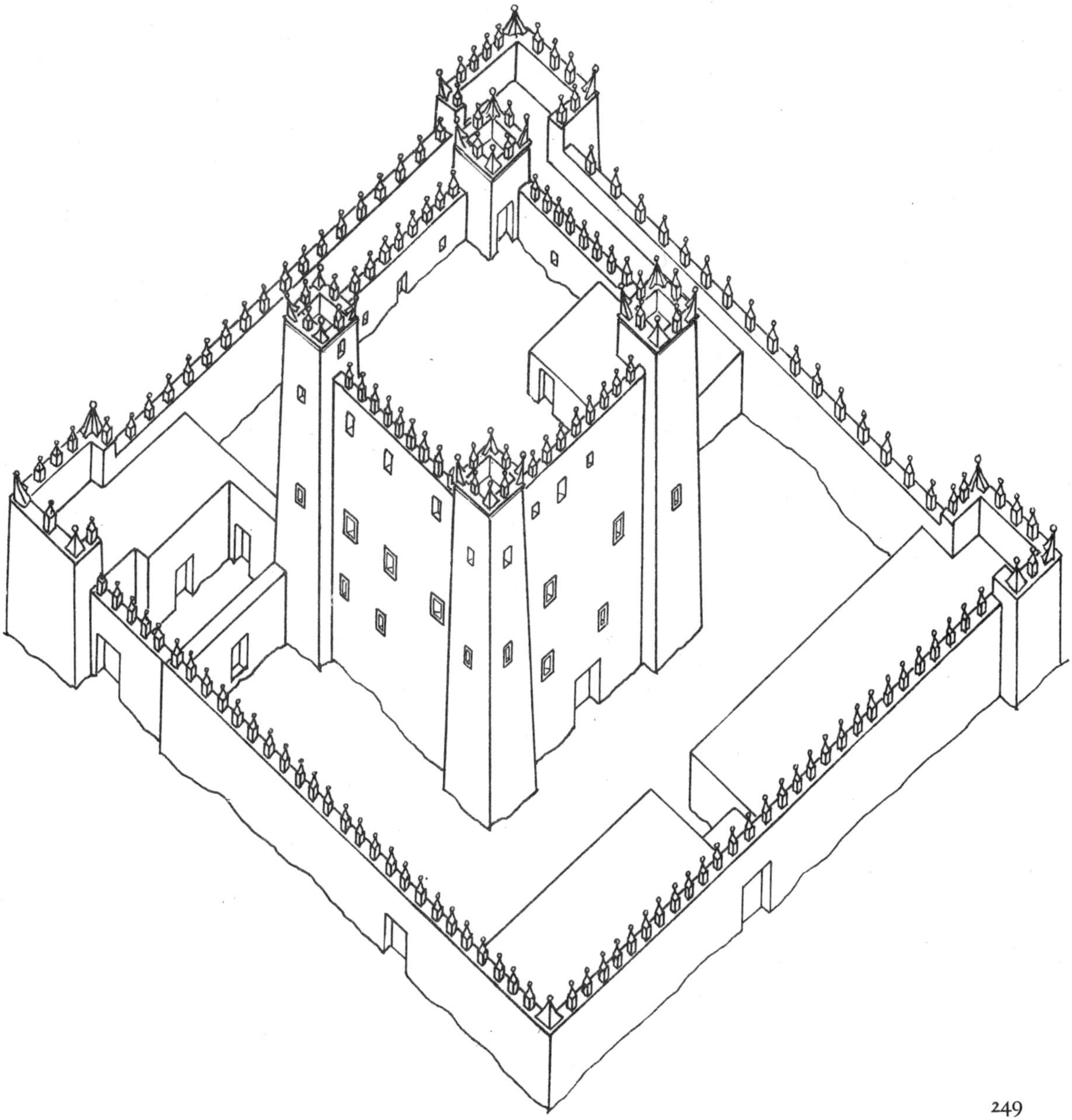

Raum erhielt. Sie bauten in einer Region Gerste an, hatten Olivenhaine 50 bis 60 Kilometer weit weg und weideten die Herden in ähnlicher Entfernung. Jedes zweite oder dritte Jahr fiel die Gerstenernte durch Trockenheit aus, und so mußten relativ große Vorräte angelegt werden, die in den Speicherburgen aufbewahrt wurden. Während der jahreszeitlichen Wanderungen blieben nur wenige Männer bei den Burgen zurück.

Die Berberin, auch die Muslimin, verschleiert ihr Gesicht nicht. Sie hat sich innerhalb der Stämme noch beträchtliche Rechte erhalten können. Sie fertigt nahezu alle Gebrauchsgegenstände an, mit Ausnahme der Metallgeräte, des Schmucks und der Waffen. Berühmt waren die Schmiedekunst und die zum Teil gestickten Kleidungsstücke, die die Herkunft von den verschiedenen
Tafel 189, 190 Stämmen erkennen ließen. Die Volkskunst der arabischen und berberischen Stämme und Bauern ist vor allem in Tunesien und Marokko bis in die Gegenwart erhalten geblieben. Auch in den von der Tradition geprägten Städten und Dörfern ist neben der Baukunst mit ihrem Dekor die Holzschnitzerei in alten Formen noch vorhanden. Die geometrischen und floralen Motive des Architekturdekors werden auf Türen, Konsolen und Ge-
Tafel 191 räte übertragen. Beliebt ist als Material das Holz der Zeder. Für Intarsien verwendet man Holz der
Tafel 107, 108 Tuya, des Nußbaums, der Zitrone und der Zeder. Verbunden wird die Holzintarsie mit Elfenbein, Silber und Ebenholz. Das Zentrum derartiger Arbeiten in Marokko ist Essaouira.

Volkskunstkeramiken sind in Marokko und Tu-
Tafel 148, 164, 165 nesien beliebt. In Marokko herrschen kobaltblaue oder polychrome Waren in Schwarz auf Emaille sowie braune und rote Tonwaren mit geometrischen Ornamenten vor. Salè, Fès, Meknès und Safi gelten als die Zentren städtischer Produktion, die von den naturfarbenen Berberkeramiken mit weißen oder fahlroten Ornamenten weitgehend unterschiedene Produkte liefern.

In Tunesien befinden sich die Zentren auf Dscherba und in Nabeul. Die Berber von Guellala auf Dscherba produzieren unglasierte formschöne Waren. In Nabeul stellen Hunderte Handwerksbetriebe in traditioneller Form Gefäße und Wandplatten in polychromem Dekor in Weiß, Blau, Grün und Gelb her.

Ähnlich verbreitet ist das Teppichgewerbe, das von den Nomaden und den Berberbauern weitergetragen wird. Die Berberteppiche sind gewebte Kelims in bunten Streifen mit geometrischen Mustern und gelegentlich Tiermotiven. Die Zentren in Tunesien sind Gafsa, Ourdret und die Insel Dscherba. Wahrscheinlich auf Berbertraditionen geht der Mergumteppich aus gewebten Bahnen und mit gesticktem Dekor zurück. Er wird in Kairuan, al-Dschem und Dscheheniana hergestellt. Die Traditionen der heutigen Ornamente sind kaum zu erfassen. Die Teppiche aus Kairuan werden aus naturfarbener Wolle in Weiß und Beige geknüpft und zeigen Arabesken und geometrische Muster um ein Medaillon. Ähnliche Teppiche kommen aus dem tunesischen Sahel. Sehr fein sind die Krumiriteppiche in Braun und Beige. Aus Nordtunesien kommen rote oder violette Teppiche mit großem Mittelfeld. Marokkanische Teppiche zeichnen sich durch eine Vielfalt der Formen und Farben aus. In Rabat werden siebenfarbige Gartenteppiche mit Blumenmustern geknüpft, die asiatische Elemente aufweisen. Die mannigfaltigen Berberteppiche bevorzugen Strich-, Würfel- oder Rautenmuster im Sägeschnitt. Aus dem Hohen Atlas stammen fahlrote und beigefarbene Teppiche der Marmuschka. Die Teppiche der Banu Warain sind in Schneeweiß, Schwarz und Grün gehalten. In Chichana arbeiten die Uled Besseba in Ocker und Rot mit einzeln stehenden Ornamenten. Die Ait Blawa weben in Schwarz, Orange, Gelb, Grün und Weiß; hingegen sind die Teppiche aus Warzazate in Blau, Rot und Weiß gehalten.

Die Berber pflegen regional alte Stickereiformen. In Tetuan setzt man auf pastellfarbene Seiden Blumenmuster, in Fès Arabesken in tiefem Nachtblau, in Meknès grellbunte Dekore und an den Küsten Marokkos auf violetten Grund phantasievolle Schimären, Fische, Lebensbäume und andere vielleicht auf den Kontakt mit Portugal zurückgehende Motive.

Die Stickerei schmückt in erster Linie die buntgemusterten Frauentrachten der Berber, breite Wickel- und Kopftücher, die je nach Stamm anders gefärbt und verziert sind. Zur Tracht gehört ein reicher Silberschmuck, der sowohl als Familiensparkasse wie als magischer Schutz der Frau und Mutter dient. Fibeln, Broschen, Armreifen, Schmuckplatten und Ohrringe sind mit farbigen Steinen besetzt und oft aus Filigran in Silber gefertigt.

Die Männertracht ist schmucklos, aber praktisch: eine Pluderhose, der Mantel oder Burnus der Araber und der Turban. Die Nachfahren der Moriscos haben die weitverbreitete rote oder schwarze Chechia aus Wollfilz mitgebracht. Den Schmuck der traditionellen Männertracht bilden Lederarbeiten – Gürtel, Taschen und Stiefel. In Rabat werden die Lederarbeiten gepunzt und in Rot, Grün, Gelb, Blau oder Beige verziert. In Fès bevorzugt man die Vergoldung und prägt feine Ranken-, Blumen- und Sternmuster. Marrakesch produziert Lederarbeiten in Weiß, Gelb und Violett, und die Berber verwenden rustikale Formen.

Noch in unseren Tagen wird besonders in den Städten viel in Messing und Kupfer gearbeitet: Gefäße, Wasserbehälter, Leuchter und andere Dinge, die getrieben, ziseliert, gepunzt und gehämmert werden. Bevorzugt werden geometrische Figuren, Flechtbänder, Ranken und florale Elemente.

Das war der soziale Hintergrund, auf dem sich die Vorgänge des 16. und 17. Jahrhunderts abspielten.

Die Wattasiden kämpften einen verzweifelten Kampf bis zum Untergang. Mord und Totschlag herrschten am Hofe. In Südmarokko, das schon lange nicht mehr auf die Befehle aus Fès hörte, war eine arabische Familie religiöser Persönlichkeiten zur führenden Kraft aufgestiegen, die Sa'adier, die von der Amme Mohammeds abzustammen behaupteten. Sie führten 1511 die Stämme im Heiligen Krieg gegen das 1505 von den Portugiesen eingenommene Punti (Agadir). Einmal an der Spitze einer siegreichen Stammesarmee, eroberten sie Südmarokko und setzten sich in Marrakesch fest. Sie nahmen 1541 Agadir ein und vertrieben die Portugiesen aus Safi und Azemmur. Schließlich wandten sie sich gegen das innerlich zerrüttete Fès. Auch das Eingreifen der Osmanen rettete die Wattasiden nicht, führte aber zu erbitterter Feindschaft zwischen den Sa'adiern und den Herren von Istanbul. Die Kämpfe zogen sich bis nach Tlemcen und in die südlichen Steppen hin, da viele der Marabuts ihre Anhänger gegen die Sa'adier führten.

Der Sa'adierführer Mohammed al-Scheich beanspruchte den Titel Scherif (Edler) und nahm nach *Tafel*
der Eroberung von Fès den Kalifentitel an. Er war 91
nun der Herr Marokkos und proklamierte Marra- *Tafel*
kesch zur Hauptstadt. Er fiel aber einem Mordan- 94, 97
schlag verräterischer türkischer Überläufer zum Opfer, die seinen Kopf nach Istanbul brachten (1557). Sein Nachfolger Moulay (= Mawlewi = religiöser Titel) Abdallah al-Ghabib bi-llah (1557–1574) suchte die Hilfe Spaniens gegen die Mörder seines Vaters und überließ ihnen den Hafen von Badis, aber das Bündnis zerbrach am Aufstand der Moriscos in Spanien. Der Kalif förderte den aufkommenden englischen Seehandel gegen die portugiesische Bedrohung.

Im Inneren bildeten die Marabuts mit ihrem Anhang die Hauptgefahr. Nach dem Tode des Kalifen entsandten die Türken zwei seiner bei ihnen im Exil lebenden Brüder nach Marokko und gaben ihnen Truppen und Geld mit (1578). Sie setzten sich dort durch, und Abd al-Malik wurde der neue Sultan in Marrakesch.

In die sich entspinnenden Kämpfe griffen die Portugiesen ein. König Sebastian (1557–1578) träumte von der Eroberung Marokkos, landete eine Armee von 20000 Mann und gewann die Hilfe des von Abd al-Malik vertriebenen Prinzen. Es waren Portugiesen, Spanier, Deutsche und Italiener, die vor al-Ksar al-Kabir in einen Hinterhalt gerieten. Trotz ihrer 36 Geschütze wurden sie geschlagen (1578). Alle drei Könige – Sebastian von Portugal, sein Kandidat al-Mutawakkil und der regierende Sultan Abd al-Malik – blieben auf dem Schlachtfeld. An die Stelle Abd al-Maliks trat sein Bruder Ahmad al-Mansur (1578–1603), dessen Regierungszeit eine Periode der Ruhe und des Friedens wurde. Er förderte das Handwerk und den Handel, schützte Juden und Christen und leitete seinen Staat, der mehr einer Stammesföderation als einer Staatsordnung glich, recht geschickt.

Der Wohlstand ließ Marrakesch aufblühen. Der Regierungspalast al-Badi soll ein überaus prunkvoller Bau gewesen sein. Einen Abglanz bieten *Tafel* 101–104 noch die erhaltenen Mausoleen der Sa'adier, die nicht wie der Palast später zerstört, sondern nur vermauert wurden. Erhalten blieben einige Moscheen und Zawiyas sowie Medresen der Sa'adierzeit. So entstanden 1557 die Moschee am Bab Dukschala und 1562 die Muassinmoschee. Die «Klöster» der Marabuts besaßen in der Regel als Kern *Tafel* 100 ein Heiligengrab, an das sich eine Moschee anschloß, sowie eine Schule, die Wohnung des Scheichs der Bruderschaft und Zellen für die Schüler.

Die Goldgier trieb den Sultan, als er seine nach türkischem Vorbild mit Feuerwaffen ausgerüstete Söldnerarmee aus christlichen Renegaten, Andalusiern, Schwarzafrikanern, Kabylen und osmanischen Deserteuren in das Land am Niger entsandte. Dieses Gebiet war seit dem 11. Jahrhundert islamisch und stand mit Marokko im Handelsaustausch. Gegen Handwerkserzeugnisse und Salz lieferten die Songhaifürsten Sklaven und Gold, das die Marokkaner zum Handel mit Europa benötigten. Die spanische Ausplünderung Amerikas ließ aber damals den Preis der Edelmetalle rasch fallen, und so wollten die Marokkaner selbst zu den Goldbergwerken vordringen, im Glauben, dann zu genug Edelmetall zu gelangen. Die Marokkaner zerschlugen den Songhaistaat dank ihrer Gewehre ohne Schwierigkeiten, doch lagen die Goldgruben weit entfernt im Urwald des heutigen Ghana. Die Plünderungen brachten fürs erste große Goldmengen nach Marokko, aber das Land am Niger verfiel im Chaos, und auf lange Sicht zerbrach der einst blühende Handel.

1612 gab Marokko den Sudan faktisch auf. Die Besatzungstruppen waren in Wirklichkeit eine Räuberbande, die unter rasch wechselnden Paschas das Land verwüstete. Von 1612 bis 1660 «regierten» einundzwanzig Paschas, und bis 1750 folgten ihnen weitere einhundertundachtundzwanzig.

Als Gegner der Osmanen und als Herr der Handelsstraßen in das Innere Afrikas war der Sultan ein Verhandlungspartner für Engländer und Spanier, wobei seine Sympathien eher den Briten galten, waren sie doch weiter entfernt von seinem Lande.

Nach dem Tode al-Mansurs tobten sieben Jahre lang Thronfolgekämpfe, die zur Teilung des Landes führten. Marrakesch stand gegen Fès, und Spanier wie Türken mischten sich ein. Die Stämme wurden unruhig, und der Kampf um die Nachfolge begann. 1626 endete die Sa'adierdynastie in Fès, und 1659 wurde in Marrakesch der letzte Fürst dieser Dynastie erschlagen.

167
Seidenstoff aus einer Tiraz von Ifriqiya, Tunesien, roter Grund, grüne, gelbe und cremefarbene Muster, Inschrift des Kalifen Marwan, 7.–8. Jahrhundert

168
Seidenbrokat, rotgelber Grund mit Mustern in Rot, Grün und Gold, Imitation eines Bagdader Tirazstoffes, in Spanien gefunden, 12. Jahrhundert

169
Seidenstoff, gelb, rot, grün, weiß, Spanien-Sizilien (?), 12. Jahrhundert

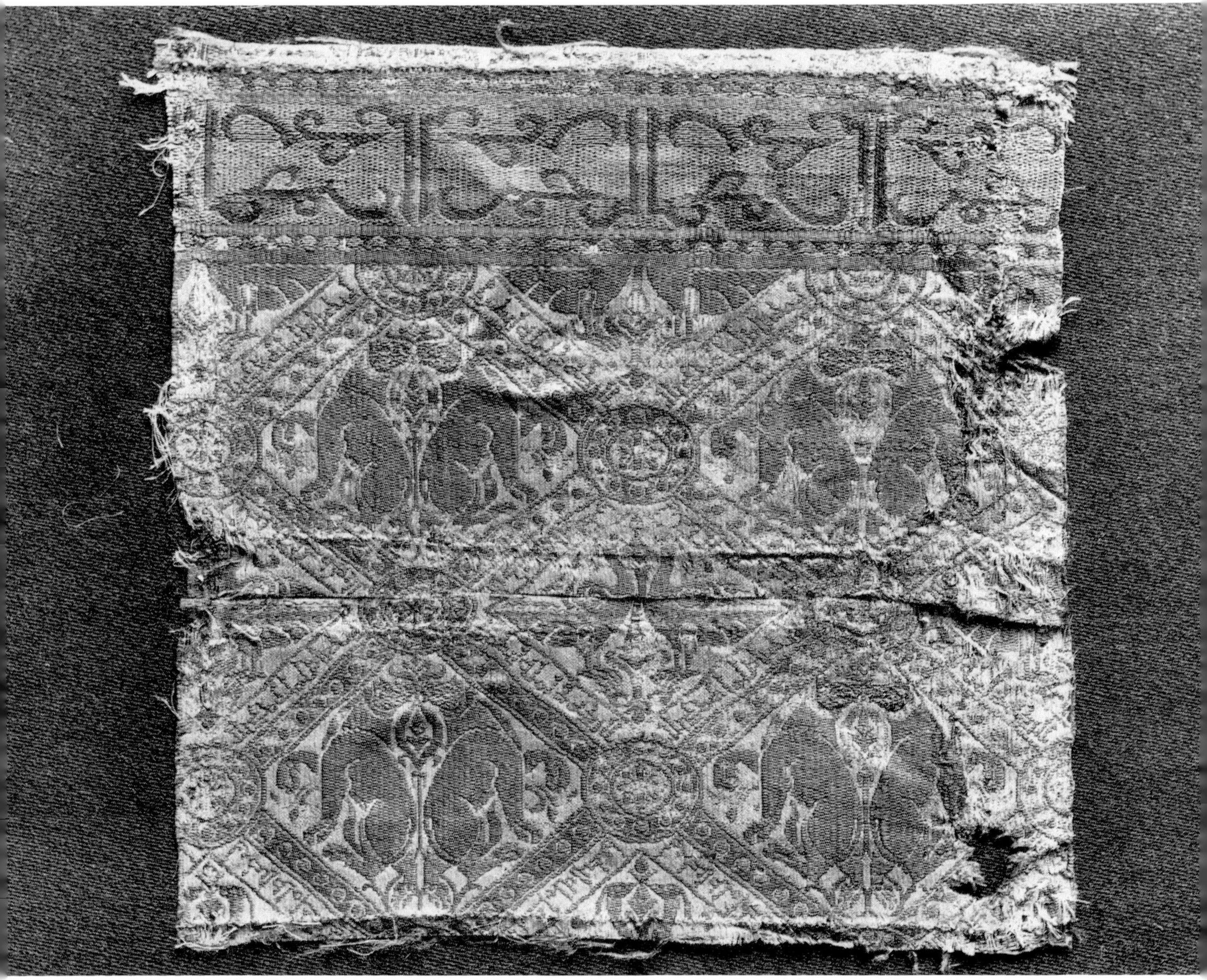

170
Seidengewebe in Rot und Grün mit Goldfäden, Spanien, 12. Jahrhundert

171
Spanisch-islamisches Seidengewebe, schwarzer Grund mit roten, gelben und blauen Mustern, 12. Jahrhundert

172
Spanisch-marokkanisches Seidengewebe mit ornamentalem Dekor,
roter Grund mit hell- und dunkelblauem, rotem, gelbem und cremefarbenem Muster,
14.–15. Jahrhundert

173
Spanisch-maurischer Seidenstoff,
rot, schwarz, weiß und gelb,
15.–16. Jahrhundert

174
Knüpfteppich, Wolle, Spanien,
15. Jahrhundert

175
Teil eines Knüpfteppichs, Wolle,
Spanien (?), 16. Jahrhundert

176
Elfenbeinpyxis des al-Mughira, Spanien, 968

177
Elfenbeinpyxis, Spanien, 11. Jahrhundert

178
Elfenbeinkästchen, Cuerca (?), Spanien, 12. Jahrhundert

179
Elfenbeinpyxis, Spanien oder Sizilien,
12. Jahrhundert

180
Bemalte Elfenbeinpyxis, Spanien oder Sizilien (?),
12.–13. Jahrhundert

181
Bemaltes
Elfenbeinkästchen,
Sizilien (?),
12.–13. Jahrhundert

182–186

Elfenbeinkasten mit Jagddarstellungen, Aufsicht, Quer- und Längsseiten, Sizilien (?), 12. Jahrhundert

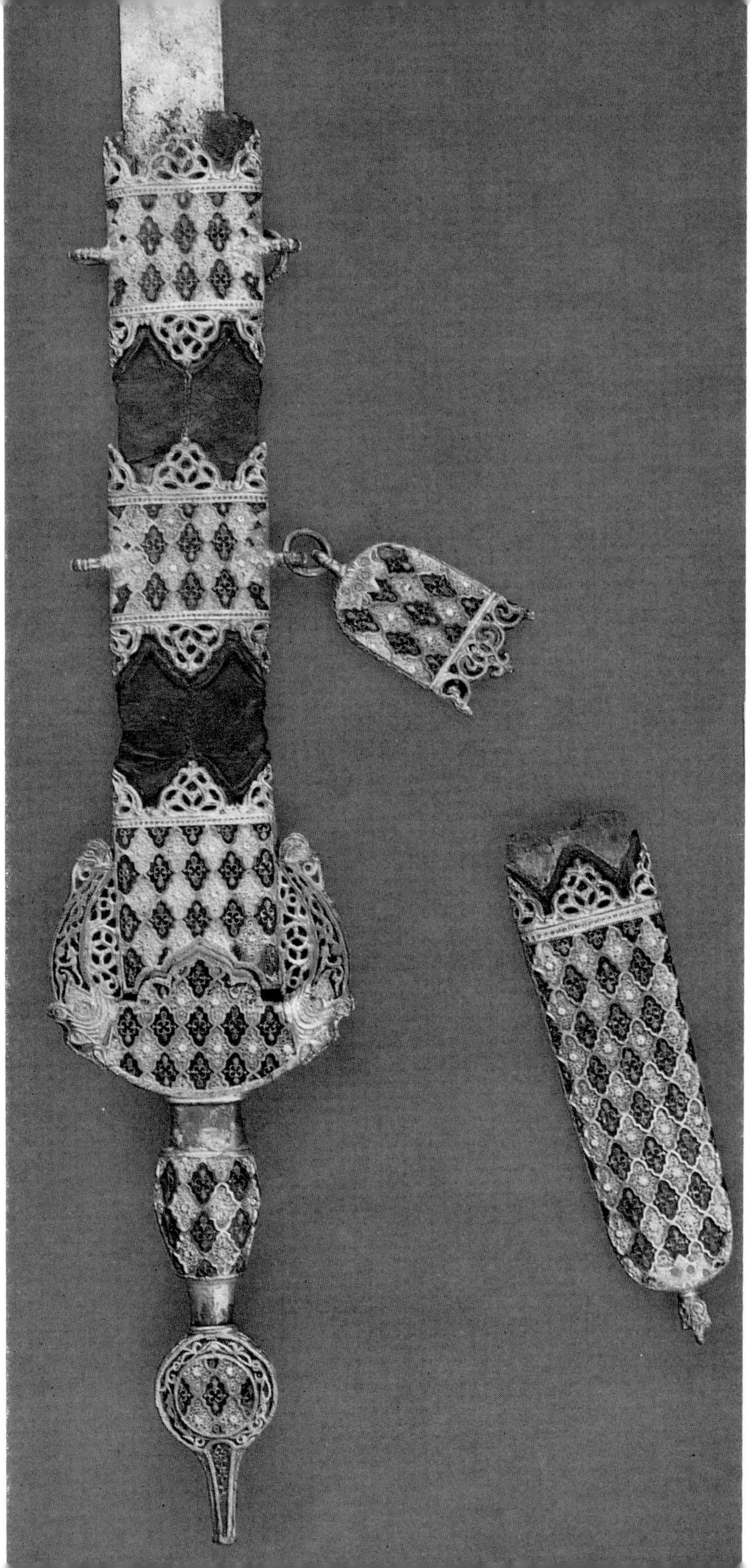

187
Sogenanntes Boabdil-Schwert,
nach der Tradition
Waffe des letzten Königs von Granada

188
Orientalisierende Messingschale, Rückseite mit Inschrift: Ser Castrucio Castracano, Venedig, 1510

189
Berberfibeln, Silber,
Marokko, 19. Jahrhundert

190
Brautschmuck, getriebenes Goldblech mit Schmucksteinen,
Fès, Marokko, frühes 19. Jahrhundert

191
Kücheneinrichtung, von links nach rechts:
Wassertopf, Kochtopf und zwei Pfannen aus Kupfer, vier Eisenspieße und Cous-Cous-Topf aus Kupfer mit Aufsatz, Marokko

An der Mündung des Sebu legten die Spanier eine neue Festung an, San Miguel de Ultramar, und auch an der Nordküste faßten sie wieder Fuß.

Erneut waren es die Marabuts, die zum Widerstand aufriefen. In Tafilelt predigte Abu Mahalli den Heiligen Krieg (ab 1593). Einen Angriff auf Marrakesch schlug ein Konkurrent um die Macht aus dem Atlas, Yahya ibn Abdallah ibn Hahi, ab. Als Abu Mahalli die Stadt überfiel, wurde er geschlagen und sein Kopf auf der Stadtmauer ausgestellt (1613). Im Antiatlas bildete ein dritter Marabut 1627 einen eigenen Staat.

Im Norden kämpften drei Kräfte gegen die Sa'adier. In Rabat und Salè hatten sich die aus Spanien vertriebenen Moriscos festgesetzt. Ihnen fehlten die Verbindungen zu den Stämmen. Sie waren Araber und Feinde der Spanier, zugleich waren sie Städter und kannten die Reichtümer Spaniens. Sie gründeten um die alte Festung am Bou Regreg die Doppelstadt Rabat und Salè und besiedelten auch Tetuan. Sie verlegten sich auf Piraterie. Als die Sa'adiermacht verfiel, erklärten sie ihre Unabhängigkeit als oligarchische Stadtrepublik (1627–1637). Sie mußten sich dem Marabut Mohammed ibn Ahmad al-Zayyani beugen, den man al-Ayachi nannte. Letzterer war vom Sultan im Glaubenskrieg gegen die Portugiesen zum Kaid von Azemmur ernannt worden, fiel aber von ihm ab und schuf sich ein eigenes Machtgebiet. Er griff 1637 die Moriscos an, die er bisher unterstützt hatte, da sie mit England und Spanien verhandelten. Die Moriscos riefen die Gegner al-Ayachis, die Marabuts von Dila, zu Hilfe, die das Land südlich des Sebu beherrschten. Al-Ayachi fiel im Kampf (1641).

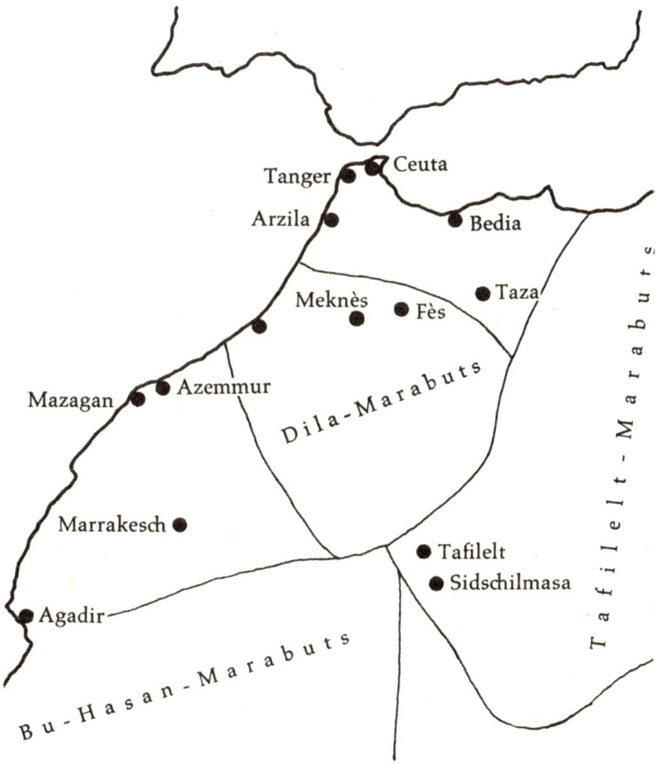

Marokko im 17. Jahrhundert

Die Dila-Marabuts waren Senhadscha-Berber, die zu Ende des 16. Jahrhunderts eine Zawiya nahe dem heutigen Khenifra gegründet hatten. Sie sammelten die Stämme des Mittleren Atlas und schlugen sowohl die Sa'adier (1640) wie al-Ayachi, mußten sich aber schließlich den Alawiten aus Tafilelt beugen. Letztere waren Nachkommen des Prophetenenkels Hasan. Ihr Weg nach Marokko ist sagenumwoben. Seit dem 12. Jahrhundert scheinen ihre Oberhäupter als Religionslehrer in der Oase Tafilelt gelebt zu haben. Im Zerfall der Zentralmacht und im Kampf mit den Dila-Derwischen setzte sich 1638 Moulay Mohammed als Herr der Oase durch und begann mit der Eroberung des nordöstlichen Berglandes bis nach Tlemcen, fand aber seine Meister in den Dila-Marabuts. Sein Nachfolger Moulay Raschid ging zu den Kebdanas (bei Melilla) und nahm den Neuaufbau einer Armee in Angriff. Er besetzte 1666 Fès und ließ sich, *Tafel* 105 im Besitz der alten Hauptstadt, zum Sultan ausrufen. In vierjährigen Kämpfen einigte er Marokko unter seiner Herrschaft. 1672 fand er in einem Gefecht einen frühen Tod.

Sein Nachfolger Moulay Ismail regierte 55 Jahre (1672–1727) und war der eigentliche Begründer des Scherifenstaates. Er galt als grausam sowie als großer Krieger und Frauenheld. Sein Harem soll 500 Frauen aller Hautfarben beherbergt haben, die ihm 700 Söhne geboren haben sollen. Die Töchter blieben ungezählt.

Fünfundzwanzig Jahre lang zog der Sultan an der Spitze seiner Truppen durch das Land und brach rücksichtslos jeden Widerstand. Das abgefallene Marrakesch wurde zwei Jahre lang belagert und schließlich erstürmt. Es mußte seinen Rang als Hauptstadt an Meknès abtreten. Immer wieder flammten Aufstände auf, die mit Massakern geahndet wurden. Die Macht Moulay Ismails stützte sich auf eine Sklavenarmee aus dem Sudan und auf christliche und andalusische Renegaten. Die Armee zählte zuletzt 150000 Mann, die zur Hälfte in Mechra und Meknès stationiert waren. Die andere Hälfte besetzte die Qasbas im Land.

An den Küsten standen die Burgen der Mudschahidun, der «Glaubenskämpfer», zur Abwehr christlicher Angriffe. Der Sultan nahm den Kampf gegen die spanischen Kolonien wieder auf. 1681 fiel Ma'mura, und die Marokkaner erbeuteten hundert Kanonen. In Tanger saßen seit Jahrzehnten die Briten, doch mußten sie nach einer Belagerung von 1679 bis 1681 schließlich abziehen (1684). Sie hinterließen nur Ruinen. 1689 fiel Larache und 1691 auch Arzila. Bis auf Mazagan war damit die Atlantikküste befreit.

Im Krieg gegen die Osmanen war der Sultan weniger glücklich. Als er Algier angriff, fiel er beinahe in die Hände der Türken. Die Spanier verteidigten die Häfen Melilla und Ceuta sowie zwei weitere gegen Moulay Ismail.

Der Scherif förderte den Handel, von dem er zehn Prozent an Steuern erhielt. In Marokkos Häfen ankerten Holländer, Briten, Franzosen und Spanier. Gehandelt wurde mit Zucker, Indigo und anderen Farbstoffen, Waffen, Seide, Baumwolle, Datteln, Elfenbein, Gold, Silber und anderen Waren. Der Hauptpartner war zunächst Frankreich unter Ludwig XIV. Dann trat England nach der Besetzung Gibraltars an seine Stelle.

Meknès, die neue Hauptstadt, wurde prachtvoll ausgebaut. Dreißigtausend einheimische Sträflinge und fünfundzwanzigtausend gefangene Christen waren zusammengetrieben worden und kamen zu Tausenden bei den Bauarbeiten um. Es wurden eine Stadtmauer von 25 Kilometer Länge und ein Dar Kabira, der Regierungspalast mit einer Moschee und Medrese, errichtet. An ihn schlossen sich große Parks mit Pavillons für die Hofbeamten an, die Madinat al-Riad. Hinzu ka- *Tafel* 109, 110
men Qasbas für die schwarze Garde, große Wasserbassins und ausgedehnte Magazine und Werkstätten. Das letzte Bauwerk in Meknès war das Tor al-Mansur, ein Prunkbau mit zwei Bastionen und *Tafel* 111
prachtvollem Dekor.

Erneuert wurde unter Moulay Ismail auch das Heiligtum Marokkos, die Gedenkstätte für Idris I. (ermordet 792). Sein Grabmal und eine Zawiya bil- *Tafel* 98, 99
den seither ein glanzvolles Ensemble. Das für Nichtmuslime noch heute unzugängliche Grabmal befindet sich in einem Kuppelsaal, den ein großes viereckiges Zeltdach aus glänzenden grünen Glasurziegeln bedeckt. Das Mausoleum und die Moschee sind jährlich Ziel großer Pilgerzüge.

Schon vor dem Tode des Scherifen brachen Kämpfe um die Nachfolge aus, und als er 1727 starb, loderten überall die Flammen des Aufstandes. Türken und Marabuts schürten die Unruhen.

Die schwarze Sklavenarmee setzte mehrere Söhne Moulay Ismails nacheinander ein und stürzte sie wieder. Kämpfe zwischen den Stämmen und Prätendenten tobten hin und her. Drei-, viermal kamen einzelne Prinzen auf den Thron und verschwanden wieder. Die Unruhen zogen sich bis zum Jahre 1757 hin, ehe der frühere Vizekönig von Marrakesch, Sidi Mohammed ibn Abdallah, sich durchzusetzen vermochte (1757–1790).

Der Süden und viele Stämme waren abgefallen. Armee und Staatsapparat waren in Auflösung begriffen, und selbst die großen Städte waren in Gefahr, den Stämmen in die Hände zu fallen.

Gestützt auf die Ulema von Fès, reorganisierte der neue Scherif die Armee, die er aus Resten der Garde, aus Haratin (Freigelassenen) und Arabern rekrutierte. Die Städte, besonders die an der Küste, ließ er neu befestigen und mit Artillerie bestücken. Dennoch mußte er immer wieder gegen Rebellen ausziehen und kämpfen. Sidi Mohammed neigte dem Rigorismus der Wahhabiten zu, die in Arabien zur Macht gekommen waren. Er wandte sich mit deren Argumenten gegen die Zawiyas und die Marabuts, die vom Urislam abgefallen seien. In Fès, Meknès und Marrakesch ließ er Medresen und Paläste bauen. Die Einnahme von Mazagan (1769) gelang den Marokkanern, während die Belagerung Melillas fehlschlug.

Zwei Jahre nach Sidi Mohammeds Tod regierte ein schon zuvor rebellierender Sohn, dann fiel nach langen Unruhen die Macht an Moulay Sliman (1792–1822), der Marokko in der sehr schwierigen Zeit der englisch-französischen Kämpfe um die Weltherrschaft zu regieren suchte. In Fès entstanden neue Moscheen und wurden alte Bauwerke restauriert. Nach seinem Tode wirkte immer stärker der heraufziehende Kolonialismus auf das Land ein, bis Marokko 1912 gezwungen war, die französische Oberhoheit zu akzeptieren. Schon zuvor waren der Rif und die Saharazone im Süden von den Spaniern beansprucht und teilweise besetzt worden. Kämpfe der Rifkabylen gegen die modern bewaffneten Feinde zogen sich bis in die späten zwanziger Jahre hin.

Aus den Jahrhunderten der unabhängigen Scherifen vor 1912 sind in Fès, Marrakesch und Rabat bedeutende Bauwerke erhalten geblieben. So steht in Fès unter anderem die Grabmoschee des Moulay Abdallah, in Rabat die von Abdallah errichtete al-Sunna-Moschee, eine der größten Marokkos. In Marrakesch ließ der gleiche Scherif die gewaltige Medrese Ben Yusuf bauen. Moulay Raschid fügte der Qarawiyin eine große Medrese bei – al-Scheratin. Nur ein Gewölbemagazin mit 23 Schiffen blieb von dem Dar Kabira in Meknès erhalten.

Militärbauten stehen in Tetuan, Fès, Taza und Meknès. Auch viele Qasbas wären hier zu erwähnen, die Militärstützpunkte der Scherifenarmee. Viel Aufmerksamkeit wurde dem Brückenbau wie der Anlage von Brunnen geschenkt.

Den Hauptreiz der weiträumig geplanten Repräsentativbauten bildet der Gegensatz zwischen den farbigen Glasurziegeln der Dächer und den weißen Fronten der Bauten. Sparsam werden Säulen und Steinreliefs benutzt. Im Innendekor wetteifert farbige Keramik mit buntbemalter Stukkatur. Von der alten Tradition hat vieles die Kolonialzeit überlebt und verleiht den Städten des heutigen Königreiches Marokko ihren besonderen Reiz.

2. Algerien und Tunesien unter Türken und Korsaren

Spanier und Korsaren · Der spanische Angriff · Der Korsar Arudsch und seine Brüder · Chair al-Din Barbarossa · Der Bund mit den Osmanen · Widerstand und Kriege · Tunis unter Osmanen und Kreuzfahrern · Janitscharen, Milizen und Korsaren · Die Festung Algier · Der Kreuzzug und der Seesieg von Lepanto · Der Abbruch des Krieges · Die Bauten Algiers · Der Maghrib unter Paschas, Beis und Deis · Tunesien als Handelspartner Europas · Die Zawiya des «Barbiers» · Die Freitagsmoschee von Destur · Die «Christen» bombardieren Algier · Pestepidemien · Statt Sklaven Weizen · Die USA-Flotte bombardiert Algier · Briten und Holländer beschießen die Stadt und vernichten die Flotte · Die Landung der Franzosen · Der Kolonialkrieg · Der Berliner Kongreß und die Okkupation Tunesiens

Der Zerfall staatlicher Ordnung im Maghrib lud zu Ende des 15. Jahrhunderts Feinde und Eroberer geradezu ein. Ähnlich wie die Portugiesen am At-

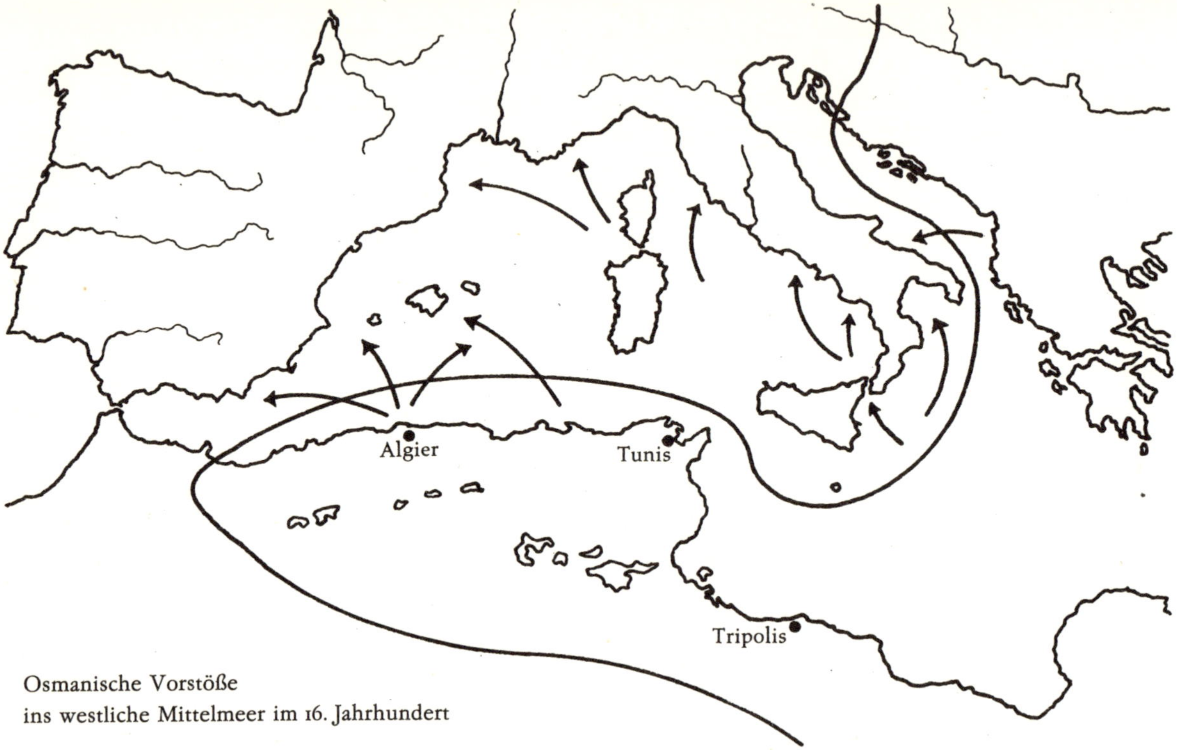

Osmanische Vorstöße
ins westliche Mittelmeer im 16. Jahrhundert

lantik besetzten die Spanier Küstenstädte von Melilla bis nach Tunesien hin. Die Hafsiden behaupteten sich nur noch in Tunis, und die Waddiden geboten über wenig mehr als die Umgebung von Tlemcen. Das Binnenland zerfiel in eine Vielzahl von Gebieten, die von Stämmen, Föderationen und Marabuts beherrscht wurden.

Von Dscherba bis Marokko zog sich eine Kette oligarchisch regierter Stadtrepubliken, deren Händler auf eigene Kosten mit Galeeren das Mittelmeer befuhren und nach Möglichkeit auch Piraterie trieben – die Korsaren. Sie verstanden sich zumeist als Glaubenskrieger im Kampf gegen die übermächtig gewordenen Christen. Nicht weniger brutal waren die Seeräuberei der christlichen Nationen und ebenso der Versuch, die Reconquista nach Afrika hinüberzutragen. Die Spanier nahmen 1497 Melilla, und 1505 plünderte eine spanische Armada die Küsten Algeriens. 1508 fiel die Insel Penon de Veles und 1509 Oran. Allein in dieser Stadt wurden viertausend Menschen erschlagen und achttausend versklavt. Ein Jahr später nahmen die Spanier Bujaya und griffen Tripolis an. Algier mußte eine der Inseln im Hafen abtreten, auf der der spanische Gouverneur Pedro Navarra 300 Meter vor der Muslimstadt eine Zwingburg errichtete. Andere Städte mußten Tribut zahlen.

In Algier lebten etwa 20000 Einwohner, zum großen Teil Andalusier, die sich zutiefst bedroht sahen. Sie wandten sich an einen berühmten Korsaren von der Insel Lesbos, Arudsch, der 1516 die Macht in der Stadt übernahm und seine Herrschaft bis tief ins Hinterland ausdehnte. Nach Tlemcen rief ihn das Volk, da der Herrscher sich den Spaniern unterworfen hatte. Arudsch schien der Herr Algeriens zu sein, als eine neue spanische Armee die meisten Gebiete wieder besetzte. Arudsch kam bei den Kämpfen ums Leben.

Sein Erbe trat sein in Algier zurückgebliebener Bruder an, Chair al-Din, den man Barbarossa nannte. Er suchte die Unterstützung der Türken, die ihm 2000 reguläre und 4000 freiwillige Soldaten sowie Artillerie zur Verfügung stellten. Die Türken verliehen ihm überdies den Titel eines Paschas und den Rang eines Beilerbeis.

Unterdessen putschten in Algier und den Gebieten der Kabylei einheimische Kräfte mit spanischer Unterstützung. Für fünf Jahre mußte der neue Pascha als Korsar kämpfen, wobei er in raschen Feldzügen das Binnenland bis zur Kabylei eroberte. Dann griff er die Festung Penon an. Nach drei Wochen Bombardement kapitulierten die fünfundzwanzig Überlebenden. Chair al-Din ließ einen modernen Hafen bauen, und Algier beugte sich. Es stieg zum Zentrum der nordafrikanischen Korsaren auf. Mit algerischer Hilfe nahmen die Türken 1534 Tunis ein. Ein Kreuzfahrerheer setzte mit 300 Schiffen nach Nordafrika über (1535) und eroberte Tunis, verlor es aber bald wieder.

Der neue Staat in Algier beruhte wie der Osmanenstaat auf der Janitscharentruppe und den Milizen der Regionen. Die Janitscharen unter ihren Aghas wurden zu einer Militäraristokratie neben den Korsaren, die vom Rat der Kapitäne geleitet wurden. Die Korsaren kamen zumeist aus Sizilien und Süditalien. Manchmal waren es zu ihnen übergetretene Gefangene, in der Mehrzahl jedoch Abenteurer. Ihre Flotte war beachtlich. 1558 gehörten zu Algier 35 Galeeren, 25 Fregatten und Brigantinen und viele bewaffnete Segelboote. Die Stadt war eine nahezu uneinnehmbare Festung hinter 12 bis 13 Meter starken Mauern. Sie verfügte über fünf Tore. Mehrere Forts schützten die Umgebung. Die Stadt soll damals etwa 60000 Einwohner gezählt haben, darunter 25000 christliche Sklaven und etwa 5000 Juden. Seit 1564 gab es in ihr einen französischen Konsul und seit 1585 einen Vertreter der englischen Krone. Türkisch war Amtssprache, arabisch die der Religion. Berber brachten ihre Dialekte mit, und unter den Sklaven entstand ein aus vielen Sprachen gemischtes Kauderwelsch, die Lingua franca.

Wiederholt suchten Hungersnöte und Epidemien die Stadt heim (1574–1576 und 1580), in denen jeweils zwischen fünf und zehn Prozent der Bewohner umkamen.

Gegen den Nachfolger Chair al-Dins zog Karl V. zu Felde. Er suchte 1541 Algier zu erobern, scheiterte jedoch vor der Stadt. Kämpfe um Tlemcen wogten hin und her. An die Stelle der Spanier als Angreifer traten zeitweise die Marokkaner. Karls Armee hatte Tunis erobert und bald wieder geräumt. Der wiedereingesetzte Hafsidenkönig Moulay Hasan suchte die Hilfe Spaniens gegen das eigene Volk. Bei einem Angriff auf Kairuan verließ ihn seine Armee, so daß der König fliehen mußte. Sein Sohn regierte noch wenige Jahre, bis die Algerier Tunis eroberten (1569).

Spanische Angriffe auf Dscherba scheiterten nach ersten Erfolgen. Die Türken belagerten dafür Malta, ebenso erfolglos. Im Jahre 1569 sammelte Papst Pius V. die Christen zu einem Kreuzzug gegen die Osmanen. Vor Lepanto unterlag die türkische Flotte mit ihren nordafrikanischen Verbündeten der christlichen Armada (1570). Aber das Bündnis der Kreuzfahrer zerbrach. Zwar gelang den Spaniern 1573 nochmals die Eroberung von Tunis, aber sie verloren es ein Jahr darauf endgültig. Philipp II. von Spanien verzichtete auf eine Weiterführung des kostspieligen Kampfes gegen die Osmanen (1581). Er behielt Melilla, Mers al-Kebir und Oran. Zurück blieb ein dreigeteilter Maghrib – Marokko, Algerien und Tunesien.

In Istanbul entschied man sich daraufhin, den nordafrikanischen Gebieten ihre Sonderstellung zu nehmen und drei Paschas einzusetzen, je einen in Tripolitanien, Tunesien und Algerien (1587). Nordafrika blühte in den folgenden Jahren auf. Algier zählte im 17. Jahrhundert etwa 100000 Ein-

Die Medina von Tunis mit ihren Basaren

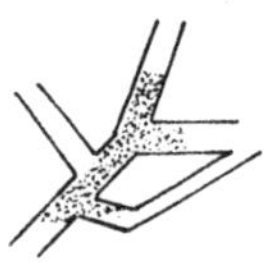
Basare

1 Sidi-Marez-Moschee
2 Mausoleum des Sidi Ibrahim
3 Diwan
4 Porte de France
5 Kirche des hl. Kreuzes
6 Mausoleum der Aziza Othmana
7 Mausoleum des Sidi Ben Arous
8 Dar al-Bei
9 Nationalbibliothek
10 Zaituna-Moschee
11 Sidi-Yusuf-Moschee
12 Qasba-Moschee
13 Sidi Bu Krissan
14 Dar al-Husein
15 al-Ksar-Moschee
16 Dar Othman
17 Färbermoschee
18 Turbet-al-Bei-Moschee

wohner und hatte ein breites agrarisches Hinterland. Pachtbauern bewirtschafteten den Großgrundbesitz der reichen Städter in Parzellen.

Nur wenige Bauten haben in Algerien die Jahre der französischen Kolonialherrschaft überdauert. Von den 122 Moscheen des Jahres 1830 und den dreizehn Zawiyas ist fast nichts erhalten. Aus vorosmanischer Zeit stammen in Algier eine almoravidische Moschee und die Sidi-Ramadan-Moschee. Die älteste Moschee der Osmanenzeit errichtete 1622 ein Italiener. 1660 entstand die Fischermoschee am Hafen. Unter den späteren Moscheen ist besonders die Ketschua-Moschee von 1794 zu nennen. Einige kleinere Anlagen in der Qasba und in den Vorstädten sind erwähnenswert, so die Grabmoschee Sidi Abd al-Rahmans von 1611. In Constantine sind die Moscheen Sidi al-Kettani (1775) und Sidi al-Achdar (1779) hervorzuheben.

Stadtpaläste blieben in Constantine und Algier erhalten, desgleichen Teile der Festung von Algier und seiner Forts. Berühmt wurde die 1792 restaurierte Römerbrücke über die Rummelschlucht von Constantine. In den Innenräumen der religiösen und weltlichen Bauten wurden häufig importierte Kacheln verbaut, so aus Delft, Spanien und Tunis.

Der Pascha war bald nur noch ein Aushängeschild der Janitscharen und Korsaren. Seit 1659 wählten die Janitscharen allein den Kommandanten, bis ein Putsch der Korsaren 1671 einen der Ihren als Dei einsetzte. 1689 einigten sich beide Gruppen wieder und ernannten einen Dei auf Lebenszeit, verkürzten diese jedoch nicht selten gewaltsam.

Auch in Tunis übernahmen 1590 die Deis, die Truppenführer, die Macht, die die Herrschaft der Korsaren beseitigte. Sie ernannten einen der vierzig Deis zum Regierungschef. Die Hohe Pforte verlieh ihm als Anerkennung den Paschatitel. Unter dem Dei standen der Qaptan, der Marinebefehlshaber, und der Bei, der Steuereintreiber.

Yusuf Dei (1610–1637) ist als großer Bauherr in die Geschichte eingegangen. Seine Moschee in *Tafel* 112 Tunis (1616) ist erhalten. Nicht weniger bedeutend ist die Hamuda-Pascha-Moschee (1655).

Allmählich ging die Macht immer mehr an die Beis über, die 1671 den letzten Dei einsperren ließen. Seit 1710 regierte eine Beidynastie Tunesien, nachdem es Unruhen und eine algerische Intervention gegeben hatte.

Die Huseinidenbeis verwalteten Tunesien als regulären Agrarstaat und gaben den Seeraub auf. Dagegen förderten sie die Handelsbeziehungen mit Europa, hauptsächlich mit den Staaten Italiens. Prunkvolle Moscheen wurden errichtet oder alte Bauten glanzvoll restauriert, so die al-Dschadid-Moschee in Tunis, die Grabmoschee des Sidi ibn Arus (1654) und die osmanisch geprägte Anlage Sidi Mahrez (1675). Wegen ihres farbigen Dekors ist die Zawiya des Sidi Sahab, des «Barbiers», *Tafel* 114, 115 in Kairuan (1692) bemerkenswert.

Ein historisches Denkmal besonderer Art ist die Freitagsmoschee in Destur aus dem 17. Jahrhundert. Sie zeigt im Minarett, das spanischen Mudéjartürmen gleicht, daß es sich um einen Moriscobau handelt. In Tunis sind zwei Paläste erhalten, das Dar al-Bei und das Dar al-Husein.

Im 17. und 18. Jahrhundert erlebten Tunis und Algier einen zunehmenden Niedergang. Die Zeit der Korsaren ging zu Ende. Die europäischen Flotten wurden übermächtig. Wiederholt wurde Algier bombardiert, so in den Jahren 1622, 1655 und 1672 von den Briten und 1682, 1683 und 1688 von den Franzosen.

Die arabische Flotte veraltete, und die Zahl der einsetzbaren Schiffe sank auf einen Bruchteil ihres ehemaligen Bestandes. Pestepidemien dezimierten die Stadt. 1787 starben in Algier ungefähr 17000 Menschen, und 1817 verloren tagtäglich fünfhundert Menschen ihr Leben. An die Stelle des Handels mit Gefangenen trat der Weizenexport, besonders nach Frankreich, das während der Revolution in erster Linie aus Algier auf Kredit versorgt wurde.

Im 19. Jahrhundert begann der Kampf um die Kolonialisierung Nordafrikas zwischen den Großmächten. Die USA schufen ihre Kriegsflotte speziell zum Angriff auf dieses Gebiet und bombardierten 1815 Algier. Ein Jahr darauf drang eine holländisch-britische Flotte in den Hafen ein, vernichtete die algerischen Schiffe und beschoß die Stadt, deren Bürger sich verzweifelt zur Wehr setzten.

1830 landeten schließlich die Franzosen und unterjochten in blutigen Kolonialkriegen Algerien, dessen Stämme sich noch bis in die achtziger Jahre tapfer verteidigten. Dann brach die Nacht des Kolonialismus endgültig über Algerien herein.

Auf dem berüchtigten Berliner Kongreß (13. Juni bis 13. Juli 1878) einigten sich Frankreich, England und Deutschland über das Schicksal Tunesiens. Es wurde Frankreich überlassen. Nur notdürftig verdeckte ein Protektoratsvertrag die Blöße des Kolonialregimes.

3. Tripolis bis zur italienischen Invasion

Das Leiden unter Spaniern und Johannitern · Das Regime der Osmanen · Widerstand und Kriegszüge · Die Korsarenmacht · Briten, Franzosen, Venezianer und Malteser vor Tripolis · Die Pest und die Briten · Terror der Seemächte · Die Erhebung der Karamanlis · Neue Angriffe der «Christen» · Die USA belagern Tripolis · Ihre Niederlage vor Derna · Die Seeschlacht von Navarino · Die Blockade und der Zusammenbruch · Erneut die Osmanen · Der Einfall der Italiener · Volkskrieg und Unterwerfung

Tripolitanien hatte immer wieder unter den Konflikten des Maghrib mit dem Orient und den Europäern gelitten. 1510 waren die Spanier eingefallen, doch verkauften sie Tripolis an den Johanniterorden, dessen Mitglieder vor den Osmanen nach Malta geflohen waren. Die Osmanen nahmen im Bund mit den Korsaren 1551 Tripolis ein, und für 160 Jahre regierten osmanische Aghas, Paschas und Deis in der Stadt.

Schon 1560 erfolgte ein neuer spanischer Angriff, der abgeschlagen werden konnte. 1588 nahmen Aufständische die Stadt ein, deren Zitadelle standhielt, bis eine Entsatzarmee herangekommen war und den Aufstand blutig niederwarf. 1610 rebellierten die türkischen Truppen und wählten von jener Zeit an ihre Deis selbst. Neben den Janitscharen setzten sich auch in Tripolis die Korsaren immer stärker durch, die 1632 auch die Deiwürde an sich brachten. 1655 erschienen britische und 1661 französische, venezianische und maltesische Schiffe vor der Stadt. 1662 folgten die Holländer. Immer wieder brachen Seekriege aus oder rebellierten Stämme im Hinterland und bedrohten die Handelsstraßen durch die Sahara.

1675 blockierten britische Schiffe den Hafen, und die aus Arabien heimkehrende Pilgerkarawane brachte die Pest mit. Zehntausend Einwohner starben, und die Flotte fiel den Engländern zum Opfer. In Staatsstreichen wechselten rasch die Deis, und wieder kamen fremde Flotten. 1680 waren es zweimal die Franzosen. Als ein zu jener Zeit erzwungener Vertrag in der Stadt nicht ratifiziert wurde, kehrten sie 1685 zurück und beschossen Tripolis tagelang, bis alle französischen Gefangenen und gekaperten Schiffe ausgeliefert und 125000 Goldstücke als Tribut gezahlt worden waren.

Erneut brach die Pest aus (1690), und im Süden erhoben sich die Berber. 1704 fielen die Tunesier ein und belagerten Tripolis. Erst als die Pest sie heimsuchte, flohen sie. Das Land war am Ende. Da griff in Menschia ein Gutsherr aus dem Geschlecht der Karamanlis nach der Macht und besetzte mit seinen Milizen Tripolis. Als Pascha-Bei regierte er faktisch unabhängig und bestach türkische Strafexpeditionen, so daß sie abzogen. Tripolis erholte sich, obwohl wiederholt europäische Flotten vor der Stadt aufkreuzten (1715, 1720, 1723 und 1727).

Verheerende Folgen hatte dann ein französischer Angriff im Jahre 1728, der die Stadt in Schutt und Asche legte. Die Zeit der Korsaren war damit vorbei. Nur noch zwei Fregatten und zwei Galeeren bildeten die Kriegsflotte der Stadt, deren Bedeutung vor allem im Transithandel mit Westafrika bestand. Kämpfe in der Paschafamilie, Putsche und Pestepidemien lasteten schwer auf Tripolitanien.

Im Jahre 1800 glaubten die USA mit dem kleinsten Staat Nordafrikas ein leichtes Spiel zu haben. Sie blockierten den Hafen von Tripolis und beschossen die Stadt von 1801 bis 1803. Eine Söldnerarmee wurde von Alexandria aus losgeschickt, gelangte bis Derna und wurde dort eingeschlossen. 1805 mußten die USA Frieden schließen und Entschädigungen zahlen. Eine neue tripolitanische Armee und Flotte wurden geschaffen, jedoch gingen die Schiffe 1824 an der Seite ihrer osmanischen Verbündeten in der Seeschlacht bei Navarino unter. Diesen Schlag hat Tripolis nicht mehr überwinden können.

Tafel 166

1830 sperrten die Franzosen den Hafen der Stadt und zwangen den Dei zur Zahlung von 800000 Goldfranken. Die unter der Steuerlast stöhnenden Bauern und Nomaden erhoben sich in allen Landesteilen. Als dann die Briten mit der gleichen Forderung kamen, brach der Karamanli-Staat langsam in sich zusammen. 1835 besetzte eine osmanische Flotte die Stadt und gliederte Tripolitanien erneut dem Sultanat ein. Dies bewahrte das Land zwar vorerst vor einer Kolonialisierung durch eine europäische Macht, doch erlebte es unter der zerfallenden Sultansherrschaft schwere Jahre.

Noch schrecklicher wurde es 1911, als die italienische Flotte vor Tripolis erschien und Truppen landete. Die im Balkankrieg geschlagenen Türken konnten kaum Widerstand leisten und gaben 1912 Tripolitanien und die Cyrenaika auf. Den Italienern traten jedoch die libyschen Stämme unter Führung Omar al-Muchtars in einem zähen Volkskrieg entgegen, der erst nach zwanzigjährigem Blutvergießen erstickt werden konnte. 1935 war das letzte freie Gebiet des Maghrib unterworfen.

Erbe und Ausblick

Der Widerstand und die Befreiung · Hunderttausende Märtyrer · Fünf Staaten · Großmaghrib? · Das Erbe und seine Probleme · Koran, Sure 13, 12

Das zu Ende gehende 20. Jahrhundert sieht den Maghrib wieder befreit vom Joch des französischen und italienischen Kolonialismus. Schwer war die Last, die die Völker seit 1830, 1884, 1911 und 1912 getragen haben. Die Helden des Widerstandes, Abd al-Qadir, Abd al-Krim und Omar al-Muchtar, stehen für Tausende, Zehntausende, ja Hunderttausende Märtyrer, die im Kampf für nationale Freiheit und soziale Gerechtigkeit gefallen sind. Fünf unabhängige Staaten sind entstanden, denn auch Mauretanien ist ein Erbe der Almoraviden und ihrer Geschichte. Aber schon die Tatsache der Aufgliederung in mehrere Staaten ist vielen ein Dorn im Auge, die in einem vereinigten Großmaghrib ihr Ideal sehen. Die Wanderung durch die Geschichte dürfte jedoch gezeigt haben, daß die heutige Gliederung, sosehr ihre Grenzziehung auf die Kolonialmächte zurückgeht, ihre Wurzeln tief in der Vergangenheit und in der natürlichen Gestalt Nordafrikas hat. Gewiß gab es Zeiten staatlicher Vereinigung in der Vergangenheit wie unter den Kalifen der Umaiyaden, Abbasiden und Fatimiden. Aber es waren erzwungene Zusammenschlüsse, mit Blut bezahlt und im Blute zugrunde gegangen.

Spanien geht seit dem Mittelalter seinen eigenen Weg, der es durch Höhen und Tiefen geführt hat. Es ist in allen Zeiten jedoch im Guten und Bösen mit Nordafrika verbunden geblieben. Es hat schließlich seine Kolonien an der Atlantikküste aufgegeben und träumt nicht mehr von einer Reconquista.

Heute haben wir eine andere Zeit, und der Zusammenschluß freier Völker könnte den Maghribinern bei ihrem Weg in die Zukunft helfen. Aber nicht nur die politischen Systeme und Ideale der Staaten des Maghrib weichen in vielen Zügen voneinander so stark ab, daß ein Großmaghrib zur Zeit als ein Traum erscheinen muß. Teillösungen sollten jedoch möglich sein.

Unterschiedlich ist auch das erhaltene Erbe und das Verhältnis zu ihm. Problematisch ist dies gerade bei den beiden Staaten, die in ihren Befreiungsrevolutionen und im Widerstand so viele Menschenleben geben mußten: Algerien und Libyen. Zu viele der alten Bauten sind zerstört, zuwenig ist erforscht, vernachlässigt zugunsten des Studiums der Antike auf nordafrikanischem Boden.

Das Zusammenfassen aller Energie im Kampf hat sich in nationalistischen Formen vollzogen. Als ein Kampf der muslimischen Araber gegen die französischen oder italienischen Ungläubigen wurden die Befreiungskriege geführt, eine historische Tatsache, die noch heute die Erkenntnis erschwert, daß Muslim nicht gleichbedeutend ist mit Araber und daß sowohl Nichtaraber wie Nichtmuslime am Befreiungskampf Anteil hatten. Wie zur Zeit der römischen Legionen oder in der Zeit der Kahina waren die Berge des Aurès oder des Chodna Zentren des Widerstandes gegen die Franzosen. Berber und Araber standen Schulter an Schulter im Kampf.

Die aus der nationalen Befreiungsbewegung unbeschadet hervorgegangene Monarchie in Marokko hat es viel leichter. Als konservative Macht stützt sie sich auf die Stämme, und als «Emir al-Mu'minin» bewahrt der König die Bauwerke vergangener Dynastien. In Tunesien sind es eher progressive Kreise, die die Erhaltung des nationalen Erbes erstreben. Die junge Intelligenz und Teile des Bürgertums haben bereits Großes geleistet, vieles davon im völlig berechtigten Wunsche, den Tourismus zu fördern. Aber das Prunkbedürfnis von Bürgern, die zu Geld gekommen sind und denen Frankreich und neuerdings Nordamerika Vorbild und Lebensideale sind, hat vieles in Frage gestellt.

Tafel 122

Wie sich die junge Bewegung der Fundamentalisten zum Erbe im Maghrib stellen wird, muß sich erst in den kommenden Jahrzehnten zeigen. Die trotz aller Bemühungen vorherrschende Unterentwicklung, die rasche Zunahme der Bevölkerung und die zumindest ökonomische Vorherrschaft fremder Großmächte über einen Teil des Maghrib lasten schwer auf den Millionen, denen kein Mahdi, kein Kalif und kein Scherif den Weg in eine glückliche Zukunft weisen wird. Sie müssen ihn selbst finden, und sei es unter Berufung auf die Sure 13 des Korans, deren Vers 12 die dem Volk verbundenen Neuerer als Aufforderung zur Revolution lesen: «Gewiß, Gott ändert nicht die Lage eines Volkes, bis es seine eigene Lage verändert hat.»

Anhang

Zeittafel

I. Urzeit

1 000 000	Geräte aus Ain Haneh
300 000	Atlanthropus mauretanicus
50 000	Neandertalerkultur = Mousterien
20 000	Atérien = Jungpaläolithikum
15 000	Altamira und andere Bilderhöhlen
nach 13 000–4000	Muschel- und Schneckenhaufen
nach 7 000	Schwarzafrikaner in Nordafrika, Felsbilder in Afrika, Felsbilder in Ostspanien
um 5 000	Einwanderung der Bauernvölker der Cardiumkeramik, Vorfahren der Basken (?), der Iberer (?), Kleintierhirten in Nordafrika, Rindernomaden in der Sahara, Felsbilder, Vorfahren der Berber (?)
um 3 000	Handelsbeziehungen Spaniens mit Vorderasien, Metall (?), Großsteingräber
1500	«Glockenbecher»kultur, al-Argar-Kultur im Kontakt mit Kleinasien
1. Jahrtausend	Iberer, Tartessier und Kelten in Spanien und Portugal, Berber in Nordafrika, Zuwanderung der Phönizier und Griechen

II. 1000 v. Chr.–1900

	Sizilien	*Libyen*	*Tunesien*	*Algerien*	*Marokko*	*Spanien*
1200		Berber	Berber	Berber	Berber	Iberer
	phönizische Kolonisation				phönizische Kolonisation	
1000					Lixos	Cádiz
814/13			Karthago			
600	Seeherrschaft ——	—— der ——	—— Punier ——	——	Karthagos	
500	Griechen-kolonisation	Nasamonen Garamanten	Machlyer Auseer	Maxyer		Griechenstädte Kelteneinwanderung

	Sizilien	*Libyen*	*Tunesien*	*Algerien*	*Marokko*	*Spanien*
264–241	Rom dringt vor		1. Punischer Krieg			
218–201		Oea	2. Punischer Krieg		Mauren	Karthager erobern Südspanien
149–146		Leptis Magna	3. Punischer Krieg	Massasylier	Getuler	
		Sabratha	Zerstörung Karthagos	Massylier Numider		römische Eroberung
				Jugurtha		
0			römische Provinz Africa		Juba II. von Mauretanien	römische Provinz
		Bau ——	des —— Limes ——	an —— der ——	Südgrenze	
			römisches Karthago Getreide-Export			
197		Septimius Severus aus Leptis Magna wird Kaiser	Christentum Olivenanbau			
250			Romanisierung Nordafrikas Politisch-soziale Krise			
			Cyprian von Karthago			
406			Donatisten und Circumcellionen			Vandalen Alanen Sueben
421				Einfall —— der ——	Vandalen	
430			Tod des Augustinus			Westgoten erobern Spanien
439			Fall Karthagos			
			Vandalen ——	reich		
533/34			Byzantinische ——	Eroberung		
				Berber ——	staaten	
549		Luwata Nefzawa	König Antales	König Iabdas	König Massinas	Byzantiner in Südspanien
				Staat —— des ——	Gasmul	

	Sizilien	*Libyen*	*Tunesien*	*Algerien*	*Marokko*	*Spanien*
		Wartadsch-	Zenata			
		dschuma		Senhadscha		
		Matmata	Hawwara		Kutama	
		Matjara	Auraba			
			Gerawa			
			Hawwara			
608			Putsch			
			des Herakleios			
624						Vertreibung
						der Byzantiner
642		Amr ibn al-As				
		Unterwerfung				
		der Luwata				
646		Vorstoß des Abi Sarch				
			Kaiser Gregorios			
			fällt vor Aquba			
		neue ——	byzantinische ——		Eroberung	
666/67		1. Umaiyadenvorstoß				
670			Uqba ibn Nafi			
			gründet Kairuan			
	Byzantinische	Allgemeiner ——	Aufstand ——	der ——	Berber	
	Provinz					
683			Kasila		Uqba am Atlantik	
				Uqba		
				fällt bei Biskra		
			Berber er-			
			stürmen Kairuan			
689		Zuhair —	Armee			
			Kasila fällt			
695		Eroberungszug Hasan ibn Nu'mans				
696–699			Karthago fällt	Kahinakrieg		
700				Tod Kahinas		
703		Islamisierung ——	der ——	Berber		
705			Wilayat Ifriqiya			
710/11					Umaiyaden	Eroberung durch
			Nordafrika Teil des Umaiyadenkalifats			Muslime
			Eroberung arabischer Armeen und Stämme			
						Vorstöße nach
						Südfrankreich
732						Schlacht
						bei Tours
737			Charidschitenaufstand			und Poitiers
741/42			Allgemeiner ——	Aufstand		
	Plünderungs-					
	züge					

	Sizilien	*Libyen*	*Tunesien*	*Algerien*	*Marokko*	*Spanien*
755		Oberhoheit ——	der ——	Abbasiden ——	anerkannt	
756						Abd al-Rahman gründet Emirat der Umaiyaden
759 und 770			Charidschiten in Kairuan		Sidschilmasa-Staat	
777				Imamat von Tahert		
787/88					Idrisidenstaat	Frankeneinfall
800			Ibrahim-al Aghlab Gouverneur Ifriqiyas			Córdoba Residenz
810		Aufstände Abfall der Stämme	al-Abbasiya		Idrisidenstaat	Normannen-angriffe tiefe Krise
827/828	Einfall der Aghlabiden					
831	Einnahme von Palermo				Idris II. ermordet	
840	Tarent erobert					Gründung Madrids
846	Angriff auf Rom					
893				Abu Abdallah organisiert die Kutama		
				Fatimidenstaat		
909		Fatimiden ——	beherrschen ——	Ifriqiya		
910			Abdallah Imam und Kalif			
929				Sedrata-Emirat		Eroberungszüge bis in die Schweiz
934–948		Charidschiten ——	des —— Mansuriya	Abu ——	Yazid	Abd al-Rahman I. Kalif von Spanien
948	Aufstand in Palermo			Senhadscha-Emir Ziri ibn Manad		Biliothek von Córdoba
956–959				Krieg gegen Umaiyaden	Spaniens	
						Räumung der Schweiz und Südfrankreichs

	Sizilien	*Libyen*	*Tunesien*	*Algerien*	*Marokko*	*Spanien*
972			Abzug des Kalifen nach Kairo			
973		Senhadscha-Emire als fatimidische Gouverneure				
978–1002						al-Mansur
984		Ziriden —— faktisch —— unabhängig				
1008						Zusammenbruch des Kalifats Reyes de Taifas
1031	Unruhen Anarchie	Ziriden — unabhängig				
1039					Abdallah ibn Yasin Almorawidenmacht der Senhadscha	Blüte des spanischen Judentums
1047		Fatimiden schicken Hilali-und Solaim-Stämme, Verwüstung Ifriqiyas				
1060	Beginn der Angriffe Rogers I.					
1060–1101	Roger I.					
1085					Almorawidensultanat	Toledo von Kastilien genommen
1086		Normannen —— angriffe				
				Hammadidenemire		Zalaqa
1090	Normannen beherrschen Sizilien					Ende der Reyes de Taifas
1111–1154	Roger II.					
1121				Almohaden der Masmuda		Schlacht von Alarcos
	Normannisch-arabische Kultur			Waddidensultane von Tlemcen		
1126						Ibn Tufail
1135		Normannen greifen Ifriqiya an				
1138						Ibn Badschdscha
1139						Fall Lissabons
1156–1240						al-Arabi
1194	Heinrich VI.					
1198						Ibn Ruschd
1212						Las Navas de Tolosa Niederlage der Almohaden
1212–1250	Friedrich II.					
				Angriffe der Zenata auf Almohaden		
1228–1229			Abfall der Hafsiden			

	Sizilien	*Libyen*	*Tunesien*	*Algerien*	*Marokko*	*Spanien*
1236						Fall Córdobas
1237						Emirat
						von Granada
1238						Fall von Valencia
1248					Meriniden	
					beenden	
					Almohaden-	
					sultanat	
1249–1277			al-Mustansir			
			als Kalif			
1269						Fall von Sevilla
1270			Kreuzzug			Mudéjarkunst
			Ludwigs IX.		Sultanat	
			Angriffe der		der Meriniden	Alhambra
			Italiener und			
			Meriniden			Blüte Granadas
			Korsaren be-			Ibn Battuta
			ginnen Seekrieg			Ibn Chaldun
1415					Beginn der	
					portugiesischen	
					Eroberungen	
1492					Spanier	
1497					besetzen Tetuan	Fall von Granada
1509				Spanier in Oran		
1510		Spanier auf		und Bujaya	Heilige Kriege	
		Dscherba			der Marabuts	
1511					gegen	Juden-
1516				Adrusch	Portugiesen und	vertreibung
				in Algier	Spanier	
1525–1656			Osmanen	Chair al-	Dynastie der	Moriscos
			in Tunesien	Din Barbarossa	Sa'adier	vertrieben
1534/35		Johanniter-				
		herrschaft	Karl V. in Tunis			
1541				Karl V. schei-		
1551		Osmanen neh-		tert vor Algier		
		men Tripolis				
1578		Paschalyks ———	——— der ———	——— Osmanen	Dreikönigs-	
1587					schlacht	Vertreibung
1590					Kämpfe der	der Mozaraber
					Marabuts	
1609–1614			Dei-Regime			
1610		Dei-Regime				
1638						Beginn der Ala-
1671			Bei-Herrschaft			witenherrschaft

	Libyen	Tunesien	Algerien	Marokko
1689	Angriffe der		Dei-Regime	
	Engländer und Franzosen			
1720		Huseiniden-		
1728	Franzosen zerstören Tripolis	Dynastie		
1771		Begründung der		
1800	USA-Flotte greift Tripolis an	Karamanli-	Algerischer Weizen für Frankreich	
		Dynastie		
1816			Britisch-holländische Flotte	
			bombardiert Algier	
1824	Navarino			
1830			Landung der französischen Kolonialarmee	
1835	Osmanen beenden			
	Karamanli-Zeit	Französisches		
1911	Beginn der italienischen	«Protektorat»		
1912	Okkupation			Französische
				Okkupation

Erklärung ausgewählter Begriffe

Ansar: «Helfer» Mohammeds aus den Medina-Stämmen

Arianer: Anhänger des Arius, Presbyters in Ägypten, um 300, vertraten die Ansicht, Christus sei ein Geschöpf Gottes, und wandten sich gegen die offizielle Lehre der Wesensgleichheit Christi mit Gott-Vater

Beduinen: Nomaden Arabiens und Nordafrikas mit Schaf- und Kamelzucht, zumeist Araber, in Nordafrika auch Berber und Sudanvölker (Tibbu)

Charidschiten = *Chawaridsch:* die «Ausziehenden», egalitäre Strömung im Islam

Chassa: Schwertaristokratie im islamischen Tunesien

Circumcellionen: christliche Oppositionsbewegung gegen Byzanz in Nordafrika

Da'i: Vertreter, Gesandter, vor allem religiöser Führer im Islam

Diwan: Verwaltungszweig, einem Ministerium vergleichbar, auch Rat der Wesire

Donatisten: Anhänger des Bischofs Donatus von Karthago

Dschund: Heerbann

Emir: ursprünglich Armee- und Stammesführer, dann Offiziersrang und Gouverneurstitel unter den Kalifen

Giralda von Sevilla: Minarett von 1171, durch einen Renaissanceaufsatz in den Kirchturm der Kathedrale von Sevilla umgebaut

Hadschib: soviel wie Kanzler

Haratin: Sklavenbevölkerung unter den Berbern

Harim: «unverletzlicher Ort, Ehefrau», Wohnteil der Frauen

Hidschra: «Auszug» Mohammeds aus Mekka nach Medina, Beginn der islamischen Zeitrechnung, 632 n. Chr.

Hudschana: Mischlingsschicht aus Arabern und Berbern im mittelalterlichen Nordafrika

Ibaditen: Zweig der Charidschiten, islamische «Sekte» egalitärer Konzeption

Imam: bei den Sunniten Vorbeter in der Gemeinde, bei den Schiiten der zur Herrschaft berufene Nachkomme des Propheten

Ismailiya: schiitische Richtung des Islams, die Ismail Mohammed als «entrückten» Imam anerkennt und seine Rückkehr als Erlöser erwartet

Janitscharen: ursprünglich aus Sklaven rekrutierte Elitetruppe der Osmanen

Kadi: Richter im islamischen Raum

Kaid: ursprünglich Stammesführertitel in Nordafrika, dann Offiziersrang und Amtstitel

Kiosk: leicht gebauter Pavillon in Parkpalästen

Klienten = *Mawali:* ursprünglich nichtarabische Gläubige, die sich beim Übertritt zum Islam an einen der arabischen Stämme als Abhängige angeschlossen haben

Kufi: frühislamischer Schriftstil, betont die Horizontale

Mahdi: der von den Schiiten und vielen mystischen Richtungen erwartete gerechte Herrscher auf Erden, der die Welt vom Elend und der Unterdrückung befreien werde

Malikiten, malikitisch: eine der vier Schulen der Auslegung islamischen Rechts

Maqamen: Versdichtungen, die mit improvisierten Melodien gesungen werden

Maqsura: für den Fürsten abgetrennter Teil in der Moschee

Marabut: französisierte Fassung von murabịtun = Grenzkämpfer, auch für islamische Eremiten verwandt

Medrese: islamische religiöse Hochschule

Mihrab: Gebetsnische, gibt in der Moschee die Richtung an, in der das Gebet zu verrichten ist, in der Regel nach Mekka orientiert

Minarett: Turm der Moschee für Gebetsrufer

Minbar: Gebetskanzel in der Moschee

Morisco = «kleiner Mohr»: verächtlich gemeinte spanische Bezeichnung für die Muslime nach dem spanischen Sieg über die Araber

Moschee: Gebets- und Versammlungsort der islamischen Gemeinde

Mudéjar: 1. arabischer Bevölkerungsteil im christlichen Machtbereich; 2. (Kunst)stil islamischer Grundlage mit Renaissanceformen in Spanien, etwa 1450–1600

Mudschahidun: Glaubenskämpfer

Muluk al-Tawa'if = «Parteienkönige» : Kleinkönige in Spanien in der Zeit nach dem Zerfall des Kalifats = Reyes de Taifas

Musta'ribun: Mozaraber, arabisierte Christen in Spanien

Muwalladun: Mischlinge zwischen Arabern und Einheimischen

Muwaschschahdichtung: Verbindung arabischer bzw. hebräischer Gedichte mit romanischen Schlußversen in Spanien

Qal'a: Burg

Qarmaten: islamische Richtung charidschitischer Prägung

Qasba: befestigte Ansiedlung, Binnenstadt

Qubba: quadratischer Kuppelbau, bei Mausoleen verwandt

Qutubiya: Hauptmoschee in Marrakesch

Ribat: befestigtes Derwischkloster

Reyes de Taifas: siehe Muluk al-Tawa'if

Saqaliba: = «Slawen» : gekaufte slawische Kriegsgefangene aus den Kriegen auf dem Balkan oder der deutschen Ostexpansion östlich der Elbe

Schari'a: islamisches Recht

Scherif = «Edler»: Ehrentitel für Nachkommen Mohammeds in Nordwestafrika

Sufi: islamischer Mystiker

Tauhid: islamische Lehre von der Einheit und Einzigkeit Gottes

Tiraz: Palastwerkstatt

Ulema (pl.), *Alim* (sing.): Religionsgelehrte(r) des Islams

Wahhabiten: islamische Reformbewegung auf der arabischen Halbinsel, heute vorherrschende Richtung in Saudi-Arabien

Waqf: islamische Stiftung, häufig Bauten

Wilayat: Provinz, Teilstaat

Zadschal: Kurzgedicht der spanischen Dichtung

Zahiriden: Nominalisten, philosophische Strömung, die die Begriffe als abgeleitete Bezeichnungen konkreter Realien auffaßte

Zawiya: Derwischkloster

Literaturauswahl

Adam, J. A., Wohn- und Siedlungsformen im Süden Marokkos. Texte zur Architektur. München 1981

Allain, Ch., und G. Deverdun, Les portes anciennes de Marrakech. In: Hesperis, Bd. XLIV, Paris, 1957, 1–2, S. 85–126

Allan, J., Offa's Imitation of an Arab Dinar. In: The Numismatic Chronicle and Journal of the Royal Numismatic Society, London 1914, S. 77–79

Allen, G. W., Our navy and the barbary corsaires. Hamden 1965

Andrade, Pita J. M., Spanien und seine Kunstschätze. Gent 1967

anonym, Tlemcen. Algier 1974

anonym, L'architecture algerienne. Algier 1974

Arberry, A. J., Moorish poetry. Cambridge 1953

Arberry, A. J. (Übersetzer), Ibn Hazm, The Ring of the Dove. London 1953

Arenas, F. I., Die mozarabische Baukunst. Barcelona 1972

Arie, R., Miniatures Hispano-Musulmanes.Leiden 1969
Arie, R., L'èspagne musulmane au temps des Nasrides (1232–1492). Paris 1973
Asen y Palacios, M., The mystical philosophy of Ibn Masarra and his Followers (übersetzt von E. H. Douglas). London 1978
Aziz Ahmad, A history of Islamic Sicily. Edinburgh 1975
Baghli, S. A., u. a., Musées d'Algerie, I., Reflets du Passe. Algier 1974
Balbas, L. Torres, Arte almohade, arte nazari, arte mudejar. In: Ars Hispaniae IV, Madrid 1949
Balbas, L. Torres, Miniatures Medievales espanolas de indflujo islamico. In: Al-Andalus, Bd. XV, Madrid–Granada 1950, S. 191–202
Bancaud, H., u. A. Bourgeot, Die Tuareg. Volk aus der Wüste. München 1984
Bandinelli, R. B., An introduction to Leptis Magna. London 1967
Bargebuhr, P. P., The Alhambra. A cycle of studies on the eleventh century in Moorish Spain. Berlin 1968
Barrucand, M., L'architecture de la Qasba de Moulay Ismail à Meknes. Texte. In: Études et travaux d'Archéologie Marocaine, Bd. VI, 1976, Casablanca 1980
Battuta, Ibn, Reisen ans Ende der Welt. Das größte Abenteuer des Mittelalters 1325–1353, herausgegeben von H. D. Leicht. Tübingen 1974
Behrmann, L. E., Muslim brotherhoods and politics in Senegal. Cambridge (Mass.) 1970
Berchem, M. van, Le Palais de Sedrata dans le Désert Saharien. In: Studies in Islamic Art and Architecture. In Honour of Professor K. A. C. Cresswell, Kairo 1965, S. 8/29
Bergh, S. van den, Averroes' Tahafut al-Tahafut. In: Gibb Memorial Series, London 1954
Besancenot, I., Bijoux arabes et berberes du Maroc. Casablanca (o. J.)
Beylie, L., La Kalaa des Beni Hammad. Paris 1909
Bianca, S., Architektur und Lebensform im islamischen Stadtwesen. Zürich 1979[2]
Bordona, D. J., Die spanische Buchmalerei vom siebten bis siebzehnten Jahrhundert. München 1930
Bouchenaki, M., Cités Antiques d'Algerie. Algier 1978
Boukobza, A., Poteries et céramiques marocaines. Casablanca 1974
Bourguiba, M., und A., Les Mosques en Algerie. Algier 1974
Bourquiba, R., L'art religieux musulman en Algerie. Algier 1973
Bourquiba, R., Constantine. Algier 1978
Braun, G., u. F. Hogenberg, Beschreibung und Contrafactur der Vornembster Staet der Welt, Bd. 1–6. Cölln 1574–1618
Brentjes, B., Libyens Weg durch die Jahrtausende. Leipzig 1982
Brentjes, B., Die Söhne Ismaels. Leipzig 1973, 1977[3]
Brentjes, B., Chane, Sultane, Emire. Leipzig 1974
Brentjes, B., Unter Halbmond und Stern. Der Islam – Religion, Weltanschauung oder Lebensweise? Berlin 1982
Brice, W. C., An Historical Atlas of Islam. London 1981
Brisch, K., Die Fenstergitter und verwandte Ornamente der Hauptmoschee von Córdoba. Berlin 1966
Brown, L. C., The Rôle of Islam in modern North Africa. In: State and Society in Independent North Africa, Washington 1966, S. 97–122
Burckhardt, T., Fès, Stadt des Islam. Olten – Lausanne – Freiburg 1960
Burckhardt, T., Die maurische Kultur in Spanien. München 1970
Burney, C. B. M., The Stone Age of Northern Africa. Harmondsworth 1960
Burns, R. J., Islam under the Crusaders. Princeton 1973
Camps, G., Les civilisations préhistoriques de l'Afrique du nord et du Sahara. Paris 1974
Camps, G., Amekni und die neolithische Sahara. In: Kuper, R., u. a., Sahara, 10000 Jahre zwischen Weide und Wüste. Köln 1978, S. 182–187
Champdor, A., L'Alhambra de Grenade. Paris 1952
Charles-Picard, G., Nordafrika und die Römer. Stuttgart 1962
Chejne, A. H., Muslim Spain, its history and culture. Minneapolis 1974
Chejne, A. H., Islam and the West. The Moriscos. Albany 1983
Christern, J., Oströmische Kirchen in Nordafrika (Resumé). In: Byzantinische Zeitschrift, 62. Bd., München 1969, S. 287–290
Christern, J., Das frühchristliche Pilgerheiligtum von Tebessa. Wiesbaden 1976
Christofle, M., und A. Grenier, Le Tombeau de la Chrétienne. Paris 1951
Cott, P., Siculo-arabic Ivories. Princeton 1939
Crespi, G., Die Araber in Europa. Stuttgart–Zürich 1983

Creswell, K. A. C., A bibliography of the architecture, arts and crafts in Islam. Kairo 1961, 1973

Creswell, K. A. C., Early Muslim architecture, 2 Bde. Oxford 1969 und 1970 (Reprint)

Cuoq, J., L'église d'Afrique du Nord du IIe au XIIe siècle. Paris 1984

Dawletschin, C., Bibliographie deutschsprachiger Literatur über Libyen. Hamburg 1980

Djait, H., M. Talbi, u. a., Histoire de la Tunisie le moyen Age. Tunis (o. J.)

Dozy, R., Spanish Islam. History of the Moslems in Spain. London 1913, Reprint 1972

Dressendörfer, P., Islam unter der Inquisition. Die Morisco-Prozesse in Toledo 1575–1610. Wiesbaden 1971

Dreyer, K., Die religiöse Gedankenwelt des S. ibn Gabirol. Leipzig 1930

Drößler, R., Kunst der Eiszeit von Spanien bis Sibirien. Leipzig 1980

Duda, D., Spanisch-islamische Keramik aus Almeria vom 12.–15. Jahrhundert. Heidelberg 1970

Ecker, L., Arabischer, provenzalischer und deutscher Minnesang. Bern–Leipzig 1934

Eickelman, D. F., Moroccan Islam. Tradition and society in a pilgrimage center. Austin 1976

Eickhoff, E., Seekrieg und Seepolitik zwischen Islam und Abendland. Geschichte des Mittelmeeres unter byzantinischer und arabischer Hegemonie (650–1040). Berlin 1966

Epalza, M. de, Bibliographie Algerienne concernant L'Histoire de l'Espagne (1962–1973). Tunis 1976

Eustatius von Thessalonike, Die Normannen in Thessalonike. Die Eroberung von Thessalonike durch die Normannen (1185) in der Augenzeugenschilderung des Erzbischofs Eustatios, übersetzt von H. Hunger. Graz 1967[2]

Ewert, C., Spanisch-islamische Systeme sich kreuzender Bögen. In: Madrider Forschungen, Bd. 12, Berlin 1968

Ewert, C., Islamische Funde in Balaguer und die Aljaferia in Zaragoza. Berlin 1971

Ewert, C., Die Moschee am Bab al-Mardum in Toledo, eine «Kopie» der Moschee von Córdoba. In: Madrider Mitteilungen, Bd. 18, Heidelberg 1977, S. 287–354

Ewert, C., und I. P. Wisshak, Forschungen zur almohadischen Moschee. Mainz 1981

Feraud, C., Annales Tripolitaine. Tunis–Paris 1927

Ferber, S., Islam and the medieval West. Binghamton 1975

Fillitz, H., Die Insignien und Kleinodien des Heiligen Römischen Reiches. Wien–München 1954

Findlay, A. M., Tunisia. Annotated bibliography. Oxford 1982

Findlay, A. M., Morocco. Annotated bibliography. Oxford 1984

Fisher, G., Barbary Legend. War, trade and piracy in North Africa 1415–1830. Oxford 1957

Forstner, M., Zur Madonna mit der Šahada. In: Zeitschrift der Deutschen Morgenländischen Gesellschaft, Bd. 122, Wiesbaden 1972, S. 102–107

Fradier, G., u. a., Mosaiques Romaines de Tunisie. Tunis 1982

Frankl, Paul, Die frühmittelalterliche und romanische Baukunst. Wildpark–Potsdam 1926

Frottingham, A. W., Spanish Glasses. London 1964

Gabriel, B., Bauelemente präislamischer Gräbertypen im Tibestigebirge (Zentrale Ostsahara). In: Acta Praehistoria et Archaeologica, Nr. 1, Berlin 1970, S. 1–28

Gabriel, B., Klima- und Landschaftswandel der Sahara. In: Kuper, R., u. a., Sahara, 10 000 Jahre zwischen Weide und Wüste. Köln 1978, S. 22–34

Gabrieli, F. (Herausgeber), Mohammed in Europa. 1300 Jahre Geschichte, Kunst, Kultur. München 1983

Gabrieli, F., und U. Scerrato, Gli Arabi in Italia. Mailand 1979

Gaid, M., L'Algérie sous les Turcs. Algier 1974

Geiger, A., Salomo Gabirol und seine Dichtungen. Leipzig 1877

Gerber, J. S., Jewish society in Fez 1450–1700. Leiden 1980

Gessel, W. M., Monumentale Spuren des Christentums im römischen Nordafrika. In: Antike Welt, Bd. 12 (Sondernummer), 1981

Gibb, H. A. R., Ibn Battuta Travels in Asia and Africa, 1325–1354, London 1953[3]

Glick, T. F., Islamic and Christian Spain in the early Middle Ages. Princeton 1979

Goldziher, I., Die Zahiriten. Ihr Lehrsystem und ihre Geschichte. Leipzig 1884

Goldziher, I., Materialien zur Kenntnis der Almohaden-Bewegung. In: ZDMG, Bd. XLI, 1887, S. 30–140

Gomez-Moreno, M., Ars Hispaniae, Bd. 3. Madrid 1951

Grabar, O., Die Alhambra. Köln 1981

Helfritz, H., Marokko. Du Mont Kunst-Reiseführer. Köln 1983[5]

Hiskett, M., The Development of Islam in West Africa. London–New York 1984
Hitti, P. K., History of the Arabs. Leiden 1937
Hoenerbach, W., Islamische Geschichte Spaniens. Übersetzung der A'mal al-a'alam und ergänzende Texte. Zürich 1970
Hölscher, W., Libyer und Ägypter. Glückstadt–Hamburg–New York 1937
Hopkins, J. E. P., The Almohade Hierarchy. In: Bulletin of the School of Oriental and African Studies, Bd. XVI, London 1954, S. 93–112
Horn, H. G., und C. B. Rieger (Edition), Die Numider-Reiter und Könige nördlich der Sahara. Köln 1979
Hourani, G. F., Ibn Rushd (Averroes) on the Harmony of Religion and Philosophy. London 1962
Hugot, H. J., Die Sahara als Lebensraum des Menschen. In: Kuper, R., u. a., Sahara, 10000 Jahre zwischen Weide und Wüste. Köln 1978, S. 205–207
Ibn Tufail, Hajj ibn Jaqzan der Naturmensch. Leipzig–Weimar 1983
Idris, H. R., La Berberie orientale sous les Zirides, Xe–XIIe siècles, 2 Bde. Paris 1962
Idris, S., The Sufis. New York 1964
al-Idrisi as-Šarif, Die Weltkarte des Arabers Idrisi vom Jahre 1154. Stuttgart 1928
Imamuddin, S. M., Muslim Spain 711–1492 A. D. Leiden 1981
Index Islamicus. A catalogue of articles on Islamic subjects in periodicals and other collective publications. Compiled by I. D. Pearson and A. Walsh. Cambridge 1958, 1962, 1967, 1977, 1978, 1983
Irwin, R. W., The diplomatic relations of the United States with the Barbary Powers 1776–1816. Chapel Hill 1931
Jacob, G., Der Einfluß des Morgenlandes auf das Abendland, vornehmlich während des Mittelalters. Hannover 1924, Neudruck 1972
Jaralov, J. S. (Red.), Architektura stran sredizemnomor'ja, Afriki i Azii, VI.–XIX. v. v. In: Vseobščaja Istorija Architektury v 12 tomach, Moskva 1969
Jones, D., Qallaline Tile Panels: Tile Pictures on North Africa. Paris 1978
Julien, Ch. A., Histoire de l'Afrique du Nord. Paris 1956
Kaempf, S. I., Nichtandalusische Poesie andalusischer Dichter. Prag 1958
Kalter, J., Aus marokkanischen Bürgerhäusern. Stuttgart 1977
Karabaček, J., Spanisch-arabisch-deutsche Nachprägungen für Polen. In Numismatische Zeitschrift, Bd. I, Jg. 1869, Wien 1870, S. 135–148
Klein, P. K., Der ältere Beatus-Kodex Vitr. 14–1 der Biblioteca Nacional zu Madrid, 2 Bde. Hildesheim 1976
Kremer, A. von, Philosophische Gedichte des 'Abu-l-'Aalâ' Ma'arrî. In: Zeitschrift der Deutschen Morgenländischen Gesellschaft, Bd. 30, Leipzig 1876, S. 40–52
Kress, H. J., Die islamische Kulturepoche auf der iberischen Halbinsel. In: Marburger geographische Schriften, Bd. 43, Marburg 1968
Kühnel, E., Maurische Kunst. Berlin 1924
Kühnel, E., Nordische und islamische Kunst. In: Forschungen und Fortschritte, 10. Jg., Nr. 23/24, Berlin 1934, S. 288/289
Kühnel, E., Die Kunst des Islam. Stuttgart 1962
Kühnel, E., Die islamischen Elfenbeinskulpturen. VIII.–XIII. Jahrhundert. Berlin 1971
Kuper, R., u. a., Sahara, 10000 Jahre zwischen Weide und Wüste. Köln 1978
Kurio, H., Geschichte und Geschichtsschreiber der 'Abd al-Wadiden. Freiburg 1973
Lacam, J., Les Sarrazins dans le Haut Moyen Age François. Paris 1927
Lambert, E., Tolède. Paris 1925
Lawless, R. J., Algerian bibliography. English language publications 1830–1973. London 1976
Leo Africanus, The History and Description of Africa (Herausgeber R. Brown), 3 Bde. London 1896
Lévi-Provençal, E., Les ‹memoires› de 'Abd Allah, dernier rois Ziride de Granada. In: Al-Andalus, Bd. III, 1935, S. 232–344, Al-Andalus, Bd. IV, 1936–1939, S. 29–145, Al-Andalus, Bd. VI, 1941, S. 1–63
Lévi-Provençal, E., Extraits des historiens arabes du Maroc. Paris 1948[3]
Lévi-Provençal, E., Histoire de l'Éspagne Musulmane, Bd. I–III. Paris 1950–1953[2]
Lewis, B. (Herausgeber), The world of Islam, London 1976
Lewis, B., Die Welt der Ungläubigen. Frankfurt 1983
Lewis, B., and P. M. Holt (Ed.), Historians of the Middle East. London 1962
Lézine, A., Le ribat de Sousse. Tunis 1956
Lézine, A., Mahdiya. Paris 1965
Lézine, A., Architecture de l'Ifriqiya. Paris 1966

Lézine, A., Deux villes d'Ifriqiya. Sousse, Tunis. Paris 1971
Lisse, P., et A. Louis, Les potiers de Nabeul. Tunis 1956
Louis, A., Tunisie du sud. Ksars et villages de Crêtes. Paris 1975
Louis, A., Nomades d'hier et d'aujourd'hui dans le sud tunesien. Aix-en-Provence 1979
Lovillo, J. G., Les Cantigas. Estudio Arqueologico des sus minituras. Madrid 1949
Marçais, W. und G., Les monuments arabes de Tlemcen. Paris 1903
Marçais, G., Manuel d'Art Musulman. L'Architecture, 2 Bde. Paris 1926–1927
Marçais, G., und L. Poinssot, Objets Kairouanais IXe au XIIIe Siècle. In: Notes et Documents, Bd. XI, 1, Tunis 1948, S. 38–42
Marçais, G., L'Architecture Musulmane d'Occident. Paris 1954
Marçais, G., Algerie médiévale. Paris 1957
Marçais, G., L'Art Musulman. Paris 1962
Marçais, G., Testour et sa Grande Mosquée. Tunis 1981
Mathes, K. D. (Text), und A. W. Cook (Photos), Cities in the Sand. Leptis Magna and Sabratha in Roman Africa. Philadelphia 1957
May, L. F., Silk Textiles of Spain: eighth to fifteenth century. New York 1957
Meckelein, W. (Herausgeber), Geographische Untersuchungen am Nordrand der tunesischen Sahara. In: Stuttgarter Geographische Studien, Bd. 91, Stuttgart 1971
Michell, G. (Edition), Architecture of the Islamic world. Its history and social meaning. London 1984
Miquel, A., L'Islam et sa civilisation, VIIe–XIIe siècle. Paris 1977
Mohammed al-Hachaichs, Histoire de la Grande Mosquée Zitouna. Tunis 1974
Moldonado, B. P., El Arte Hispano-Musulman en su Decoracion Floral. Madrid 1981
Montagne, R., The Berbers. Their social and political organisation. London 1973
Morent, M. Gomez, El arte arabe español hasta los Almohades. In: Ars Hispaniae, Bd. III, Madrid 1951
Moscati, S., Die Phöniker von 1200 vor Christus bis zum Untergang Karthagos. Zürich 1966
Nagel, T., Frühe Ismailiya und Fatimiden im Lichte der Risalat iftitah ad-da'wa. Bonn 1972
Neuss, W., Die Apokalypse des Hl. Johannes in der altspanischen und altchristlichen Bibel-Illustration, Bd. I. In: Spanische Forschungen der Görresgesellschaft, 2. Reihe, 2. und 3. Bd., Münster (Westfalen) 1931
Nicolini, G., Les Ibères. Art et civilisation. Paris 1973
Norwich, I. J., Die Wikinger im Mittelmeer. Das Südreich der Normannen 1016–1130. Wiesbaden 1968
Otto-Dorn, K., Kunst des Islam. Baden-Baden 1964
Pätzelt, E., Die fränkische Kultur und der Islam. Aalen 1978[2]
Petersen, T. C., Early Islamic bookbinding and their coptic relations. In: Ars orientalis, Bd. I., 1954, S. 41–48
Pidal, R. M., Historia de España. III España visigoda. Madrid 1940
Rackow, E., Beiträge zur Kenntnis der materiellen Kultur Nordwest-Marokkos. Wiesbaden 1958
Rebstock, U., Die Ibaditen im Maghrib 2./8.–4./10. Jh. Die Geschichte einer Berberbewegung im Gewand des Islam. Berlin 1983
Revault, I., L'Habitation tunisoise. Paris 1978
Revault, I., Palais et demeures de Tunis. Paris 1980 und 1983
Revault, I., Palais, demeures et maisons du plaisance à Tunis et ses environs du 16e su 19e siècle. Aix en Provence 1984
Revérau, A., Le M'Zab, un leçon d'architecture. Paris 1981
Rosenthal, F., Das Fortleben der Antike im Islam. Zürich 1965
Rousseau, G., Le mausolée des princes sa'diens à Marrakech, 2 Bde. Paris 1925
Saladin, H., La mosquée de Sidi Okba à Kairuan. Paris 1903
Schack, A. F. von, Poesie und Kunst der Araber in Spanien und Sicilien. Berlin 1865, Stuttgart 1877
Schubart, H., Iberische Halbinsel. In: G. Lilliu-H. Schubart, Frühe Randkulturen des Mittelmeerraumes. Baden-Baden 1967, S. 153–196
Schwartz, W., Die Anfänge der Ibaditen in Nordafghanistan. Der Beitrag einer islamischen Minderheit zur Ausbreitung des Islams. In: Studien zum Minderheitenproblem im Islam, Bd. 8, Wiesbaden 1983
Seddon, D., Stamm und Staat – Ansätze zu einer Geschichte des Maghreb. Sozialwissenschaftliche Texte. Berlin 1980
Sellheim, R., Die Madonna mit der Schahada. In: Festschrift für Werner Caskel zum 70. Geburtstag, 5. März 1966, herausgegeben von E. Gräf, Leiden 1968, S. 308–315

Slimane-Mustafa Zbiss, L'art musulman en Tunisie. Tunis 1978

Slimane-Mustafa Zbiss, Le Medina de Tunis. Tunis 1981

Soubier, G., Les Influence Orientales dans la peinture Toscane. Paris 1924

Spencer, W., Algiers in the Age of the Corsairs. Norman 1976

Spuler, B. (Neubearbeitung), und J. Mayr, Wüstenfeld-Mahler'sche Vergleichungstafeln. Wiesbaden 1961

Steiger, A., Alfonso el Sabio Libros de Acedre, Dados e Tablas – Das Schachzabelbuch König Alfons des Weisen. Genf–Zürich–Erlebach 1941

Stewart, C. C., und E. K. Stewart. Islam and social order in Mauretania. Oxford 1973

Stierlin, H., Die Visionen der Apokalypse. Mozarabische Kunst in Spanien. Zürich 1978

Strelocke, H., Tunesien. Karthager, Römer, Araber – Kunst, Kultur und Geschichte am Rande der Wüste. Köln 1978

Suter, K., Die Wohnhöhlen und Speicherburgen des tripolitanisch-tunesischen Berglandes. In: Zeitschrift für Ethnologie, Bd. 89, Braunschweig 1964, S. 3–275

Tarif al-Samman, Arabische Inschriften auf den Krönungsgewändern des Heiligen Römischen Reiches. In: Jahrbuch der Kunsthistorischen Sammlungen in Wien, Bd. 78 (NF XLII), Wien 1982, S. 7–34

Terrasse, H., Histoire de Maroc des origines à l'établissement du Protectorat français, 2 Bde. Casablanca 1949/1950

Terrasse, H., Les forteresses de l'Espagne musulman. Madrid 1954

Terrasse, H., Islam d'Espagne. Paris 1958

Terrasse, H., La Mosquée d'Al-Qaraouiyin à Fès et l'art des Almoravides. In: Ars orientalis, Bd. 2, Paris 1957, S. 135–147

Terrasse, H., La mosquée al-Qaraouiyin à Fès. Paris 1960

Troll, C., Qanat-Bewässerung in der Alten und Neuen Welt. In: Mitteilungen der Österreichischen Geographischen Gesellschaft, Bd. 105, III, Wien 1963, S. 313–330

Thompson, E. A., The Goths in Spain. Oxford 1969

Torres Balbas, L., Ars Hispaniae, Bd. 4. Madrid 1949

Tully, R., Narrative of a ten years' residence at Tripoli in Africa. London 1817²

Vernet, I., La cultura hispano-árabe en Oriente y Occidente. Barcelona 1978

Vernet, J., Die spanisch-arabische Kultur im Orient und Okzident. München 1984

Venture de Paradis, J. M., Tunis et Alger au 18e siècle. Paris 1983

Watt, W. M., The Influence of Islam on medieval Europa. Edinburgh 1972, Neuauflage Edinburgh 1982

Watt, W. M., A history of Islamic Spain. Edinburgh 1977 (Neuauflage)

Williams, J., Early Spanish manuscript illumination. New York 1977

Wrage, W., Die Straße der Kasbahs. Radebeul (o. J.)

Wüstenfeld, F., Geschichte der Fatimiden Chalifen nach den arabischen Quellen. In: Abhandlungen der historisch-philosophischen Classe der Königlichen Gesellschaft der Wissenschaften zu Göttingen, Bd. 27, Göttingen 1880

Ziegler, A. K., Church and State in Visigothic Spain. Washington 1930

Zambaur, E. von, Die Münzprägung des Islams. Wiesbaden 1968

Verzeichnis der Abbildungen auf Textseiten

17 Rindernomaden auf der Wanderung, Ausschnitt aus einem großen Felsgemälde aus Itinen, Tassili, Algerien, frühes 3. Jahrtausend v. Chr.
Nach: Kuper, R., u. a., Sahara, 10000 Jahre zwischen Weide und Wüste. Köln 1978, S. 206

18 Zwei Männer trinken im Lager aus einem Gefäß, Ausschnitt aus einem großen Felsgemälde aus Iheren, Tassili, Algerien, frühes 3. Jahrtausend v. Chr.
Nach: Kuper u. a., 1978, S. 440

18 Zwei libysche Krieger, Ausschnitte aus einem Wandbild aus Iheren, Tassili, Algerien, frühes 3. Jahrtausend v. Chr. – Nach: Kuper u. a., 1978, S. 439

20 Die Ruinen von Karthago
Nach: Moscati, S., Die Phöniker von 1200 vor Christus bis zum Untergang Karthagos. Zürich 1966, S. 470

22 Die Dame von Elche, iberische Plastik, Höhe 56 cm, um 450 v. Chr. – Nach: Schubart, H., Iberische Halbinsel. Baden-Baden, 1967, S. 157

46 Sabratha, Turmmausoleum, 2. Jahrhundert v. Chr., Rekonstruktion
Nach: Horn, H. G., und C. B. Rieger, Die Numider-

Reiter und Könige nördlich der Sahara. Köln 1979, Abb. 70

47 Simitthus, Chemtou, numidisches Höhenheiligtum, 2. Jahrhundert v. Chr.
Nach: Horn/Rieger, 1979, Abb. 32

51 Tebessa, der frühchristliche Pilgerbezirk, 4.–5. Jahrhundert, Plan und Rekonstruktion
Nach: Christern, J., Das frühchristliche Pilgerheiligtum von Tebessa. Wiesbaden 1976, Abb. 8a und b

52, 53 Mosaik aus der Basilika von Skira, Allegorie der Gläubigen, die ihren Durst an den Flüssen des Paradieses stillen, 5.–6. Jahrhundert, Museum Sfax
Nach: Fradier, G., u. a., Mosaiques Romaines de Tunisie, Tunis 1982, S. 176/177

54 Karthago, Damous-al-Karita-Basilika, Grundriß mit Umbau durch Justinian
Nach: Gessel, W. M., Monumentale Spuren des Christentums im römischen Nordafrika. 1981, Abb. 60

73 Die Zaituna-Moschee in Tunis, 9., 10. und 15. Jahrhundert, Grundriß
Nach: Michell, G., Architecture of the Islamic world, its history and social meaning. London 1984, Abb.. 221

74 Das Ribat (Wehrkloster) von Sousse, 821, Grundriß
Nach: Michell, 1984, S. 221

75 Koraneinbände, Kairuan, 9. Jahrhundert
Nach: Petersen, T. C., Early Islamic bookbinding and their coptic relations, 1954, Fig. 11–13

114, 115 Palast der Hammadiden, die Qal'a Beni Hammad, 11. Jahrhundert; Rekonstruktion des Ksar Minar und Dar al-Bahr
Nach: Jaralov, J. S. (Red.), Architektura stran sredizemnomor'ja, Afriki i Azii, VI.–XIX. v. v. In: Vseobščaja Istorija Architektury v 12 tomach, tom 8, Moskva 1969, S. 78

116 Das Tor Skiffa al-Kala, Längsschnitt und Grundriß
Nach: Marçais, G., L'Architecture Musulmane d'Occident. Paris 1954, Fig. 46

117 König und Musikantin, Marmorrelief der Fatimiden
Nach: Marçais, 1954, Fig. 76

123 Madinat al-Zahra, Teil des Grabungsplanes; der Westpalast al-Hakams II., rechts außen: Halle Abd al-Rahmans III., unten: Residenzhalle
Nach: Gomez-Moreno, M., Ars Hispaniae, Bd. 3. Madrid 1951, Fig. 90

131 Córdoba im 10. Jahrhundert, Plan
Nach Kress, H. J., Die islamische Kulturepoche auf der iberischen Halbinsel. Marburg 1968

132 Die Große Moschee von Córdoba, Grundriß
Nach: Jaralov, 1969, S. 102

177 Die Moschee von Tinmal, Almorawidenzeit, Grundriß
Nach: Marçais, 1954, Fig. 129

178 Die Hasan-Moschee von Rabat, 12. Jahrhundert, Grundriß
Nach: Jaralov, 1969, S. 94

188 Weltkarte des al-Idrisi, 12. Jahrhundert, nach einem arabischen Manuskript in der Nationalbibliothek Paris und einer französischen Kopie
Nach: Gabrieli, F., Maometto in Europa. Mailand 1982, S. 184

190 Die Kaaba von Mekka in einer als Rad dargestellten Welt des Islams, nach einem Atlas des Jahres 1551 aus Sfax
Nach: Lewis, B., The World of Islam, London 1976, S. 17

199 Silberne Nachprägungen spanisch-islamischer Dirhem aus dem Jahre 1002
Nach: Karabaček, J., Spanisch-arabisch-deutsche Nachprägungen für Polen. Wien 1870, Taf. VI, 1–2

226 Die Entwicklung des Zackenbogens
Nach: Kress, 1968, S. 38

231 Wandmalerei im Turm der Damen, Alhambra, Granada
Nach: Burckhardt, T., Die maurische Kultur in Spanien. München 1970, S. 212

238 Plan von Fès
Nach: Helfritz, H., Marokko, Du Mont Kunst-Reiseführer. Köln 1983, Abb. 41

241 Kapitell der Senhadscha-Zeit, Kairuan
Nach: Marçais, 1954, Fig. 59

241 Kapitell aus dem Löwenhof der Alhambra, Granada
Nach: Marçais, 1954, Fig. 208

241 Kapitell vom Mihrab der Eubadmoschee, Tlemcen
Nach: Marçais, 1954, Fig. 209

247 Die Große Qasba in Skoura
Nach: Wrage, W., Die Straße der Kasbahs. Radebeul (o. J.), S. 84

248 Berberburg des Sidi Moha ibn Ali in Simrir, Grundriß, Längsschnitt und (Seite 249) Ansicht
Nach: Wrage, o. J., S. 159 und 161

278 Die Medina von Tunis mit ihren Basaren
Nach: Strelocke, H., Tunesien. Karthager, Römer, Araber – Kunst, Kultur und Geschichte am Rande der Wüste. Köln 1978, S. 144

Karten

10 Regenkarte Nordafrikas, um 1975, jährlicher Niederschlag
Nach: Horn/Rieger, 1979, Abb. 1
19 Die Phönizier im Mittelmeer
Nach: Moscati, 1966, Karte II
49 Nordafrika im Römischen Imperium
Nach: Horn/Rieger, 1979, Taf. 3
56 Nordafrika und Südeuropa im Jahre 476
Nach: McEvedy, C., The Penguin Atlas of Medieval History. Harmondsworth 1961, S. 23
61 Im 7. und 8. Jahrhundert eroberte und angegriffene Gebiete
Nach: Miquel, A., L'Islam et sa civilisation, VII.–XX. siècle, 1977², S. 58/59
64 Nordafrika und Südeuropa im Jahre 737
Nach: McEvedy, 1961, S. 39
66 Nordafrika und Südeuropa im Jahre 771
Nach: McEvedy, 1961, S. 45
71 Nordafrika im 9. Jahrhundert
Nach: Julien, Ch.-A., Histoire de L'Afrique du Nord, Tunisie – Algérie – Maroc. Paris 1956, S. 25
113 Nordafrika und Südeuropa im Jahre 923
Nach: McEvedy, 1961, S. 51
118 Der Maghrib und Spanien in der westlichen Handelswelt des 10. Jahrhunderts
Nach: Miquel, 1977, S. 152/153
119 Nordafrika im 11. Jahrhundert
Nach: Julien, 1956, S. 73
121 Islamische Vorstöße im 10. Jahrhundert in den Gebieten des heutigen Frankreichs, der Schweiz und Norditaliens
Nach: Crespi, G., Die Araber in Europa. Stuttgart – Zürich 1983, S. 25
130 Nordafrika und Südeuropa im Jahre 998
Nach: McEvedy, 1961, S. 53
174 Nordafrika und Südeuropa im Jahre 1130
Nach: McEvedy, 1961, S. 65
176 Nordafrika und Südeuropa im Jahre 1173
Nach: McEvedy, 1961, S. 67
228 Der Maghrib und Granada zu Ende des 13. Jahrhunderts
Nach: Julien, 1956, S. 133
240 Nordafrika und Südeuropa im Jahre 1478
Nach: McEvedy, 1961, S. 85
273 Marokko im 17. Jahrhundert
Nach: Julien, 1956, S. 221
276 Osmanische Vorstöße ins westliche Mittelmeer im 16. Jahrhundert
Nach: Miquel, 1977, S. 248/249

Ausschlagkarte (Vorderseite) Die Stadt Granada mit ihren arabischen Bauten, nach einem Plan der Museumsverwaltung der Alhambra
Ausschlagkarte (Rückseite) Die Alhambra in Granada, nach einem Plan des Alhambra-Museums

Verzeichnis der Tafeln

1 Maskentänzer, Felsmalerei in Aouanrhat, 6.–5. Jahrtausend v. Chr.
Foto: K. H. Striedter, Frobenius-Institut, Frankfurt (Main)
2 Rinderhirten im Lager, Felsmalerei in Sefar, 5. Jahrtausend v. Chr.
Foto: K. H. Striedter, Frobenius-Institut, Frankfurt (Main)
3 Rind und Maskenträger, Felsritzung aus dem Fezzan, Wadi In Habeter III e, 4.–3. Jahrtausend v. Chr.
Foto: K. H. Striedter Frobenius-Institut, Frankfurt (Main)
4 Rennwagen in der Sahara, Felsmalerei von Tin Aboteka, 2. Jahrtausend v. Chr.
Foto: K. H. Striedter Frobenius-Institut, Frankfurt (Main)
5, 6 Grabturm des Atban von Dougga, Höhe 21 m, 3.–2. Jahrhundert v. Chr. – Fotos: B. Brentjes, Berlin
7 Sbeitla (Sufetula), Kapitol, Tempel für Jupiter, Juno und Minerva, um 140 n. Chr.
Foto: W. Gessel, München

8 Dougga, das Kapitol mit einem Tempel für Marc Aurel und Lucius Verus, 2. Jahrhundert n. Chr.
Foto: B. Brentjes, Berlin

9 Dougga, öffentliche Toilette, 2.–3. Jahrhundert n. Chr.
Foto: B. Brentjes, Berlin

10 Sabratha, Ruinen des Theaters der Severerzeit, 3. Jahrhundert n. Chr.
Foto: B. Brentjes, Berlin

11 Djem (Thysdrus), Theater, Länge 148 m, Breite 122 m, Höhe 36 m, 3. Jahrhundert n. Chr.
Foto: B. Brentjes, Berlin

12 Tripolis, Triumphbogen des Marc Aurel und des Lucius Verus in Oea, 2. Jahrhundert n. Chr.
Foto: B. Brentjes, Berlin

13 Leptis Magna, Nike, Reliefteil vom Severerbogen, 3. Jahrhundert n. Chr.
Foto: Archäologischer Dienst der SLAVJ

14 Thabraca, Mosaik: Farm mit Lager und Scheune sowie zwei Pavillons, 4. Jahrhundert n. Chr. Tunis, Bardo-Museum – Foto: W. Gessel, München

15 Leptis Magna, Mosaik aus der «Nil-Villa», 2.–3. Jahrhundert n. Chr.
Foto: Archäologischer Dienst der SLAVJ

16, 17 Ghirza, römische Provinzialgräber, 3.–4. Jahrhundert
Fotos: Archäologischer Dienst der SLAVJ

18 Sousse, das Smirat-Magerius-Mosaik: Szenen im Amphitheater, 2. Jahrhundert n. Chr. Museum Sousse
Foto: W. Gessel, München

19 Lambaesis, Groma (Mittelpunkt eines Legionslagers) und Forum des Lagers der Legio III Augusta
Foto: W. Gessel, München

20 Thamugadi, christliche, donatistische Basilika des Bischofs Optatus, Länge 55 m, 4. Jahrhundert
Foto: W. Gessel, München

21 Sousse, Bild aus den Katakomben: Schafträger, Symbol der Philanthropia, 2.–3. Jahrhundert
Foto: W. Gessel, München

22 Thabraca, Mosaik: christliche Kirche, 4. Jahrhundert. Tunis, Bardo-Museum
Foto: W. Gessel, München

23 Tunis, christlicher Mosaik-Epitaph für Crescentia, 4.–5. Jahrhundert. Tunis, Bardo-Museum
Foto: W. Gessel, München

24 Sousse, christliches Mosaik mit der Palme als Symbol Jesu, 6. Jahrhundert
Foto: B. Brentjes, Berlin

25 Tipasa, mauretanisches Fürstengrab, vielleicht Grab Jubas II. und der Cleopatra Selene, 1. Jahrhundert n. Chr.
Foto: B. Brentjes, Berlin

26 Leptis Magna, Relief vom Severerforum, Ausschnitt, 2. Jahrhundert n. Chr.
Foto: B. Brentjes, Berlin

27 Tipasa, Ruinen des Kolosseums, 2. Jahrhundert n. Chr.
Foto: B. Brentjes, Berlin

28 Sousse, Tunesien, römisches Mosaik: die Rennpferde Amor und Dominator, 2.–3. Jahrhundert. Sousse, Museum – Foto: B. Brentjes, Berlin

29 Sousse, Tunesien, römisches Mosaik: Yin und Yang, das chinesische Symbol der Weltkräfte, 3. Jahrhundert n. Chr.
Foto: B. Brentjes, Berlin

30 Sousse, Tunesien, christlich-römisches Grabmosaik, 6. Jahrhundert. Sousse, Museum
Foto: B. Brentjes, Berlin

31 Sufetula, Tunesien, Ruine der Jucundus-Kirche mit Fußbodenmosaik, 6.–7. Jahrhundert
Foto: B. Brentjes, Berlin

32 Kairuan, Tunesien, Minarett der Großen Moschee, 724–727, 836 und spätere Umbauten
Foto: Service Photo Culture, Secretariat d'Etat aux Affaires Culturelles et à l'Information, P. Olivier

33 Kairuan, Tunesien, Große Moschee, Hoffront, 13. Jahrhundert
Foto: Service Photo Culture, Secretariat d'Etat aux Affaires Culturelles et à l'Information, M. Bouchoucha

34 Kairuan, Tunesien, Große Moschee, aghlabidischer Neubau, Betsaal, Blick nach Nordwesten, 13. Jahrhundert
Foto: Deutsches Archäologisches Institut, Abteilung Madrid, J. P. Wisshak

35 Mahdiya, Tunesien, Skiffa al-Kala, Stadttor, nach 920
Foto: B. Brentjes, Berlin

36 Córdoba, Spanien, Große Moschee mit der zweiten eingebauten Kathedrale, Blick vom Minarett, 785/86, 833, 961, 987
Foto: Deutsches Archäologisches Institut, Abteilung Madrid, R. Friedrich

37 Córdoba, Spanien, Große Moschee, zweite Säulenhalle des Erweiterungsbaus al-Hakams II., Blick von Osten, 961
Foto: Deutsches Archäologisches Institut, Abteilung Madrid, R. Friedrich

38 Córdoba, Spanien, Große Moschee, Erweiterungsbau al-Hakams II., 961
Foto: Deutsches Archäologisches Institut, Abteilung Madrid, C. Ewert

39 Córdoba, Spanien, Große Moschee, Erweiterungsbau al-Hakams II., Querarkade, Nordfront, Mitteljoch, Zakkenbogen, 961
Foto: Deutsches Archäologisches Institut, Abteilung Madrid, P. Witte

40, 41 Córdoba, Spanien, Große Moschee, Erweiterungsbau al-Hakams II., Rippenkuppeln: (40) am Auftakt des Mittelschiffs über der Capella de Villaviciosa, (41) über dem Westteil der Maqsura, 961
Fotos: Deutsches Archäologisches Institut, Abteilung Madrid, P. Witte

42 Córdoba, Spanien, Große Moschee, Erweiterungsbau al-Hakams II., Mihrabfassade, Mosaiken vom Blendbogenfries über dem Zugang zum Mihrab, 961
Foto: Deutsches Archäologisches Institut, Abteilung Madrid, B. Grunewald

43 Córdoba, Spanien, Madinat al-Zahra, steinernes Rankendekor, Paneel im Salon, 10. Jahrhundert
Foto: Deutsches Archäologisches Institut, Abteilung Madrid, R. Friedrich

44 Córdoba, Spanien, Madinat al-Zahra, Fassade des Kronprinzenpalastes, 10. Jahrhundert
Foto: B. Brentjes, Berlin

45 Sousse, Tunesien, Ribat, im Vordergrund die Große Moschee, 9. Jahrhundert
Foto: B. Brentjes, Berlin

46 Sousse, Tunesien, Große Moschee, Hufeisenbogendekor, um 850
Foto: B. Brentjes, Berlin

47 Sousse, Tunesien, Ribat, 34,50 mal 34,50 m, 821
Foto: B. Brentjes, Berlin

48 Tunis, Zaituna-Moschee, vordere Kuppel, 8.–17. Jahrhundert
Foto: Service Photo Culture, Secretariat d'Etat aux Affaires Culturelles et à l'Information, P. Olivier

49 Tunis, Große Moschee, Blick durch das Mittelschiff zum Mihrab, 8.–17. Jahrhundert
Foto: Deutsches Archäologisches Institut, Abteilung Madrid, J. P. Wisshak

50, 51, 52 Sfax, Tunesien, Minarett der Moschee, Hoffront mit Außenmihrab und Kapitell, Hofmoschee 52 mal 41 m, 9.–16. Jahrhundert
Fotos: Service Photo Culture, Secretariat d'Etat aux Affaires Culturelles et à l'Information, P. Olivier

53 Toledo, Spanien, Moschee am Bab al-Mardum, heute «Ermita del Cristo de la Luz», Nordwestfassade, 999–1000 – Foto: Deutsches Archäologisches Institut, Abteilung Madrid, P. Witte

54 Saragossa, Spanien, Aljaferia, Palast des Abu Dscha'far Ahmad I. ibn Sulaiman al-Muqtadir bi-llah, rekonstruierter Mauerring von Nordosten (1973), rechts: Turm aus der Zeit vor den Hudud-Emiren, links: ehemals Tor «krönender» Mirador, nachislamisch
Foto: Deutsches Archäologisches Institut, Abteilung Madrid, P. Witte

55 Saragossa, Spanien, Aljaferia, Nordportikus, Hauptarkade, Südfassade, im Hintergrund rechts der westliche vorspringende Flügel des Nordportikus und Zugang zum vermutlichen Thronsaal
Foto: Deutsches Archäologisches Institut, Abteilung Madrid, P. Witte

56 Saragossa, Spanien, Aljaferia, Moscheetor, oberer Teil der Außenfassade, nach Freilegung Juni 1966
Foto: Deutsches Archäologisches Institut, Abteilung Madrid, C. Ewert

57 Saragossa, Spanien, Aljaferia, Moschee, Ausschnitt aus der unteren Bogenordnung, nach Restaurierung
Foto: Deutsches Archäologisches Institut, Abteilung Madrid, P. Witte

58 Sevilla, Spanien, Alcázar, der «Saal der Gesandten», 12. Jahrhundert
Foto: ADN-Zentralbild (Aufnahme 1926)

59 Sevilla, Spanien, Giralda, Minarett der Großen Moschee, 1184–1198 für den Almohaden Abu Yaqub Yusuf erbaut, 1355 oberer Teil durch Erdbeben zerstört, 1560–1568 durch Hernan Ruiz erneuert
Foto: ADN-Zentralbild (Aufnahme 1934)

60 Málaga, Spanien, Alcázar, 10.–15. Jahrhundert
Foto: B. Brentjes, Berlin

61 Málaga, Spanien, Säulenbasis im Alcázar, 14.–15. Jahrhundert
Foto: B. Brentjes, Berlin

62 Málaga, Spanien, Schmucknische im Alcázar, 14.–15. Jahrhundert
Foto: B. Brentjes, Berlin

63 Tinmal, Marokko, almohadische Moschee, 1153, Mauerring 1975 restauriert
Foto: Deutsches Archäologisches Institut, Abteilung Madrid, J. P. Wisshak

64 Tinmal, Marokko, Moschee, Blick zum Mihrab, 1153
Foto: Deutsches Archäologisches Institut, Abteilung Madrid, J. P. Wisshak

65, 66 Rabat, Marokko, Minarett der Hasan-Moschee, um 1200
Fotos: Staatliche Museen zu Berlin, Islamisches Museum

67 Rabat, Marokko, Tor der Chellah, Nekropole der Merinidensultane, 14. Jahrhundert
Foto: Staatliche Museen zu Berlin, Islamisches Museum

68 Marrakesch, Marokko, die zweite Qutubiya-Moschee, Blick durch das Querschiff vor der Qibla nach Westen, 1196
Foto: Deutsches Archäologisches Institut, Abteilung Madrid, J. P. Wisshak

69–72 Marrakesch, Marokko, die zweite Qutubiya-Moschee, almohadische Stuckkapitelle, 1196
Fotos: Deutsches Archäologisches Institut, Abteilung Madrid, J. P. Wisshak

73 Marrakesch, Marokko, Bab Agenaou, Gesamtansicht, 12.–13. Jahrhundert
Foto: Barrucand

74 Sousse, Tunesien, Große Moschee, um 850
Foto: B. Brentjes, Berlin

75 Kairuan, Tunesien, Große Moschee,
Blick vom Minarett auf die Bethalle, 724–727, 836 und 13. Jahrhundert
Foto: B. Brentjes, Berlin

76 Tunis, Zaituna-Moschee, Bethalle, 9. Jahrhundert
Foto: J. Binous

77 Córdoba, Spanien, Große Moschee, Tor an der Westseite, Ausbau unter al-Hakam II., 961
Foto: S. Chmelnizkij

78 Palermo, Sizilien, San-Cataldo-Kirche, Bögen am Ansatz der Kuppel, Bau Wilhelms I., 1161
Foto: S. Chmelnizkij

79 Palermo, Sizilien, Palast al-Ziza, Mosaiken der Thronwand, Bau Wilhelms I. und Wilhelms II., zweite Hälfte des 12. Jahrhunderts
Foto: G. Ciotta

80 Palermo, Sizilien, Palast la Cuba, Bau Wilhelms II., um 1186 – Foto: G. Ciotta

81 Granada, Spanien, Alhambra, 14. Jahrhundert
Foto: H.-J. Mrusek, Halle

82 Granada, Spanien, Alhambra, Tor, 14. Jahrhundert
Foto: H.-J. Mrusek, Halle

83 Granada, Spanien, Alhambra, Moschee und Korannische, 14. Jahrhundert
Foto: Staatliche Museen zu Berlin, Islamisches Museum (alte Zwischenaufnahme)

84 Granada, Spanien, Alhambra, Myrtenhof, Architekturdetail der Sala de la Barca, 14. Jahrhundert
Foto: L. Aufsberg, Sonthofen

85 Granada, Spanien, Alhambra, Eingang zum Myrtenhof, 14. Jahrhundert
Foto: L. Aufsberg, Sonthofen

86 Toledo, Spanien, «Sonnentor», arabisch-spanisch, 13.–15. Jahrhundert
Foto: B. Brentjes, Berlin

87, 88 Toledo, Spanien, Alcázar, 14.-16. Jahrhundert
Fotos: H.-J. Mrusek, Halle

89, 90 Toledo, Spanien, Kathedrale, Mudéjar-Einfluß, 14.-15. Jahrhundert
Fotos: H.-J. Mrusek, Halle

91 Fès, Marokko, die Medina (Stadt)
Foto: U. Didoni, Stuttgart

92 Fès, Marokko, Hof der Qarawiyin-Moschee, 16.–17. Jahrhundert
Foto: U. Didoni, Stuttgart

93 Fès, Marokko, Medrese al-Attarine, Dekordetails, 1323–1325
Foto: Barrucand

94 Fès, Marokko, Qarawiyin-Moschee, Pavillon der Sa'adierzeit, 16.–17. Jahrhundert
Foto: Barrucand

95 Fès, Marokko, Medrese al-Attarine, Hoffront, 1323–1325
Foto: Barrucand

96 Fès, Marokko, Hof der Qarawiyin-Moschee, 16.-17. Jahrhundert – Foto: U. Didoni, Stuttgart

97 Marrakesch, Marokko, Ben-Yusuf-Medrese, Innenhof, 16. Jahrhundert
Foto: U. Didoni, Stuttgart

98 Die heilige Stadt Moulay Idris, Marokko
Foto: U. Didoni, Stuttgart

99 Moulay Idris, Marokko, Grabmoschee Idris' I., 16.-19. Jahrhundert
Foto: Touristik-Service Marokkos

100 Marrakesch, Marokko, Qubba Lalla Mas'uda, 16. Jahrhundert
Foto: Barrucand

101 Marrakesch, Marokko, Grabmal der Sa'adier, Hauptraum, 16. Jahrhundert
Foto: Staatliche Museen zu Berlin, Islamisches Museum

102–104 Marrakesch, Marokko, Grabmal der Sa'adier, Kapitell, Wanddekor und Stuckwand, 16. Jahrhundert
Fotos: Staatliche Museen zu Berlin, Islamisches Museum

105 Fès, Marokko, Medrese Charratine, 1670
Foto: Barrucand

106 Fès, Marokko, Funduq (Karawanserei) und Brunnen al-Najjarin, Merinidenzeit, 16. Jahrhundert
Foto: Barrucand

107 Meknès, Marokko, Tür eines Wandschranks aus dem Haus eines marokkanischen Bürgers, um 1690. Stuttgart, Linden-Museum
Foto: Linden-Museum, Stuttgart

108 Meknès, Marokko, Kastenfenster aus der dem Patio (Hof) zugewandten Stirnwand eines Schlafraumes, Obergeschoß eines marokkanischen Bürgerhauses, um 1690. Stuttgart, Linden-Museum
Foto: Linden-Museum, Stuttgart/U. Didoni

109 Meknès, Marokko, Stadttor, 16.–17. Jahrhundert
Foto: U. Didoni, Stuttgart

110 Meknès, Marokko, Tor Djami al-Nur, 17. Jahrhundert
Foto: Staatliche Museen zu Berlin, Islamisches Museum

111 Meknès, Marokko, Bab al-Mansur, 1732
Foto: Touristik-Service Marokkos

112 Tunis, Minarett der Yusuf-Dey-Moschee, 1616
Foto: B. Brentjes, Berlin

113 Tunis, Minarett der Moschee der Qasba, 1235
Foto: B. Brentjes, Berlin

114 Kairuan, Tunesien, Tor und Minarett der Zawiya Sidi Sahab, 17. Jahrhundert
Foto: B. Brentjes

115 Kairuan, Tunesien, Blick in den Hof der «Säbelmoschee», Zawiya mit dem Grab des Marabut Amor Abbada, 1860 – Foto: B. Brentjes, Berlin

116 Matmata, Höhlenstadt in Südtunesien, 16.–19. Jahrhundert – Foto: B. Brentjes, Berlin

117 Kabao, Tripolitanien, Ruinen einer Speicherburg, bis in das 20. Jahrhundert benutzt
Foto: P. Wendt

118 Qasr al-Hadsch, Tripolitanien, Ruinen einer Speicherburg, bis in das 20. Jahrhundert benutzt
Foto: P. Wendt

119 Tafraout im Tal der Ammeln, Marokko
Foto: U. Didoni, Stuttgart

120 Schöpfrad zwischen Meknès und Fès, Marokko
Foto: U. Didoni, Stuttgart

121 Telouet, Südmarokko, Qasba, 17.–19. Jahrhundert
Foto: Touristik-Service Marokkos

122 Marrakesch, Marokko, Gartenpalast, 19. Jahrhundert
Foto: Touristik-Service Marokkos

123 Oase im Dades-Tal, Marokko
Foto: U. Didoni, Stuttgart

124 Granada, Spanien, Alhambra, Generalife, der Park der Damen, 14. Jahrhundert
Foto: B. Brentjes, Berlin

125 Granada, Spanien, Alhambra, Hof des Comares-Palastes, Nordseite des Myrtenhofes, 14. Jahrhundert
Foto: H.-J. Mrusek, Halle

126 Granada, Alhambra, Hof des Comares-Palastes, Südseite des Myrtenhofes, 14. Jahrhundert
Foto: H.-J. Mrusek, Halle

127 Granada, Spanien, Ostfassade der Alhambra, Tor «Puerta del Vino», 14. Jahrhundert
Foto: Barrucand

128 Granada, Spanien, Alhambra, Blick in den Löwenhof, 14. Jahrhundert
Foto: Barrucand

129 Granada, Spanien, Alhambra, Löwenhof, Ostseite, 14. Jahrhundert
Foto: B. Brentjes, Berlin

130 Sevilla, Spanien, Palast Don Pedros des Grausamen, Innenhof, Stuckdekor, 14. Jahrhundert
Foto: B. Brentjes, Berlin

131 Der Palmbaum, Miniatur aus dem Kodex der Apokalypse des Johannes, Beatus von Liebana, Asturien, 975, fol. 147 v. Gerona, Kathedrale
Foto: Deutsches Archäologisches Institut, Abteilung Madrid, P. Witte

132 Johannes vor dem Engel unter der offenen Himmelstür, unten: Johannes und die sieben Christengemeinden Kleinasiens, Miniatur aus dem Kodex der Apokalypse des Johannes, Beatus von Liebana, Asturien, 975, fol. 234 v. Gerona, Kathedrale
Foto: Deutsches Archäologisches Institut, Abteilung Madrid, P. Witte

133 Die Himmelfahrt der zwei Zeugen, Miniatur aus dem Kodex der Apokalypse des Johannes, Beatus von Liebana, Asturien, 975, fol. 167 v. Gerona, Kathedrale
Foto: Deutsches Archäologisches Institut, Abteilung Madrid, P. Witte

134 Das sechste Siegel, dargestellt vom «Archipictor» Magius in der Beatus-Handschrift, San Miquel de Escalada, um 962. Pierpont Morgan Library, M. 644, fol. 112 r
Foto: Pierpont Morgan Library

135 Das Lamm auf dem Berge Zion, dargestellt vom «Archipictor» Magius in der Beatus-Handschrift, San Miquel de Escalada, um 962. Pierpont Morgan Library. M 644, fol. 174 v
Foto: Pierpont Morgan Library

136, 137 Maghribinische Miniaturen zu der Liebesgeschichte «Bayad wa Riyad», 12. (?) Jahrhundert. Vatikan, Biblioteca Apostolica, MS Ar. 638, fol. 10 r und 17 r
Fotos: Biblioteca Apostolica, Vatikan

138–141 Palermo, Sizilien, Palazzo Reale, Cappella Palatina, Teile der Malerei auf Holz, 1132–1140
Fotos: Ministero della Publica Istruzione, Gabinetto Fotografico Nazionale, Rom

142 Granada, Spanien, Koranseite, 14.–15. Jahrhundert
Foto: Staatliche Museen zu Berlin, Islamisches Museum

143 Lüsterfayence, Höhe 5 cm, ∅ 13,5 cm, Manises bei Valencia, Spanien, um 1400. Z. Z. Berlin (West), Museum für Islamische Kunst
Foto: Staatliche Museen zu Berlin, Islamisches Museum

144 Lüsterschale, Manises bei Valencia, Spanien, um 1400. Z. Z. Berlin (West), Museum für Islamische Kunst
Foto: Staatliche Museen zu Berlin, Islamisches Museum

145 Fayence in Blau, Manises bei Valencia, Spanien, um 1400. Z. Z. Berlin (West), Museum für Islamische Kunst
Foto: Staatliche Museen zu Berlin, Islamisches Museum

146 Fayenceschale, grün und manganviolett bemalt, Höhe 15 cm, ∅ 39 cm, Paterna oder Manises bei Valencia, Spanien, 14.–15. Jahrhundert. Z. Z. Berlin (West), Museum für Islamische Kunst – Foto: Staatliche Museen zu Berlin, Islamisches Museum

147 Albarello-Fayence mit Lüsterdekor, Höhe 30 cm, Valencia (Manises?), Spanien, um 1450. Berlin, Staatliche Museen, Kunstgewerbemuseum
Foto: Staatliche Museen zu Berlin, Kunstgewerbemuseum

148 Ölkrug, polychrome Keramik, Fès, Marokko, 17.–18. Jahrhundert. Stuttgart, Linden-Museum
Foto: Linden-Museum, Stuttgart

149 Fayencevase, dichte Goldblumenmalerei, Höhe 36 cm, ∅ 25 cm, Valencia, Spanien, um 1500. Z. Z. Berlin (West), Museum für Islamische Kunst
Foto: Staatliche Museen zu Berlin, Kunstgewerbemuseum

150 Fayenceschale mit Wappen (von Sevilla?), Lüstermalerei, Höhe 6 cm, ∅ 46 cm, Manises bei Valencia, Spanien, um 1500. Z. Z. Berlin (West), Museum für Islamische Kunst
Foto: Staatliche Museen zu Berlin, Kunstgewerbemuseum

151 Wassergefäß, gebrannter Ton mit grünen Glasurteilen, Höhe 56 cm, ∅ 43 cm, Sevilla, Spanien, 14.–15. Jahrhundert. Z. Z. Berlin (West), Museum für Islamische Kunst
Foto: Staatliche Museen zu Berlin, Islamisches Museum

152 Fliese mit Nasridenwappen, 13 mal 16 cm, Alhambra, Granada, Spanien, 14. Jahrhundert. Z. Z. Berlin (West), Museum für Islamische Kunst
Foto: Staatliche Museen zu Berlin, Islamisches Museum

153 Henkelschale, Lüsterfayence, Höhe 4,5 cm, ∅ 10,5 cm, Malaga, Spanien, 14. Jahrhundert. Z. Z. Berlin (West), Museum für Islamische Kunst
Foto: Staatliche Museen zu Berlin, Islamisches Museum

154 Majolikaschüssel, Goldmalerei mit Blaublattwerk, Höhe 7 cm, ∅ 45 cm, Valencia, Spanien, um 1450. Z. Z. Berlin (West), Museum für Islamische Kunst
Foto: Staatliche Museen zu Berlin, Kunstgewerbemuseum

155 Majolikaschale, Goldlüstermalerei, Wappenschild mit Adler (Wappen von Sevilla?), Höhe 8 cm, ∅ 50 cm, Valencia, Spanien, 16. Jahrhundert. Z. Z. Berlin (West), Museum für Islamische Kunst
Foto: Staatliche Museen zu Berlin, Kunstgewerbemuseum

156 Fayencefliese in Blau auf Gelb, Seitenlänge 31 cm, Spanien, 16. Jahrhundert. Z. Z. Berlin (West), Museum für Islamische Kunst
Foto: Staatliche Museen zu Berlin, Kunstgewerbemuseum

157–159 Glasierte Wandfliesen mit farbiger Bemalung, Azulejos, Spanien, 16. Jahrhundert. Berlin, Staatliche Museen, Kunstgewerbemuseum – Foto: Staatliche Museen zu Berlin, Kunstgewerbemuseum

160 Palermo, Sizilien, Palazzo Reale, Cappella Palatina, Kuppelgemälde, 1143 – Foto: S. Chmelnizkij

161 Krönungsmantel Rogers II., 1133/34. Wien, Kunsthistorisches Museum, Schatzkammer (XIII/14)
Foto: Kunsthistorisches Museum Wien

162 Sogenannter «Synagogen»-Teppich aus Spanien, 14. Jahrhundert. Berlin, Staatliche Museen
Foto: Staatliche Museen zu Berlin

163 Maghribinische Miniatur zu der Liebesgeschichte «Bayad wa Riyad». Bayad liegt bewußtlos am Ufer, daneben ein Wasserrad. 12. (?) Jahrhundert. Vatikan, Bibliotheca Apostolica, MA Nr. 368, fol. 19 r
Foto: Bibliotheca Apostolica, Vatikan

164 Fès, Marokko, Fußschale, Keramik, 17. Jahrhundert. Stuttgart, Linden-Museum
Foto: Linden-Museum, Stuttgart

165 Meknès, Marokko, Fußschale, Keramik, frühes 18. Jahrhundert. Stuttgart, Linden-Museum
Foto: Linden-Museum, Stuttgart

166 Sidi Hasan, Bei von Tripolis, um 1790
Nach: R. Tully, 1817, Titelbild

167 Seidenstoff aus einer Tiraz von Ifriqiya, Tunesien, roter Grund, grüne, gelbe und cremefarbene Muster, Inschrift des Kalifen Marwan, 21,3 mal 51 cm, 30 mal 15 cm, 7.–8. Jahrhundert. London, Victoria & Albert Museum
Foto: Victoria & Albert Museum, London

168 Seidenbrokat, rotgelber Grund mit Mustern in Rot, Grün und Gold, Imitation eines Bagdader Tirazstoffes, in Spanien gefunden, 12. Jahrhundert. Berlin, Staatliche Museen, Kunstgewerbemuseum
Foto: Staatliche Museen zu Berlin, Kunstgewerbemuseum

169 Seidenstoff, gelb, rot, grün, weiß, Spanien–Sizilien (?), 12. Jahrhundert. Berlin, Staatliche Museen, Kunstgewerbemuseum – Foto: Staatliche Museen zu Berlin, Kunstgewerbemuseum

170 Seidengewebe in Rot und Grün mit Goldfäden, 16,5 mal 16,5 cm, Spanien, 12. Jahrhundert. London, Victoria & Albert Museum
Foto: Victoria & Albert Museum, London

171 Spanisch-islamisches Seidengewebe, schwarzer Grund mit roten, gelben und blauen Mustern, 32 mal 24 cm, 12. Jahrhundert. London, Victoria & Albert Museum
Foto: Victoria & Albert Museum, London

172 Spanisch-marokkanisches Seidengewebe mit ornamentalem Dekor, roter Grund mit hell- und dunkelblauem, rotem, gelbem und cremefarbenem Muster, 47 mal 56 cm, 14.–15. Jahrhundert. London, Victoria & Albert Museum
Foto: Victoria & Albert Museum, London

173 Spanisch-maurischer Seidenstoff, rot, schwarz, weiß und gelb, 62 mal 22 cm, 15.–16. Jahrhundert. Berlin, Staatliche Museen, Kunstgewerbemuseum
Foto: Staatliche Museen zu Berlin, Kunstgewerbemuseum

174 Knüpfteppich, Wolle, 270 mal 165 cm, Spanien, 15. Jahrhundert. Berlin, Staatliche Museen, Kunstgewerbemuseum
Foto: Staatliche Museen zu Berlin, Kunstgewerbemuseum

175 Teil eines Knüpfteppichs, Wolle, 213 mal 100 cm, Spanien (?), 16. Jahrhundert. Berlin, Staatliche Museen, Kunstgewerbemuseum

Foto: Staatliche Museen zu Berlin, Kunstgewerbemuseum

176 Elfenbeinpyxis des al-Mughira, Spanien, 968. Paris, Louvre, Section Islam
Foto: M. Chuzeville

177 Elfenbeinpyxis, Spanien, 11. Jahrhundert. Paris, Louvre, Section Islam
Foto: M. Chuzeville

178 Elfenbeinkästchen, Cuerca (?), Spanien, 12. Jahrhundert. Paris, Louvre, Section Islam
Foto: M. Chuzeville

179 Elfenbeinpyxis, Spanien oder Sizilien, 12. Jahrhundert. Paris, Louvre, Section Islam
Foto: M. Chuzeville

180 Bemalte Elfenbeinpyxis, Spanien oder Sizilien (?), 12.–13. Jahrhundert. Paris, Louvre, Section Islam
Foto: M. Chuzeville

181 Bemaltes Elfenbeinkästchen, Sizilien (?), 12.–13. Jahrhundert. Berlin, Staatliche Museen, Kunstgewerbemuseum
Foto: Staatliche Museen zu Berlin, Kunstgewerbemuseum

182–186 Elfenbeinkasten mit Jagddarstellungen, Aufsicht, Quer- und Längsseiten, Sizilien (?), 12. Jahrhundert. Berlin, Staatliche Museen, Kunstgewerbemuseum
Fotos: Staatliche Museen zu Berlin, Kunstgewerbemuseum

187 Sogenanntes Boabdil-Schwert, nach der Tradition Waffe des letzten Königs von Granada. Kassel, Staatliche Kunstsammlungen
Foto: Staatliche Kunstsammlungen Kassel

188 Orientalisierende Messingschale, Rückseite mit Inschrift: Ser Castrucio Castracano, Höhe 4 cm, Ø 44 cm, Venedig, 1510. Berlin, Staatliche Museen zu Berlin, Kunstgewerbemuseum
Foto: Staatliche Museen zu Berlin, Kunstgewerbemuseum

189 Berberfibeln, Silber, Marokko, 19. Jahrhundert. Privatsammlung
Foto: B. Brentjes, Berlin / D. Brandt

190 Brautschmuck, getriebenes Goldblech mit Schmucksteinen, Fès, Marokko, frühes 19. Jahrhundert. Stuttgart, Linden-Museum, Sammlung Drechsel
Foto: Linden-Museum, Stuttgart

191 Kücheneinrichtung, von links nach rechts: Wassertopf, Kochtopf und zwei Pfannen aus Kupfer, vier Eisenspieße und Cous-Cous-Topf aus Kupfer mit Aufsatz, Marokko. Stuttgart, Linden-Museum
Foto: Linden-Museum, Stuttgart/U. Didoni

Einband: Die Reiterschlacht der Muslime, Tafelbild des Miguel Alcañes, Florenz, um 1430. Altenburg, Staatliches Lindenau-Museum
Foto: Klaus G. Beyer

Register

Personen

Abdallah I., Aghlabide, Emir von Ifriqiya (812–817) 72
Abdallah II., Aghlabide, Emir von Ifriqiya (902–903) 76, 109
Abdallah al-Mahdi, Kalif der Fatimiden (910–934) 111
Abdallah ibn Yasin, Gründer der Almohadendynastie (1039 bis 1058) 136
Abdallah ibn Sa'd ibn Abi Sarch, arabischer Feldherr (7. Jahrhundert) 60
Abdallah Mohammed ibn Battuta, der Reisende aus Tanger (1304–1377) 239
Abd al-Ahmad al-Mansur, Sultan der Sa'adier (1758–1603) 252
Abd al-Krim, Führer der Rifkabylen gegen die Spanier in den Jahren nach dem ersten Weltkrieg 282
Abd al-Malik, Kalif der Umaiyadendynastie (685–705) 63
Abd al-Malik, Sultan der Sa'adier (1576–1578) 251 f.
Abd al-Malik al-Muzaffar, Hadschib in Spanien (1002–1008) 134
Abd al-Mu'min, Almohadenführer, Emir al-Mu'minin (1128 bis 1163) 175 ff.
Abd al-Qadir, Führer des algerischen Widerstandes (1808 bis 1883) 13 f., 282
Abd al-Rahman I., Emir von Spanien (755–788) 67 f., 133, 186
Abd al-Rahman II., Emir von Spanien (822–852) 68, 134, 185
Abd al-Rahman III., al-Nasir li-din Allah, erster Kalif der spanischen Umaiyaden (912–961) 69, 120–124, 133 f., 180, 185, 189

Abd al-Rahman ibn Chaldun, tunesischer Historiker spanisch-islamischer Herkunft (1332–1406) 12f., 238, 244
Abd al-Rahman ibn Habib, aus der Familie der Fihr, Tunis (742–755) 65
Abd al-Rahman ibn Rostam, Charidschitenführer (8. Jahrhundert) 110
Abd al-Rahman al-Ghafiqi, umaiyadischer Heerführer, vor Poitiers Karl Martell unterlegen (732) 67
Abd al-Waddid, Stammvater der Zenata-Sultane von Tlemcen 240
Abd al-Walid ibn Abi Hafs, Gouverneur von Ifriqiya (um 1200) 179
Abraham ben Esra = Abenar (1090–1167) 192
Abu al-Abbas, Onkel Mohammeds, Ahnherr der Abbasiden (7. Jahrhundert) 71
Abu l-Abbas Abdallah II. siehe Abdallah II.
Abu l-Abbas Ahmad ibn Mohammed ibn Kathir al-Farghani = Alfraganus, arabisch-islamischer Astronom (9. Jahrhundert) 199
Abu Abdallah, Da'i der Fatimiden (um 900) 109, 111
Abu Abdallah, Hafsidenemir von Bujaya (1360–1366) 244
Abu Abdallah, Boabdil, letzter regierender Nasride in Granada (bis 1492) 232
Abu Abdallah Mohammed ibn Mohammed ibn Abdallah ibn Idris al-Hammudi, Geograph Rogers II. aus Ceuta (1100 bis 1166) 188, 196
Abu Abdallah Mohammed al-Mustansir, Emir und Kalif von Ifriqiya (1249–1277) 242
Abu Ali ibn Chaldun, Sunnitenscheich in Kairuan (11. Jahrhundert) 117
Abu Ali al-Husein ibn Abdallah = Ibn Sina = Avicenna, Gelehrter aus Buchara (980–1036) 198f.
Abu Ammar, der geistige Führer Abu Yazids (10. Jahrhundert) 112
Abu Bakr ibn Badschdscha = Avenpace, Mohammed ibn Yahya ibn Sa'igh al-Tudschibi al-Andalusi al-Sarakaste, Philosoph und Dichter, gest. 1138 187, 191
Abu Bakr ibn al-Sabuni, spanisch-islamischer Dichter (11. Jahrhundert) 187
Abu Bakr Mohammed ibn al-Arabi al-Hatimi Muhyi al-Din (Beleber der Religion) (1165–1240) 191f.
Abu Bakr Mohammed ibn al-Walid ibn Mohammed ibn Chalaf ibn Sulaiman ibn Aiyub al-Fihri al-Turtuschi = Abu Bakr al Turtuschi, spanisch-islamischer Rechtsgelehrter (1059/60–1126) 180, 189
Abu Bakr Mohammed ibn Zakariya al-Razi = Rhazes, bedeutender Arzt des Irans (864–925) 200
Abu l-Chattab, Imam der Ibaditen (8. Jahrhundert) 109
Abu l-Fadl ibn Musa ibn Iyad al-Yahsubi al-Sabti al-Maliki, almohadischer Dichter und Richter aus Ceuta (1083–1149) 70, 187, 189
Abu l-Fath al-Mansur, Ziridengouverneur von Ifriqiya (984 bis 996 [?]) 116f.
Abu Hamid Mohammed ibn Mohammed al-Tusi al-Schafi'i al-Ghazali, islamischer Mystiker (1058–1112) 175, 189,191, 198
Abu l-Hasan, Sultan der Meriniden (1331–1348) 239
Abu l-Hasan Ali ibn Maimun, islamischer Schriftsteller (15. bis 16. Jahrhundert) 238
Abu l-Hasan Ali ibn Hisan, Dichter (11. Jahrhundert) 186
Abu l-Hasan Ali al-Ridschal = Abenragel, spanischer Mathematiker (um 1040) 198
Abu l-Hasan Eschadoli, Sidi, Sufi-Scheich in Tunis (1197 bis 1258) 244
Abu Ibrahim ibn Yahya al-Nikkasch al-Sarqali = Azarquiel, Astronom (11. Jahrhundert) 192, 199
Abu Ibrahim Ahmad al-Aghlab, Emir von Ifriqiya (856–863) 74
Abu Inan Fares, der «Schwarze Sultan» der Meriniden (1348 bis 1356) 239, 244
Abu Iqal al-Aghlabi, Emir von Ifriqiya (838–841) 74
Abu Ishaq al-Sarqali siehe Abu Ibrahim ibn Yahya
Abu Mahalli, Marabut in Tafilelt (um 1600) 273
Abu Marwan Abd al-Malik ibn Abu l-Ala ibn Zuhr = Avenzoar, Arzt der Almorawiden und Almohaden (1091–1162) 192
Abu Marwan Abd al-Malik ibn Mohammed ibn Marwan ibn Zuhr = Avenzoar, Arzt der Almorawiden (gest. 1131) 174, 199
Abu Mohammed Abd al-Haqq ibn Ibrahim al-Ischbitli = Ibn Sab'in, malikitischer Lehrer (bis 1270) 191
Abu Mohammed Dschabir ibn Aflah = Geber, Astronom aus Sevilla (gest. um 1050) 198, 200
Abu Muhadschir Dinar, Gouverneur von Ifriqiya (7. Jahrhundert) 62
Abu l-Qasim Abbas ibn Firnas, islamischer Wissenschaftler (10. Jahrhundert) 130

Abu l-Qasim Chalaf ibn Abbas al-Zahrawi = Abulcasis, spanisch-islamischer Mediziner (gest. 1013) 199
Abu l-Quasim Maslama ibn Ahmad al-Faradi al-Hasib al-Madjriti al-Kurtusi al-Andalusi, spanisch-islamischer Mathematiker und Geograph (gest. zwischen 1004 und 1007) 198
Abu l-Quasim Mohammed ibn Isma'il ibn Abbad, Kadi und Emir in Sevilla (1023–1042) 134
Abu Qorra, Charidschitenführer (8. Jahrhundert) 110
Abu Said Othman, Merinidensultan (1310–1331) 239
Abu Tammam ibn Rabbah, spanischer Dichter (12. Jahrhundert) 187
Abu l-Walid Mohammed ibn Ahmad ibn Mohammed = Ibn Ruschd = Averroes (geb. in Córdoba 1126, gest. in Marrakesch 1198) 191, 197ff.
Abu Yaqub Yusuf, Emir der Almohaden (1163–1184) 176f., 179, 191
Abu Yazid siehe Machdad ibn Kidad Abu Yazid
Abu Yusuf Yaqub, Merinidensultan (1286–1307) 238
Abu Yusuf Yaqub ibn Ishaq al-Kindi, arabisch-islamischer Philosoph (gest. 873) 198
Abu Yusuf Yaqub al-Mansur, Kalif der Almohaden (1184 bis 1198/99) 176ff.
Abu Zakariya ibn Hafs, Emir von Ifriqiya (1228–1249) 179, 242
Achila, Sohn Witizas, westgotischer Prinz (8. Jahrhundert) 57
Adelaide, Witwe Rogers I. und Regentin Siziliens (12. Jahrhundert) 195
Adelard von Bath, Übersetzer der Elemente des Euklid (13. Jahrhundert) 197
al-Adil, Almohadenführer (1221–1241) 177
Ahmad al-Mansur siehe Abd al-Ahmad al-Mansur
Ailymas, «König der Libyer» (Ende des 4. Jahrhunderts v. Chr.) 24
Alarich II., König der Westgoten (484–507) 55
Alexander II., Papst (1061–1073) 136
Alfons VI. von Kastilien (1065–1109) 136, 252
Alfons X., der Weise, von Kastilien (1252–1284) 199, 225, 230
Ali, vierter Kalif, Schwiegersohn Mohammeds (656–661) 59, 70f., 110f.
Ali ibn Ishaq ibn Dschania, Almorawide auf Mallorca (12. Jahrhundert) 179
Ali ibn Yusuf, Almorawidenkalif (1107–1143) 174f.
Almansor siehe Ibn Abu Amr
al-A'ma al-Tutili, spanischer Poet (12. Jahrhundert) 187
Amr ibn al-As, Feldherr des Islams (7. Jahrhundert) 60
Analectus II., Papst (1130–1138) 195
Andreas, Herzog von Neapel (9. Jahrhundert) 75
Antalos, Berberkönig der Byzakene (Südtunesien) (6. Jahrhundert) 57
Appian, römischer Historiker (2. Jahrhundert n. Chr.) 23
Apuleius, punischer Dichter (124–170) 50
Aristoteles, griechischer Philosoph (384–322 v. Chr.) 191, 197ff.
Arudsch, muslimischer Korsarenführer (16. Jahrhundert) 243, 276
al-Asch'ari, Abu l-Hasan Ali aus Basra, orthodoxer Theologe (873–934) 189
Atban, Architekt des Dougga-Grabturms (2. Jahrhundert v. Chr.) 45
Augustinus, punischer Kirchenvater (gest. 430) 50f., 55
Avenzoar, Medizinerfamilie in Sevilla (11.–12. Jahrhundert); siehe auch Abu Marwan Abd al-Malik ibn Mohammed ibn Marwan ibn Zuhr 174
Averroes siehe Abu l-Walid Mohammed
Avicenna siehe Abu Ali al-Husein
al-Ayachi siehe Mohammed ibn Ahmad al-Zayyani
Azarquiel siehe Abu Ibrahim ibn Yahya al-Nikkasch al-Sarqali
Bacon, Roger, Franziskaner und Philosoph (gest. 1292) 199
Badis, Emir der Ziridendynastie (996–1016) 117
Bahya ben Pakuda, jüdischer Philosoph (11. Jahrhundert) 185
Balduin von Jerusalem, Herrscher des Kreuzfahrerstaates von Jerusalem (1100–1118) 195
Barsbay, Mamelukensultan (1422–1438) 231
Basileios I., Kaiser von Byzanz (867–886) 76
al-Battani = Albategni, irakischer Astronom, Abu Abdallah Mohammed ibn Dschabir ibn Sinan al-Battani al-Harrani al-Sabi (858–929) 192
Beatus von Liebana, Gegner des Elipandus (8. Jahrhundert) 185
Bidpai, vielleicht von Vidyapati = Meister des Wissens, nach islamischer Tradition Brahmane und Schriftsteller (2.[?] Jahrhundert v. Chr.) 200
al-Bitrudschi = Alpatragius, spanisch-arabischer Astronom, Nur al-Din Abu Ishaq (um 1200) 198, 238
Boccaccio, Giovanni, italienischer Schriftsteller (1313–1375) 200

Bocchus I., König von Mauretanien (2. Jahrhundert v. Chr.) 45
Brancacci, Felice, Florentiner Botschafter (15. Jahrhundert) 231
Bulugin ibn Ziri, Emir der Senhadscha und Gouverneur von Ifriqiya (972–984) 113
Caesar, Gaius Julius, Diktator Roms (100–44 v. Chr.) 45
Chair al-Din Barbarossa, Korsarenführer und Regent Algeriens (1519–1646) 277
al-Choresmi, Mohammed ibn Musa al-Madschusi, irakischer Astronom (gest. 846/47) 192, 198
Chosrau II., Schahinschah des Iran (520–628) 57
Claudius, römischer Kaiser (41–54) 45
Cleopatra Selene, Gemahlin Jubas II., Königin von Mauretanien (1. Jahrhundert v. Chr.) 45
Columella, L. Junius Moderatus, römischer Agrarschriftsteller (23–79) 192
Commodus, römischer Kaiser (180–192) 49
Constans, Kaiser von Ostrom (337–350) 54
Constantius II., Kaiser von Ostrom (337–361) 61
M. Cornelius Fronto siehe Marcus Cornelius Fronto
Cyprian von Karthago, Bischof (3. Jahrhundert n. Chr.) 50
Dante Alighieri, Verfasser der «Göttlichen Komödie» (1265 bis 1321) 193, 200
Dihya, Tochter des Tabita, Sohnes des Tifan, die «Kahina», Dschewara-Führerin (7./8. Jahrhundert) 63
Diokletian, römischer Kaiser (284–305) 50 f.
Dioskurides, griechischer Mediziner (1. Jahrhundert n. Chr.) 198
Domenicus Gundisalvi (Domingo Gonzalvo), Übersetzer in Toledo (1130–1170) 198
Domitian, römischer Kaiser (81–96) 49
Donatus, Kirchenführer in Nordafrika (4. Jahrhundert n. Chr.) 54
Donnola, spanischer Jude in Salerno (10. Jahrhundert) 199
Drogo, Normannenführer in Süditalien (1038–1051) 194
al-Dschabir = Geber siehe Abu Mohammed Dschabir ibn Aflah
Dschauhar, Saqaliba-General der Fatimiden, Gründer Kairos (10. Jahrhundert) 112, 186
Dunasch ben Labrat, jüdischer Dichter in Spanien (10. Jahrhundert) 185
Elipandus, Erzbischof von Córdoba (8. Jahrhundert) 185
Empedokles, griechischer Philosoph und «Prophet» (483 bis 429 v. Chr.) 189
Eudo von Aquitanien (8. Jahrhundert) 67
Euphemius, byzantinischer Gouverneur auf Sizilien (9. Jahrhundert) 75
al-Farabi, Mohammed ibn Mohammed al-Tarkhan Abu Nasr, türkisch-islamischer Philosoph (gest. 950) 198
al-Farghani siehe Abu l-Abbas Ahmad ibn Mohammed ibn Kathir al-Farghain
Fatima, Tochter Mohammeds 109 f.
Fatima, Tochter Mohammed al-Fihris (8. Jahrhundert) 174
Ferdinand I., König von León, Kastilien und Galicien (1035 bis 1065) 136, 232
Fibonacci, Leonardo, italienischer Mathematiker (um 1220) 197
Florinda, der Tradition zufolge Tochter des Julian von Ceuta 9
Franziskus von Assisi, christlicher Ordensgründer (1181/82 bis 1226) 199
Friedrich II. von Hohenstaufen, deutscher König und römischer Kaiser (1212–1250) 191, 197
Gaia, Häuptling der Massylier (3. Jahrhundert v. Chr.) 24, 45
Galenos, Mediziner (131–200) 198
Gasmul, König der «Mauren» (6. Jahrhundert n. Chr.) 57
Gauda, Numiderfürst (1. Jahrhundert v. Chr.) 45
Geiserich (Genserich), König der Vandalen in Afrika (429 bis 477) 55
Gentile da Fabriano, italienischer Maler (um 1370–1427) 231
Gerardo di Cremona, Übersetzer in Toledo (1114–1187) 198
Gerbert von Aurillac, als Papst Silvester II. (999–1003) 198, 238
Ghalib, Saqaliba-Kommandeur unter al-Hakam II. und Hischam II. (10. Jahrhundert) 129, 131, 186
al-Ghazali siehe Abu Hamid Mohammed
Gregorios, Legat und Patricius in Karthago (frühes 7. Jahrhundert) 57, 60
Guaimir IV., Fürst von Salerno (frühes 11. Jahrhundert) 194
Guiscard, Robert, Normannenführer in Süditalien (1015 bis 1085) 195
Gulussa, Sohn Massinissas, Heerführer der Numider (2. Jahrhundert v. Chr.) 45
Gurb, Bischof von Barcelona (gest. 1284) 134
Habbus, islamischer Fürst von Granada (11. Jahrhundert) 185
Habib al-Siqlabi, Literat in Spanien (10. Jahrhundert) 186

Hadrian, Kaiser von Rom (117–138) 244
al-Hakam I., Emir von Spanien (796–822) 68, 124
al-Hakam II., Kalif von Spanien (961–976) 129f., 133f., 180, 185
Hammad, der Ziride (frühes 11. Jahrhundert) 117
Harald Hardrada, Söldner in Byzanz und König der Norweger (1047–1066) 194
Harun al-Raschid, Abbasidenkalif (786–809) 65, 71, 110
Hasan, Enkel Mohammeds und Sohn Alis (624/25–669) 273
Hasan ibn Nu'man, Eroberer und Gouverneur von Ifriqiya (695–703) 63
Hasday ben Jishaq Schaprut, jüdischer Leibarzt Abd al-Rahmans III. und al-Hakams II. 124, 185
Hasdrubal, letzter Kommandant Karthagos (bis 146 v. Chr.) 24
Heinrich VI. von Hohenstaufen, deutscher König und römischer Kaiser (1191–1197) 197
Herakleios, Exarch (Gouverneur) von Karthago, danach Basileios von Byzanz (610–641) 57
Hermann der Deutsche, Übersetzer in Toledo (12. Jahrhundert) 198
Herodot, altgriechischer Historiker (5. Jahrhundert v. Chr.) 23
Hischam, Umaiyadenkalif (724–743) 68, 73
Hischam I., Emir von Spanien (788–796) 68
Hischam II., Kalif von Spanien (976–1008) 130f., 186
Hugues de Paynes, Gründer des Templerordens (gest. 1070) 199
Hunain ibn Ishaq, spanischer Arzt und Übersetzer (809/10 bis 877) 198
al-Husain ibn Ahmad, der entrückte Imam der Ismailiten 109
Iabdas, Berberkönig des Aurès (6. Jahrhundert n. Chr.) 57
Ibn Abd al-Barr, Religionsgelehrter (978–1071) 189
Ibn Abd Rabbih, Schriftsteller (860–940) 186
Ibn Abu Amr al-Mansur bi-llah = Almansor, Regent von Spanien (987–1002) 114, 131, 133f.
Ibn Abi Zar Abul-Hasan, Historiker des Maghrib (gest. um 1324) 176
Ibn Ali Zur, marokkanischer Historiker (13. Jahrhundert) 232f.
Ibn Badschdscha Mohammed = Avenpace, siehe Abu Bakr ibn Badschdscha
Ibn Battuta siehe Abdallah Mohammed ibn Battuta
Ibn Chaldun siehe Abd al-Rahman ibn Chaldun
Ibn Gabirol siehe Salomon Gabirol
Ibn Hafsun, Abenteurer in Spanien (9.–10. Jahrhundert) 69
Ibn Hazm, spanisch-islamischer Dichter (994–1064) 186
Ibn al-Labbanah von Denia, Dichter in Sevilla (11. Jahrhundert) 173
Ibn Ruschd siehe Abu l-Walid Mohammed
Ibn Sab'in siehe Abu Mohammed Abd al-Haqq ibn Ibrahim al-Ischbitli
Ibn al-Sayyid von Badajoz, Philosoph (1052–1127) 191
Ibn Sina = Avicenna siehe Abu Ali al-Husein
Ibn Tufail = Abubacer, Abu Bakr Mohammed ibn Abd al-Malik ibn Mohammed ibn Mohammed ibn Tufail al-Kaisi (gest. 1185/86) 189, 191, 200
Ibn Tumart siehe Mohammed ibn Tumart
Ibn Wachschiya, irakischer Schriftsteller (9. Jahrhundert) 192
Ibn Zafar al-Sikilli, spanisch-muslimischer Schriftsteller (16. Jahrhundert) 230
Ibn Zaidun, spanisch-islamischer Dichter (1103–1070) 186
Ibrahim al-Aghlab, Gouverneur von Ifriqiya (797–812) 66
Ibrahim II. ibn Abu Ibrahim Ahmad, Aghlabide, Emir von Ifriqiya (875–902) 72, 76
Idris I. ibn Abdallah, Alide und Scherif in Fès (8. Jahrhundert) 71, 110, 274
Idris II., alidischer Imam in Fès (9. Jahrhundert) 111
Idris ibn al-Yamani, spanisch-islamischer Dichter (11. Jahrhundert) 227
Idris al-Ma'mun ibn Yaqub al-Mansur ibn Yusuf ibn Abd al-Mu'min, 1227 zum Almohadenemir ausgerufen 179
al-Idrisi siehe Abu Abdallah Mohammed ibn Mohammed ibn Abdallah ibn Idris al-Hammudi
Imam Malik, islamischer Lehrer in Fès 238
Ismail al-Mansur bi-llah, Fatimidenkalif (946–953) 112
Iyad siehe Abu l-Fadl ibn Musa ibn Iyad
Jakob ben Abbamari ben Simon ben Anatoli, spanischer Jude am Hof Friedrichs II. 197
Jakobus von Compostela, «San Jago», Nationalheiliger Spaniens 131
Johannes, Benediktinermönch, Gesandter Ottos I. (10. Jahrhundert) 120
Johannes Hispanicus, Übersetzer in Toledo (1130–1170) 198
Joseph, Chan der Chasaren (10. Jahrhundert) 185
Juba II., König von Mauretanien (25 v. Chr.–23. n. Chr.) 45

Jugurtha, Adoptivsohn Micipsals, König von Numidien (2. Jahrhundert n. Chr.) 45
Julian von Ceuta, wahrscheinlich letzter byzantinischer Gouverneur (frühes 8. Jahrhundert) 9, 57
Justinian I., Kaiser von Byzanz (527–565) 55
Kafur, Regent von Ägypten (10. Jahrhundert) 112
Karl I. (V.), König von Spanien und Kaiser des Römischen Reiches (1506/1519–1556) 133, 243, 277
Karl der Große, König der Franken (768–814) 68
Karl Martell von Franken (717–741) 67
Kasila ibn Lamzam, König der Auraba (7. Jahrhundert) 62
Kenza, Auraba-Führerin, Frau Idris' I. (8. Jahrhundert) 111
al-Kindi siehe Abu Yusuf Yaqub ibn Ishaq al-Kindi
Konradin, der letzte Staufer in Süditalien (1268 hingerichtet) 197, 242
Konstantin der Afrikaner, Lehrer in Salerno und auf dem Monte Cassino (11. Jahrhundert) 199
Konstantin, Kaiser von Ostrom (325–337) 54
Konstanze, Tochter Rogers II. und Gemahlin Heinrichs VI. (12. Jahrhundert) 197
Kopernikus, Nikolaus, Astronom (1473–1543) 200
Ludwig II., römischer Kaiser (855–875) 76
Ludwig IX., der Heilige, König von Frankreich (1226–1270) 242
Ludwig XIV., König von Frankreich (1643–1715) 274
Machdad ibn Kidad Abu Yazid, «der Mann mit dem Esel», Charidschiten-Imam (10. Jahrhundert) 112
Maimonides siehe Mosche ben Maimun
Maisara der Matgarite, Charidschitenführer (8. Jahrhundert) 65, 110
Malik ibn Anas, Rechtslehrer (715–796) 136, 189
al-Ma'mun, Almohadenführer (1221–1240/41) 176
al-Mansur siehe Abu Yusuf Yaqub al-Mansur
al-Mansur = Almansor siehe Ibn Abu Amr al-Mansur
al-Maqqari, Abu l-Abbas Ahmad ibn Mohammed ibn Yahya al-Tilimsani al-Maliki Schihab al-Din, Schriftsteller (1000–1041) 122
Marcus Cornelius Fronto, frühchristlicher Schriftsteller aus Cirta, Erzieher Marc Aurels (2. Jahrhundert v. Chr.) 50
Masaccio, italienischer Maler (1401–1428) 231
Maslama ibn Abdallah, Baumeister in Córdoba (10. Jahrhundert) 122
Maslama al-Madjriti siehe Abu l-Quasim Maslama ibn Ahmad al-Faradi al-Hasib al-Madjriti
Massinas, König von Mauretanien (6. Jahrhundert) 57
Massinissa, Sohn des Gaia, Häuptling der Massylier und König der Numider (3. Jahrhundert v. Chr.) 24, 45
Mastanabal, Sohn des Massinissa, oberster Richter von Numidien (2. Jahrhundert v. Chr.) 45
Maximinus Thrax, römischer Kaiser (235–238) 50
Menahem ben Seruq, jüdischer Lexikograph in Spanien (10. Jahrhundert) 185
Michael Scotus, Übersetzer in Spanien und auf Sizilien (13. Jahrhundert) 197ff.
Micipsal, Sohn des Massinissa, König der Numider (2. Jahrhundert v. Chr.) 45
Miguel Alcañes, spanischer Maler des 15. Jahrhunderts 230
Mohammed I., Aghlabidenemir (841–856) 74
Mohammed I., Emir von Spanien (852–886) 69, 124
Mohammed I. ibn Yusuf ibn Ahmad ibn Nasr, genannt Ibn al-Ahmar, Gründer des Nasridenemirats (1237–1273) 229
Mohammed II., Abu l-Gharaniq, Aghlabide, Emir von Ifriqiya (864–875) 76
Mohammed V., Emir der Nasriden in Granada (1353–1391) 230
Mohammed ibn Abbad siehe Abu l-Qasim Mohammed ibn Isma'il ibn Abbad
Mohammed ibn Abdallah, Begründer des Islams (um 570 bis 632) 58ff., 71, 109, 180, 185, 189, 200, 251
Mohammed ibn Abdallah, Sidi, Scherif der Alawiten (1757 bis 1790) 274f.
Mohammed ibn Abi Mohammed ibn Mohammed ibn Zafar, arabischer Dichter auf Sizilien (12. Jahrhundert) 196
Mohammed ibn Ahmad al-Zayyani al-Ayachi, Marabut (17. Jahrhundert) 273
Mohammed ibn Masarra, erster spanischer Mystiker und Philosoph (883–931) 189
Mohammed ibn Tumart al-Mahdi, Gründer der Almohaden (1121–1130) 175ff., 189, 191, 242
Mohammed al-Habib, Alide, Begründer der Fatimidenbewegung (9. Jahrhundert) 109, 111
Mohammed al-Scheich al-Scherif, Sultan der Sa'adierdynastie (bis 1557) 251
Mosche ben Maimun = Maimonides, Philosoph und Leibarzt Salah al-Dins (1135–1204) 180, 185, 197

Moulay Abdallah al-Ghalib bi-llah, Sultan der Sa'adier (1557 bis 1574) 251, 275
Moulay Hasan, Hafsidenkönig in Tunis (nach 1546) 277
Moulay Ismail, Sultan der Alawitenfamilie (1672–1727) 274
Moulay Mohammed, Marabut der Alawitenfamilie (17. Jahrhundert) 273
Moulay Raschid, Marabut und Sultan der Alawitenfamilie (1666–1672) 273, 275
Moulay Sliman, Scherif der Alawiten (1792–1822) 275
Mu'awiya, erster Kalif der Umaiyadendynastie (661–680) 61, 109
Muhyi al-Din ibn Arabi al-Hatimi al-Tai (1165–1210) 122
al-Mu'izz, Ziridenemir in Ifriqiya (1016–1062) 117–119
al-Mu'izz li-Din Allah, Fatimidenkalif (953–975) 112
al-Mu'izz al-Muzaffar, Fatimidenkalif 186
Munis ibn Yahya, Stammesführer der Ryah (11. Jahrhundert) 119
Muqaddam ibn Mu'afa, spanischer Poet (9. Jahrhundert) 69
Musa ibn Nusair, Gouverneur von Ifriqiya und Eroberer Spaniens (712–714) 9, 64, 67
al-Muskafi, Hadschib, Regierungschef unter al-Hakam II. (10. Jahrhundert) 130
Musta'im, Abbasidenkalif (862–866) 74
al-Mu'tamid, Emir in Sevilla (1068–1091) 134ff., 173, 186
al-Mutawakkil, Emir von Badajoz (11. Jahrhundert) 136
al-Nasir, Almohadenfürst (1198–1213) 179
Nero, römischer Kaiser (54–68 n. Chr.) 48
Octavianus, G., genannt Augustus, erster Kaiser von Rom (30 v. Chr. – 14 n. Chr.) 45
Offa, König der Angelsachsen (7. Jahrhundert) 200
Omar al-Muchtar, Führer des libyschen Widerstandes gegen die Italiener (bis 1934) 281f.
Oppas, gotischer Bischof (8. Jahrhundert) 9
Orthaias, König der Berber westlich des Aurès (6. Jahrhundert n. Chr.) 57
Othman ibn Affan, Kalif aus dem Haus der Umaiyaden (644 bis 656) 60
Otto I., deutscher König (ab 936) und römischer Kaiser (962–973) 121, 185
Pedro III. von Aragón (1276–1285) 229
Pedro IV., der Grausame, von Aragón (1336–1387) 225, 231
Pedro Navarra, spanischer Admiral (frühes 16. Jahrhundert) 276
Petrus Venerabilis, Theologe (1094–1156) 199
Philipp II., König von Spanien (1556–1598) 277
Phokas, Kaiser von Byzanz (602–610) 57, 112
Pico della Mirandola, Übersetzer des Hayy ibn Yaqzan ins Lateinische (15. Jahrhundert) 200
Pius V., Papst (1566–1572) 277
Platon, griechischer Philosoph (427–347 v. Chr.) 191
Plotin, neuplatonischer Philosoph (205–270) 189
Pocock, Edward, Übersetzer des Hayy ibn Yaqzan (1671) 200
Ptolemaios, Sohn Jubas von Mauretanien (1. Jahrhundert n. Chr.) 45
Ptolemaios, Claudius, Mathematiker und Astronom (90–160 n. Chr.) 190, 192, 198
al-Qa'im bi Amri Allah, Fatimidenkalif (934–946) 111f.
Raimondo Llull, Philosoph und Theologe (1234–1315) 199
Raimondo, Erzbischof von Toledo (1125–1151) 198
Ramiro II., König von León und Asturien (932–950) 123
al-Raschid, Almohadenführer (1221–1240/41) 176
al-Razi siehe Abu Bakr Mohammed ibn Zakariya
Reccared I., König der Westgoten (586–601) 55
Recemundus, Bischof der spanischen Kirche, Botschafter bei Otto I. 121
Robert von Chester, in Toledo, Übersetzer der Algebra des al-Choresmi (12. Jahrhundert) 198
Roderich, letzter König der Westgoten (710–711) 9, 57, 67
Rodrigo Diaz de Vivar Cid Campeador (11. Jahrhundert) 136, 174
Roger I., Normannenführer, Eroberer Siziliens (ab 1060 bis 1101) 195
Roger II., König von Sizilien (1105/1111–1154) 120, 195ff.
Roswitha, sächsische Nonne (10. Jahrhundert) 122
Sa'adja, Gaon von Spanien (892–942) 185
Saladin = Sultan Salah al-Din, Aiyubide (1171–1193) 179, 185
Salih, Berghwata-Führer (8. Jahrhundert) 110
Salomon Gabirol, jüdischer Philosoph und Hofdichter in Granada (1021/22–1070) 180, 185f., 189, 198
Salvius Julianus, Jurist aus Hadrumetum (2. Jahrhundert n. Chr.) 50
Samuel Hallevi ben Naghralla, Wesir in Granada (11. Jahrhundert) 185
Sancho Ramirez, König von Aragón (1063–1094) 136
al-Sarqal siehe Abu Ibrahim ibn Yahya
Scipio, P. Cornelius, römischer Feldherr, Eroberer Karthagos (146 v. Chr.) 24
Sebastian, König von Portugal (1557–1578) 251f.

Septimius Severus, römischer Kaiser (193–211) 50
Sidi ibn Arus, Derwischführer (17. Jahrhundert) 279
Sidi Bu Merwan, islamischer Scheich 114
Sidi Sahab, der «Barbier» Mohammeds (8. Jahrhundert) 279
Siger von Brabant, Philosoph in Paris (1240–1281/1284) 199
Simon, Sohn Rogers I. von Sizilien (12. Jahrhundert) 195
Siyadat Allah I., Aghlabide, Emir von Ifriqiya (817–838) 72
Siyadat Allah III., Aghlabide, Emir von Ifriqiya (903–909) 76
Subh, «Morgenröte», baskische Frau al-Hakams II. (10. Jahrhundert) 131
Sulaiman ibn al-Hakam ibn Sulaiman ibn Abd al-Rahman, einer der Kalifen Spaniens in der Zeit des Zusammenbruchs (1009–1010) 134
Syphax, Häuptling der Massasylier (3. Jahrhundert v. Chr.) 24, 45
Tancred von Hauteville, Normannenführer (11. Jahrhundert) 194
Tarif ibn Malik Nachi, islamischer Heerführer (8. Jahrhundert) 9
Tariq ibn Ziyad ibn Abdallah al-Laithi, Berberführer in Spanien (711) 9, 67
Tertullian, christlicher Schriftsteller (2. Jahrhundert) 50
Theodemir, gotischer Gouverneur von Murcia (713) 67
Thomas von Aquino, katholischer Philosoph (1225–1274) 199
Thutmosis I., ägyptischer Pharao (1516–1504 v. Chr.) 45
Tin Hinan, Königin der Sahara-Nomaden (4. Jahrhundert n. Chr.) 50
Trajan, römischer Kaiser (98–117) 49
Umm Mallal, Regentin der Ziriden (11. Jahrhundert) 117
Uqba ibn Nafi, Sidi Uqba, islamischer Heerführer (7. Jahrhundert) 61f., 72, 114
Vermina, Sohn des Syphax, Häuptling der Massasylier (201–191 v. Chr.) 45
al-Walid I., Kalif der Umaiyadendynastie (705–715) 9
Wallada, Prinzessin der Umaiyaden (11. Jahrhundert) 186
Widukind, Sachsenherzog (8. Jahrhundert) 68
Wilhelm mit dem eisernen Arm, Normannenführer in Süditalien (gest. 1048) 194
Wilhelm I., König von Sizilien (1154–1166) 195
Wilhelm II., König von Sizilien (1166–1189) 120, 195ff.
Witiza, König der Westgoten (697–708/09) 9, 57
Ximenez de Cisnaros, Erzbischof von Toledo (15. Jahrhundert) 232
Yachmorasan ibn Ziyah, Sultan von Tlemcen (1235–1283) 242
Yahya ibn Abdallah ibn Habi, Marabut (um 1600) 273
Yahya ibn Ishaq ibn Dschania, Almorawide (12. Jahrhundert) 179
Yazid ibn Hatim, Gouverneur von Ifriqiya (771–793) 66
Yusuf I., Emir der Nasriden in Granada (1333–1353) 230
Yusuf ibn al-Scheich, Schriftsteller aus Málaga (1132–1207) 189
Yusuf ibn Taschfin, Almorawidenführer (1058–1087/88) 136, 173f.
Yusuf Dei, Pascha von Tunis (1610–1637) 279
Ziri ibn Manad, Emir der Senhadscha (10. Jahrhundert) 112
Ziryab, Musiker (9. Jahrhundert) 68
Zuhair ibn Qais, arabischer Heerführer (7. Jahrhundert) 62

Islamische Dynastien

Abbaditen, islamische Dynastie in Sevilla (1032–1090) 135, 186f.
Abbasiden, Kalifendynastie (747/750–1256) 64–74, 109–112, 116, 118, 174f., 200, 282
Aghlabiden, islamische Dynastie in Ifriqiya (Tunesien) (800–909) 67f., 70–76, 109, 111, 114, 194
Alawiten, Nachkommen des Prophetenenkels Hasan, seit 1666 Sultane in Marokko 273
Aliden, Nachkommen Alis und der Fatima, der Tochter Mohammeds 68, 71, 109f.
Almohaden siehe al-Muwahhidun
Almorawiden siehe al-Murabitun
Bei-Dynastie, seit 1710 regierende Offiziersdynastie in Tunis (bis 1957) 279
Beni Chorasan, Emire in Algerien, arabische Familie, Nachkommen der Angehörigen der Chorasan-Armee 114
Beni Hammad, Zweig der Ziriden in Algerien 114, 117
Beni Hud, islamische Fürstenfamilie von Saragossa 136, 175
Dei-Dynastien in Tunis, von den Truppen eingesetzte Regenten (1590–1710) 279-281
Dei-Dynastie in Tripolis (1610–1705) 279f.
Dila-Marabuts, Senhadscha-Führer (17. Jahrhundert) 273
Fatimiden, alidische Dynastie in Nordafrika (909–972) 69f., 74, 76, 109–122, 134, 186, 192, 194f., 197, 282
Fihr, Fihriten, arabische Familie, regierte zeitweise in Tunesien 66, 68

Hafsiden, Dynastie in Ifriqiya, begründet von Abu Zakariya ibn Hafs (1228–1534) 179, 227, 239, 242ff., 276f.
Hafsuniden, Familie des Ibn Hafsun, der im frühen 10. Jahrhundert in Südspanien gegen die Zentralregierung rebellierte 122, 133
Hammadiden, Zweig der Ziridenfamilie 120, 179
Hammuditen, Berberdynastie in Südspanien (11. Jh.) 134
Huseiniden, Bei-Dynastie in Tunesien 279
Ichschididen, islamische Sultansdynastie in Ägypten (935–968/69) 112
Idrisiden, islamische Dynastie in Marokko (788–974) 70, 110ff., 134, 240
Karamanli-Dynastie siehe Pascha-Beis
Merdemich-Dynastie in Murcia (1147–1171) 175
Meriniden, Berberdynastie in Marokko (13. Jahrhundert bis 1465) 135, 175, 177, 179, 227, 229, 232, 237–240, 242ff.
Muhallabiden = Muhallabitun, Gouverneursdynastie in Ifriqiya (771–793) 64, 66, 70
al-Murabitun, die «Leute vom Kloster» = Almorawiden, mystisch-islamische Bruderschaft, unter den Senhadscha gegründet (1040/1050–1140) 135f., 173–179, 189, 192, 227, 245, 279, 282
al-Muwahhidun = Almohaden, Einheitsbekenner, Berberdynastie (1121–1269) 120, 135, 175–179, 185, 191f., 225, 227, 229, 232, 237, 242f.
Nasriden, Emire von Granada (1237–1492) 135, 179, 229, 232
Pascha-Beis der Karamanli in Tripolis (1715–1835) 280f.
Rostamiden-Imame, charidschitisch-islamische Dynastie, Tahert, Tiaret (seit 776–950) 70
Sa'adier, arabische Dynastie aus Südmarokko (1511–1659) 251f.
Sasaniden, iranische Dynastie der vorislamischen Zeit 114
Sufriten, islamische Dynastie in der Oase Sidschilmasa (758–950) 70
Umaiyaden, arabische sunnitische Kalifendynastie (661–750), in Spanien 756–929 als Emire, 929–1030/31 als Kalifen 61–69, 71, 73, 109, 111, 116, 118, 120–124, 129–134, 174f., 177, 180, 186, 198, 227, 282
Waddiden, Zenata-Dynastie der Abu-Wadd-Familie, Sultanat in Tlemcen (1235–1554) 239f., 242, 276
Wattasiden, arabische Dynastie aus der Sippe der Idrisiden (1420–1554) 227, 240, 251
Ziriden, Senhadscha-Emire, Tahert, ab 950–973, seit 973–1148 Herren von Ifriqiya 113–119, 134, 174, 229

Stämme und Völker

Adnan, Zweig der Tamim-Araber 70
Afariqa siehe Romanen
Ait Blawa, Teilstamm der Beraber 250
Alanen, iranische Völkerschaften des 1. Jahrtausends n. Chr., in der Völkerwanderung in viele Teile gespalten, gelangten bis Nordafrika, Spanien, Gallien, England und in den Kaukasus 55
Amazigh (sing.) siehe Imazighen (pl.)
Aslam, arabischer Stamm der Muslime 60
Asturier, iberisches Volk in Spanien (1. Jahrtausend v. Chr.) 47
«Äthiopier», für Herodot Schwarzafrikaner in der Südsahara, hier eventuell Tibbu-Stämme 23
Auraba, libyscher (berber.) Stamm byzantinisch-islamischer Zeit 60ff., 110, 112
Auseer, nach Herodot libysches (berber.) Volk in Algerien 23
Azd, südarabischer Stamm 70
Banu Hilal siehe Hilali
Banu Merin, Zweig der Zenata-Berber, aus dem die Merinidendynastie hervorging 232
Banu Solaim siehe Solaim
Banu Wadd, Zweig der Zenata-Berber, Stamm der Waddidendynastie 239
Banu Warain, Berberstamm in Marokko 250
Basken, kleines Volk in Nordspanien und Südfrankreich mit isolierter (agglutinierender) Sprache 17, 21, 131
Beraber, Nachfahren der Senhadscha 246
Berber, Völkergruppe Nordafrikas mit hamitischen Sprachen 12, 17f., 22, 55, 57f., 62–72, 75f., 109–113, 124, 130, 134–136, 173–192, 195, 230, 232, 239, 243–252, 273–275, 277, 280, 282
Berghwata, Berberstamm in Ifriqiya 109f.
Branis, Hauptstamm der Auraba in frühislamischer Zeit 60, 62
Butr, Gerawa-Stämme im Aurès
Byzantiner = Rumi, ansässige Griechen nach der Bezeichnung von Byzanz als «Rom» 55–57, 60–65, 73–76, 112, 114
Dschuhaira, arabischer Stammesverband, ursprünglich in der Gegend um Medina 60
Garamanten, nach Herodot libysches (berber.) Volk im Fezzan 23, 48

Gerawa, libyscher (berber.) Stamm in byzantinisch-islamischer Zeit 60-63
Getuler, libyscher (berber.) Stamm in römischer Zeit in Südmarokko 24
Ghomara, Berberstamm in Ifriqiya 109
Gindaner, nach Herodot libysches (berber.) Volk in Südtunesien und Südostalgerien 23
Hawwara, libyscher (berber.) Stamm in byzantinisch-islamischer Zeit 60, 62, 112
Hedschas-Araber, arabische Stämme in Hedschas 64
Hilali, arabische Beduinenföderation, im 11. Jahrhundert nach Nordafrika vordringend 12, 119, 179, 194, 244
Iberer, griechische Bezeichnung für die Mehrheit der Bewohner Spaniens im 1. Jahrtausend v. Chr., eventuell in den Basken nachlebend 17–22
Imazighen (pl.), Amazigh (sing.) = «Freie», Selbstbezeichnung der Berber 24, 60, 246
Kebdanas, Berberföderation in Nordmarokko 273
Kamlan, Berberföderation in Ifriqiya (10. Jahrhundert) 112
Kantabrer, iberisches Volk in Spanien (1. Jahrtausend v. Chr.) 47
Karthager, aus Phönizien nach Nordafrika ausgewanderte Volksgruppe westsemitischer Sprache = Punier 18–23, 45–48
Kastilier, Bewohner des Königreiches Kastilien 139ff., 175f., 179, 227, 229, 237
Kutama, libyscher (berber.) Stamm der byzantinisch-islamischen Zeit 60, 109, 111f., 116f.
Lemtuna, die «Schleierträger», Zweig der Senhadscha 135
Libyer, nordafrikanische Völker der Berbergruppe im heutigen Libyen 19, 22ff.
Lotophagen, nach Herodot libysche (berber.) Bewohner Südtunesiens 23
Luwata, libysche (berber.) Stämme in Tripolitanien in byzantinisch-arabischer Zeit 60, 62
Machlyer, nach Herodot libysches (berber.) Volk an den Salzseen Nordwestafrikas 23
Maker, nach Herodot libysches (berber.) Volk in Tripolitanien 23
Marmuschka, Teilstamm der Beraber 250
Masmuda, Berbergruppe des Hohen Atlas 175f., 246
Massasylier, libysches (berber.) Volk in römischer Zeit im heutigen Algerien 24
Massylier = latein. Numider, libyscher (berber.) Stamm in römischer Zeit im heutigen Tunesien 24, 45
Matjara, libyscher (berber.) Stamm der byzantinisch-islamischen Zeit 60
Matmata, libyscher (berber.) Stamm in byzantinisch-islamischer Zeit 60
Mauren, libysche (berber.) Bewohner Marokkos in römischer Zeit 24
Maxyer, nach Herodot libysche (berber.) Volksgruppe in den Bergen Nordwestafrikas 23
Miknasa, berberische Stammesgruppe in Ifriqiya (10. Jahrhundert) 109f.
Muzaina, arabischer Stamm der Muslime 60
Nasamonen, nach Herodot libysches (berber.) Volk in Mittellibyen 23, 48
Nefusa, Berbergruppe im Südwesten des Maghrib 62
Nefzawa, libyscher (berber.) Stamm in byzantinisch-frühislamischer Zeit 60
Nefzawa-Araber, arabisierter Berberstamm in Südtunesien 72, 243
Normannen, nordeuropäische Kriegerscharen, bildeten in Süditalien und auf Sizilien kurzlebige Fürstentümer und schließlich ein Königreich 68, 118ff., 130, 194ff., 225
Numider, lateinische Bezeichnung für die libyschen Massylier, eventuell vom griechischen Nomadoi abgeleitet 24, 45
Phönizier, semitischsprachige Bevölkerung der syrisch-libanesischen Küste, in Nordwestafrika von den Römern als Punier bezeichnet 19ff.
Punier, lateinische (römische) Bezeichnung für die Karthager
Qachtaniden, Zweig der Südaraber 70
Quraisch, in Mekka vorherrschender Stamm, der über sein Mitglied Mohammed zu hohem Rang unter den Arabern aufstieg 65f.
Rifkabylen, Nachkommen der Zenata 275
Romanen = Afariqa, die in Ifriqiya und Spanien lebenden Volksgruppen spätlateinischer Sprache 65, 124, 200
Ryah, Beduinenstamm der Hilali- und Solaim-Wanderung 119
Schlöh, Nachfahren der Masmuda 247
Senhadscha, libyscher (berber.) Stamm in byzantinisch-islamischer Zeit 60, 113–119, 135f., 246, 273
Solaim = Banu Solaim, ursprünglich bei Medina

nomadisierender Stamm, drang dann über Ägypten nach Nordafrika vor 12, 60, 119, 179, 242
Songhai, Sudanvolk im Nigertal 252
Sueben, germanische Volksgruppe, die in der Völkerwanderung bis nach Nordwestspanien gelangte 55
Tamim, arabischer Stamm im Südirak 65, 70f.
Tartessier, Bewohner Südspaniens im 1. Jahrtausend v. Chr., eventuell ein Zweig der Iberer 19–22
Tuareg, Berberstämme der Sahelzone und der Saharaoase 46, 50
Uled Besseba, Teilstamm der Beraber 250
Vandalen, germanische Völkerschaft, die über Gallien und Spanien nach Afrika wanderte (5. Jahrhundert) 55, 57, 60
Warfudschdschama, berberische Stammesgruppe im Südwesten des Maghrib (8.–11. Jahrhundert) 66
Wartadschdschuma, libyscher (berber.) Stamm in byzantinisch-frühislamischer Zeit 60
Westgoten, germanische Volksgruppe, die in der Völkerwanderung bis nach Spanien gelangte 9, 55–58, 67, 185
Zenata, libyscher (berber.) Stamm in byzantinisch-islamischer Zeit 60, 65, 109f., 112, 116f., 120, 136, 174, 232, 240, 242, 246

Völker, geordnet nach Sprachen

1. Völker semitischer Sprache

a) Araber
und als Teilgruppen: · Adnan (Zweig der Tamim) · Aslam · Azd · Dschuhaira · Muzaina · Nefzawa, arabisierte Berber · Qachtaniden · Quraisch · Solaim · Tamim
b) Phönizier
Karthager = Punier

2. Berber

a) Libyer des Altertums
nach Herodot (von Ost nach West)
Nomaden: Nasamonen · Garamanten · Maker · Gindaner · Lotophagen · Machlyer · Auseer
Bergbauern: Maxyer
Römerzeit (von Ost nach West)
Massylier = latein. Numider · Massasylier · Mauren · Getuler
b) Berber der byzantinisch-frühislamischen Zeit
Auraba · Banu Merin · Banu Wadd · Beni Hammad · Berghwata · Branis · Butr · Dscherid · Gerawa · Ghomara · Hawwara · Kutama · Lemtuna (Zweig der Senhadscha) · Luwata · Masmuda · Matjara · Matmata · Miknasa · Nefzawa · Senhadscha · Warfudschdschama · Zenata
c) Berberstämme der Neuzeit
Ait Blawa, Teil der Beraber · Beraber, Nachfahren der Senhadscha · Kedama (= Kutama) · Marmuschka, Teilstamm der Beraber · Rifkabylen, Nachkommen der Zenata · Schlöh, Nachfahren der Masmuda · Uled Besseba

3. Völker und Stämme indoeuropäischer Sprachen

Alanen · Griechen · Normannen · Römer · Sarmaten · Sueben · Vandalen

4. Iberer und Basken

Asturier · Iberer · Kantabrer · Tartessier

5. Äthiopier

Bei Herodot schwarzafrikanische Stämme südlich des Fezzan

6. Religiöse Gruppierungen und Bewegungen

Aliden · Almohaden, Almorawiden · Ansar · Arianer · Charidschiten · Circumcellionen · Qarmaten · Schiiten · Sunniten

Landschaften und Staaten

Africa, römische Provinz, heutiges Tunesien und Westalgerien siehe Ifriqiya
al-Andalus, Spanien im Arabischen, vielleicht von Vandalen abgeleitet 180, 185–192
Apulien, süditalienische Landschaft 193, 195
Aquitanien, südfranzösische Landschaft 55
Aragonien, spanische Landschaft und Königreich 227, 229, 232, 242
Asturien, spanische Region und Königreich 123, 185
Atlas, Berggebiet in Nordwestafrika 11, 17, 48, 173, 175, 247, 250, 273
Aurès, Bergland in Algerien 11, 45, 48, 57, 62, 63, 111, 282
Baetica 56

Balearen, Inselgruppe im Mittelmeer 227
Byzakene 55, 57
Chorasan, Nordostiran 64, 70
Cyrenaika, Ostlibyen 60,63, 119, 281
Dauphiné, Teil Südfrankreichs 120
Dschebel al-Tariq, Gibraltar 9, 17, 55, 274
Fayyum, Niederung in Ägypten 111
Fezzan 23, 48
Galicien, spanische Landschaft 10, 136
Ghana, altafrikanischer Staat in Westafrika, heute Staatsbezeichnung im westafrikanischen Waldgebiet 136, 252
Hoggar 50
Ifriqiya, arabische Form des römischen Africa 12, 23, 24, 45–58, 60–66, 70–76, 110–113, 116f., 119f., 135f., 173–179, 227, 232
Kabylei 11, 60, 71, 227, 246
Kalabrien, Landschaft in Italien 76, 112, 195
Lebda 72
León, Königreich in Spanien und Landschaft 123, 136, 176, 179, 227
Lusitanien 56
Maghrib, arabische Sammelbezeichnung für Nordwestafrika
Malta, Insel im Mittelmeer 18, 277, 279
Mauretanien, ursprünglich westliches Nordafrika, heute Staatsbezeichnung für ein Teilgebiet 15, 45, 48, 55, 57, 136, 282
Mauretania Secunda, römische Provinz in Nordafrika 57
Mauretania Sitifiana, römische Provinz in Nordafrika 57
Meseta, spanisches Hochland 10
Navarra, spanische Landschaft und Königreich 123, 179
Norwegen 194
Portugal 135, 227
Provence, Landschaft in Südfrankreich 129
Rif, Bergland in Marokko und Westalgerien 11, 48, 136, 177, 232, 246, 275
Sahel, Steppenzone nördlich und südlich der Sahara 17, 119, 232, 250
Tassili (Berge) 17
Tarraconensis, römische Provinz in Spanien 56f.
Tripolitania, römische Provinz, Westlibyen 23, 45, 48, 57, 65f., 109f., 116, 246, 277–281
Wadi Lakko, Rio Barbato, Fluß in Südspanien 9, 67
Zabgebiet 60, 62, 66, 71f., 109, 232, 239
Zengitana 55, 57

Orte und Fundstellen

Abalessa 50
al-Abbasiya 72, 74, 76
Adana 62
Agadir = Punti 242, 251
Agersif 237
Aghmat 173
Ain Haneh 16
Alalia 20
Alarcos 176, 232
Alcala de Guadaira 177
Alexandria 60, 111, 175, 281
Algeciras 67, 134, 136
Algier 110, 136, 174, 242f., 274, 276, 279f.
Almería 112, 134, 173, 192, 231
Altamira 16
Altenburg 230
Alttenes 114
Annaba 114, 179, 195, 243
Aqaba 60
Aquilarejo 134
Aragón 136, 175, 179, 227
Archena 22
Archidona 68
Arcos de la Frontera 9
al-Argar 18
Arles 67
Arzila 240, 274
Aschir 113f.
Audaghost 136
Audschila 23
Avignon 9, 67
Azemmur 240, 251, 273
Badajoz 122, 136, 173, 177, 191
Badis 251
Bagdad 66, 68, 70f., 110f., 117f., 122, 175, 179, 242
Barcelona 123, 134, 136, 225
Bari 76
Barqa 63, 111
Beja siehe Vaga
Bembezar 133
Benevent 75f., 195
Berlin 237
Biskra 62, 114, 232
Bizerta 63
Boghai 63
Bologna 199
Bordeaux 67
Brügge 231
Bujaya = Budjaya 115, 179, 239, 243, 276
Bulla Regia 45
Burgos 56
Byzakene 55
Byzanz 55–60, 74, 133, 180, 194, 196, 228
Cádiz 19, 21, 227
Caf That al-Gar 18
Caesarea = Iol 24, 45
Carcassonne 67
Castel del Monte 197
Cefalú 195
Ceuta = Septem 17, 57, 67f., 116, 189, 239f., 274
Chellah 239
Chichana 250
Čichanov 200
Cirta = Kirtat 24, 45, 48, 50, 55
Constantine 279
Córdoba 67–70, 120ff., 129–134, 175, 177, 180, 185, 189, 198, 225, 227, 244
Cuéllar 225
Damaskus 9, 61, 192, 244
Dar al-Soltan 18
Delft 279
Derna 281
Destur 279
Dila 273
Douai 124
Dougga = Thougga = Tubgag 24, 45

Dschebel Nefusa 60
Dscheheniana 250
al-Dschem 250
Dscherba 45, 120, 195, 243, 250, 276 f.
Dscherid 109, 114, 244
Elche 22
Estella 225
Fès = Madina Fes 13, 57, 71, 110 ff., 133, 136, 174–177, 191, 237 f., 240, 244, 250 ff., 273, 275
Fes al-Jedid = Neu-Fès 237, 239
Florenz 197, 230 f., 243
Fréjus 120
Freyburg an der Unstrut 225
Fustat 112
Gabes 179
Gafsa 109, 119, 179, 195, 250
St. Gallen 120
Gar Cabal 18
Genf 120
Genua 120, 124, 196, 227, 229, 242 f.
Granada 129, 134 ff., 173 f., 179, 185, 189, 191, 225, 229 f., 232, 239, 244
Grenoble 120, 129
Guellala 250
Hadrumetum siehe Sousse
Halberstadt 225
Hippo Regius 55
al-Hofra 46
Huelva 177
Ikdschen 109
Iol siehe Caesarea
Istanbul 251, 277
Jerusalem 195
Kairo = al-Qahira 112 f., 116 ff., 186, 239, 244
Kairuan 62–75, 109–119, 130, 133, 179, 238 f., 242, 244, 250, 277, 279
Karthago = Kart Hadascht 19–24, 56 f., 60–69, 119
Kasserin 109
Kef 109
Kelebia 120
Khenifra 273
al-Khroub 45
Kirtat siehe Cirta
Köln 225
al-Ksar al-Kabir 252
Kufa 109
Larache 274
Las Navas de Tolosa 179, 227, 232, 237
Legnano 228
Lentini 75
León 123, 130, 225
Lepanto 277
Leptis Magna 50
Lesbos 276
Lissabon 176, 227
Lixos 19
Los Millares 18
Madina Fes siehe Fès
Madinat al-Zahra siehe al-Zahra
Madrid 56, 124, 192, 230
Mahdiya 50, 112–120, 179, 243
Mahres 74
Málaga 134, 173, 175, 185, 189, 231
Mallorca 179, 230
Ma'mura 274
Manises 231
Mansura 239
al-Mansuriya 112–117
Marrakesch 136, 174–179, 189, 191, 232, 244, 251 f., 274 f.
Mazagan 240, 275
Mazara 74
Mechra 274
Medina 60, 65, 109, 189
Medracen, mauretanisches Grabmal in Nordalgerien 45
Mekka 58–61, 65, 76, 109, 175, 191, 274
Meknès 57, 239, 250 f., 274 f.
Melilla 240, 273–277
Mellah = Judenstadt von Fès 237
Menschia 280
Mérida 67, 69, 133
Mers al-Kebir 277
Mesbahiya 239
Messina 75, 195
Milazzo 76
Mimmisch 62
Miskiana 63
Modica 75
Monastir 61, 74, 114, 119, 244
Monte Cassino 199
Moulay Idris 110
Murcia 67, 173, 175, 185, 191, 229
Nabeul 250
Narbonne 9, 67
Navarino 281
Neapel 72, 75, 195, 197
Nedroma 174
Nefta 248
Neu-Fès siehe Fes al-Jedid
Nîmes 67
Nizza 120
Oran 17, 136, 176, 276 f.
Orbe 120
Ostia 48 f.
Ouargla siehe Warqalan
Oujda 136, 239
Ourdret 250
Oxford 199
Palermo 74 ff., 118, 194–197, 230
Pamplona 67, 225
Paris 124, 199
Penon de Velez 276 f.
Piemont 120
Pisa 120, 196, 227, 231, 242 f.
Poitiers 55, 67
Pomaria siehe Tlemcen
Punti siehe Agadir
Qabra 69
al-Qahira siehe Kairo
Qaschtiliya 112
Rabat 177 f., 250 f., 273, 275
Ragusa 75
al-Raqqada 74, 76, 111, 116
Raschid = Rosette 111
Ravenna 133
Rom 17–56, 75, 199, 230
Roncesvalles (Paß) 67
Rosette siehe Raschid
Sabra 119
Sabratha 45
Safi 240, 250 f.
Salamanca 199
Salamiya 111
Salè 237, 239, 250, 273
Salerno 76,194, 199
Samarra 114, 116
Santa Fe 232
Santarém 176
Santiago de Compostela 131
Saragossa 68 f., 123, 136, 174 f., 185 f., 191
Satfura 63
Sbeitla = Sufetula 57, 60
Schigat = Siga 24, 45
Sedrata 110
Segovia 55, 225
Septem siehe Ceuta
Setif 109
Sevilla 67 f., 122, 124, 134 ff., 173–179, 185 ff., 191, 225–231, 244
Sfax 74, 120, 195
Sidschilmasa 70, 110 f., 116, 136, 232
Siga siehe Schigat

Sorrent 76
Sousse = Hadrumetum 60, 74f., 112, 114, 119, 195
Sufetula siehe Sbeitla
Suk al-Gur 57
Syrakus 74f., 243
Tafilelt 273
Tahert 110, 112
Tahuda 62
Tanger = Tingia 9, 57, 62, 110–112, 173, 239, 274
Taormina 76
Tarent 76
Taza 178, 239, 275
Tebessa 16, 113
Ténès 136
Ternifin 16
Tetuan 273, 275
Thugga siehe Dougga
Thysdrus siehe Djem
Tiaret 57, 71, 110, 116
Tingia siehe Tanger
Tinmal 117, 179
Tlemcen = Pomaria 110, 116, 136, 174, 176, 239–242, 251, 273, 276
Toledo 55f., 67f., 122, 133, 136, 177, 187, 192, 197–200, 225, 227, 232
Tortosa 134
Toulon 120
Tours 67
Tripolis 71f., 111, 117, 186, 195, 242f., 276, 280f.
Tubgag siehe Dougga
Tunis 50, 64, 66, 71ff., 114, 120, 134, 179, 239, 242ff., 276–279
Tyros 19
Udna 48
Utica 19
al-Vacar 133
Vaga = Beja 63
Valencia 55, 134, 174, 227, 230f.
Venedig 76, 124, 133, 196, 199, 228–231, 242f.
Vienne 199
Volubilis 110
Warqalan = Wargla = Ouargla 110
Warzazate 250
al-Zahira 133
al-Zahra 122, 131, 133f.
Zalaqa 135f.
Zama 45
Zliten 48f.
Zengitana 55
Zuwila 60